U0065181

心一堂術數古籍珍本叢刊

書名：增補高島易斷（原版）附虛白廬藏日本古易占五種（一）

系列：心一堂術數古籍珍本叢刊 占筮類 第三輯 243

作者：【日本】高島吞象 等‧【清】王治本中譯

主編、責任編輯：陳劍聰

心一堂術數古籍珍本叢刊編校小組：陳劍聰 素聞 鄒偉才 虛白廬主 丁鑫華

出版：心一堂有限公司

通訊地址：香港九龍旺角彌敦道六一〇號荷李活商業中心十八樓〇五一〇六室

深港讀者服務中心‧中國深圳市羅湖區立新路六號羅湖商業大廈負一層〇〇八室

電話號碼：(852)9027-7110

網址：publish.sunyata.cc

電郵：sunyatabook@gmail.com

網店：http://book.sunyata.cc

淘寶店地址：https://sunyata.taobao.com

微店地址：https://weidian.com/s/1212826297

臉書：https://www.facebook.com/sunyatabook

讀者論壇：http://bbs.sunyata.cc/

版次：二零二一年五月初版

平裝：八冊不分售

定價： 港幣 一仟六百八十元正
　　　 新台幣 六仟九百八十元正

國際書號：ISBN 978-988-8583-91-1

香港發行：香港聯合書刊物流有限公司

地址：香港新界荃灣德士古道二二〇一二四八號荃灣工業中心十六樓

電話號碼：(852)2150-2100

傳真號碼：(852)2407-3062

電郵：info@suplogistics.com.hk

網址：http://www.suplogistics.com.hk

台灣發行：秀威資訊科技股份有限公司

地址：台灣台北市內湖區瑞光路七十六巷六十五號一樓

電話號碼：+886-2-2796-3638

傳真號碼：+886-2-2796-1377

網絡書店：www.bodbooks.com.tw

台灣秀威書店讀者服務中心：

地址：台灣台北市中山區松江路二〇九號一樓

電話號碼：+886-2-2518-0207

傳真號碼：+886-2-2518-0778

網絡書店：http://www.govbooks.com.tw

中國大陸發行 零售：深圳心一堂文化傳播有限公司

深圳地址：深圳市羅湖區立新路六號羅湖商業大廈負一層〇〇八室

電話號碼：(86)0755-82224934

心一堂微店二維碼

心一堂淘寶店二維碼

心一堂術數古籍 珍本 整理 叢刊 總序

術數定義

術數，大概可謂以「推算（推演）、預測人（個人、群體、國家等）、事、物、自然現象、時間、空間方位等規律及氣數，並或通過種種『方術』，從而達致趨吉避凶或某種特定目的」之知識體系和方法。

術數類別

我國術數的內容類別，歷代不盡相同，例如《漢書・藝文志》中載，漢代術數有六類：天文、曆譜、五行、蓍龜、雜占、形法。至清代《四庫全書》，術數類則有：數學、占候、相宅相墓、占卜、命書、相書、陰陽五行、雜技術等，其他如《後漢書・方術部》、《藝文類聚・方術部》、《太平御覽・方術部》等，對於術數的分類，皆有差異。古代多把天文、曆譜、及部分數學均歸入術數類，而民間流行亦視傳統醫學作為術數的一環；此外，有些術數與宗教中的方術亦往往難以分開。現代民間則常將各種術數歸納為五大類別：命、卜、相、醫、山，通稱「五術」。

本叢刊在《四庫全書》的分類基礎上，將術數分為九大類別：占筮、星命、相術、堪輿、選擇、三式、讖諱、理數（陰陽五行）、雜術（其他）。而未收天文、曆譜、算術、宗教方術、醫學。

術數思想與發展──從術到學，乃至合道

我國術數是由上古的占星、卜筮、形法等術發展下來的。其中卜筮之術，是歷經夏商周三代而通過「龜卜、蓍筮」得出卜（筮）辭的一種預測（吉凶成敗）術，之後歸納並結集成書，此即現傳之《易

經》。經過春秋戰國至秦漢之際，受到當時諸子百家的影響、儒家的推崇，遂有《易傳》等的出現，原本是卜筮術書的《易經》，被提升及解讀成有包涵「天地之道（理）」之學。因此，《易·繫辭傳》曰：「易與天地準，故能彌綸天地之道。」

漢代以後，易學中的陰陽學說，與五行、九宮、干支、氣運、災變、律曆、卦氣、讖緯、天人感應說等相結合，形成易學中象數系統。而其他原與《易經》本來沒有關係的術數，如占星、形法、選擇，亦漸漸以易理（象數學說）為依歸。《四庫全書·易類小序》云：「術數之興，多在秦漢以後。要其旨，不出乎陰陽五行，生尅制化。實皆《易》之支派，傅以雜說耳。」至此，術數可謂已由「術」發展成「學」。

及至宋代，術數理論與理學中的河圖洛書、太極圖、邵雍先天之學及皇極經世等學說給合，通過術數以演繹理學中「天地中有一太極，萬物中各有一太極」（《朱子語類》）的思想。術數理論不單已發展至十分成熟，而且也從其學理中衍生一些新的方法或理論，如《梅花易數》、《河洛理數》等。

在傳統上，術數功能往往不止於僅僅作為趨吉避凶的方術，及「能彌綸天地之道」的學問，亦有其「修心養性」的功能，「與道合一」（修道）的內涵。《素問·上古天真論》：「上古之人，其知道者，法於陰陽，和於術數。」數之意義，不單是外在的算數、歷數、氣數，而是與理學中同等的「道」、「理」--心性的功能，北宋理氣家邵雍對此多有發揮：「聖人之心，是亦數也」、「萬化萬事生乎心」、「心為太極」。《觀物外篇》：「先天之學，心法也。……蓋天地萬物之理，盡在其中矣，心一而不分，則能應萬物。」反過來說，宋代的術數理論，受到當時理學、佛道及宋易影響，認為心性本質上是等同天地之太極。天地萬物氣數規律，能通過內觀自心而有所感知，即是內心也已具備有術數的推演及預測、感知能力；相傳是邵雍所創之《梅花易數》，便是在這樣的背景下誕生。

《易·文言傳》已有「積善之家，必有餘慶；積不善之家，必有餘殃」之說，至漢代流行的災變說及讖緯說，我國數千年來都認為天災，異常天象（自然現象），皆與一國或一地的施政者失德有關；下

至家族、個人之盛衰，也都與一族一人之德行修養有關。因此，我國術數中除了吉凶盛衰理數之外，人心的德行修養，也是趨吉避凶的一個關鍵因素。

術數與宗教、修道

在這種思想之下，我國術數不單只是附屬於巫術或宗教行為的方術，又往往是一種宗教的修煉手段——通過術數，以知陰陽，乃至合陰陽（道）。「其知道者，法於陰陽，和於術數。」例如，「奇門遁甲」術中，即分為「術奇門」與「法奇門」兩大類。「法奇門」中有大量道教中符籙、手印、存想、內煉的內容，是道教內丹外法的一種重要外法修煉體系。甚至在雷法一系的修煉上，亦大量應用了術數內容。此外，相術、堪輿術中也有修煉望氣（氣的形狀、顏色）的方法；堪輿家除了選擇陰陽宅之吉凶外，也有道教中選擇適合修道環境（法、財、侶、地中的地）的方法，以至通過堪輿術觀察天地山川陰陽之氣，亦成為領悟陰陽金丹大道的一途。

易學體系以外的術數與的少數民族的術數

我國術數中，也有不用或不全用易理作為其理論依據的，如揚雄的《太玄》、司馬光的《潛虛》。也有一些占卜法、雜術不屬於《易經》系統，不過對後世影響較少而已。

外來宗教及少數民族中也有不少雖受漢文化影響（如陰陽、五行、二十八宿等學說。）但仍自成系統的術數，如古代的西夏、突厥、吐魯番等占卜及星占術，藏族中有多種藏傳佛教占卜術、苯教占卜術；北方少數民族有薩滿教占卜術；不少少數民族如水族、白族、布朗族、佤族、彝族、苗族等，皆有占雞（卦）草卜、雞蛋卜等術，納西族的占星術、占卜術，彝族畢摩的推命術、占卜術……等等，都是屬於《易經》體系以外的術數。相對上，外國傳入的術數以及其理論，對我國術數影響更大。

曆法、推步術與外來術數的影響

我國的術數與曆法的關係非常緊密。早期的術數中，很多是利用星宿或星宿組合的位置（如某星在某州或某宮某度）付予某種吉凶意義，并據之以推演，例如歲星（木星）、月將（某月太陽所躔之宮次）等。不過，由於不同的古代曆法推步的誤差及歲差的問題，若干年後，其術數所用之星辰的位置，已與真實星辰的位置不一樣；此如歲星（木星），早期的曆法及術數以十二年為一周期（以應地支），與木星真實周期十一點八六年，每幾十年便錯一宮。後來術家又設一「太歲」的假想星體來解決，是歲星運行的相反，週期亦剛好是十二年。而術數中的神煞，很多即是根據太歲的位置而定。又如六壬術中的「月將」，原是立春節氣後太陽躔娵訾之次而稱作「登明亥將」，至宋代，因歲差的關係，要到雨水節氣後太陽才躔娵訾之次，當時沈括提出了修正，但明清時六壬術中「月將」仍然沿用宋代沈括修正的起法沒有再修正。

由於以真實星象周期的推步術是非常繁複，而且古代星象推步術本身亦有不少誤差，大多數術數除依曆書保留了太陽（節氣）、太陰（月相）的簡單宮次計算外，漸漸形成根據干支、日月等的各自起例，以起出其他具有不同含義的眾多假想星象及神煞系統。唐宋以後，我國絕大部分術數都主要沿用這一系統，也出現了不少完全脫離真實星象的術數，如《子平術》、《紫微斗數》、《鐵版神數》等。後來就連一些利用真實星辰位置的術數，如《七政四餘術》及選擇法中的《天星選擇》，也已與假想星象及神煞混合而使用了。

隨着古代外國曆（推步）、術數的傳入，如唐代傳入的印度曆法及術數，元代傳入的回回曆等，其中我國占星術便吸收了印度占星術中羅睺星、計都星等而形成四餘星，又通過阿拉伯占星術而吸收了其中來自希臘、巴比倫占星術的黃道十二宮、四大（四元素）學說（地、水、火、風），並與我國傳統的二十八宿、五行說、神煞系統並存而形成《七政四餘術》。此外，一些術數中的北斗星名，不用我國傳統的星名：天樞、天璇、天璣、天權、玉衡、開陽、搖光，而是使用來自印度梵文所譯的：貪狼、巨

陰陽學——術數在古代、官方管理及外國的影響

術數在古代社會中一直扮演着一個非常重要的角色，影響層面不單只是某一階層、某一職業、某一年齡的人，而是上自帝王，下至普通百姓，從出生到死亡，不論是生活上的小事如洗髮、出行等，大事如建房、入伙、出兵等，從個人、家族以至國家，從天文、氣象、地理到人事、軍事，從民俗、學術到宗教，都離不開術數的應用。我國最晚在唐代開始，已把以上術數之學，稱作陰陽（學），行術數者稱陰陽人。（敦煌文書、斯四三二七唐《師師漫語話》：「以下說陰陽人謾語話」，此說法後來傳入日本，今日本人稱行術數者為「陰陽師」）。一直到了清末，欽天監中負責陰陽術數的官員中，以及民間術數之士，仍名陰陽生。

古代政府的中欽天監（司天監），除了負責天文、曆法、輿地之外，亦精通其他如星占、堪輿等術數，除在皇室人員及朝庭中應用外，也定期頒行日書、修定術數，使民間對於天文、日曆用事吉凶及使用其他術數時，有所依從。

我國古代政府對官方及民間陰陽學及陰陽官員，從其內容、人員的選拔、培訓、認證、考核、律法監管等，都有制度。至明清兩代，其制度更為完善、嚴格。

宋代官學之中，課程中已有陰陽學及其考試的內容。（宋徽宗崇寧三年〔一一零四年〕崇寧算學令：「諸學生習……並曆算、三式、天文書。」「諸試……三式即射覆及預占三日陰陽風雨。天文即預

門、祿存、文曲、廉貞、武曲、破軍等，此明顯是受到唐代從印度傳入的曆法及占星術所影響。如星命術中的《紫微斗數》及堪輿術中的《撼龍經》等文獻中，其星皆用印度譯名。及至清初《時憲曆》，置閏之法則改用西法「定氣」。清代以後的術數，又作過不少的調整。

此外，我國相術中的面相術、手相術，唐宋之際受印度相術影響頗大，至民國初年，又通過翻譯歐西、日本的相術書籍而大量吸收歐西相術的內容，形成了現代我國坊間流行的新式相術。

定一月或一季分野災祥，並以依經備草合問為通。」

金代司天臺，從民間「草澤人」（即民間習術數人士）考試選拔：「其試之制，以《宣明曆》試推步，及《婚書》、《地理新書》試合婚、安葬，並《易》筮法、六壬課、三命、五星之術。」（《金史》卷五十一・志第三十二・選舉一）

元代為進一步加強官方陰陽學對民間的影響、管理、控制及培育，除沿襲宋代、金代在司天監掌管陰陽學及中央的官學陰陽學課程之外，更在地方上增設陰陽學課程（《元史・選舉志一》：「世祖至元二十八年夏六月始置諸路陰陽學。」）地方上也設陰陽學教授員，培育及管轄地方陰陽人。（《元史・選舉志一》：「（元仁宗）延祐初，令陰陽人依儒醫例，於路、府、州設教授員，凡陰陽人皆管轄之，而上屬於太史焉。」）自此，民間的陰陽術士（陰陽人），被納入官方的管轄之下。

至明清兩代，陰陽學制度更為完善。中央欽天監掌管陰陽學，明代地方縣設陰陽學正術，各州設陰陽典術，各縣設陰陽學訓術。陰陽人從地方陰陽學肄業或被選拔出來後，再送到欽天監考試。（《大明會典》卷二二三：「凡天下府州縣舉到陰陽人堪任正術等官者，俱從吏部送（欽天監），考中，送回選用；不中者發回原籍為民，原保官吏治罪。」）清代大致沿用明制，凡陰陽術數之流，悉歸中央欽天監及地方陰陽官員管理、培訓、認證。至今尚有「紹興府陰陽印」、「東光縣陰陽學記」等明代銅印，及某某縣某某之清代陰陽執照等傳世。

清代欽天監漏刻科對官員要求甚為嚴格。《大清會典》「國子監」規定：「凡算學之教，設肄業生。滿洲十有二人，蒙古、漢軍各六人，於各旗官學內考取。漢十有二人，於舉人、貢監生童內考取。」學生在官學肄業、貢監生肄業或考得舉人後，經過了五年對天文、算法、陰陽學的學習，其中精通陰陽術數者，會送往漏刻科。而在欽天監供職的官員，《大清會典則例》「欽天監」規定：「本監官生三年考核一次，術業精通者，保題升用。不及者，停其升轉，再加學習。如能黽

勉供職，即予開復。仍不及者，降職一等，再令學習三年，能習熟者，准予開復，仍不能者，黜退。」除定期考核以定其升用降職外，《大清律例》中對陰陽術士不準確的推斷（妄言禍福）是要治罪的。《大清律例・一七八・術七・妄言禍福》：「凡陰陽術士，不許於大小文武官員之家妄言禍福，違者杖一百。其依經推算星命卜課，不在禁限。」大小文武官員延請的陰陽術士，自然是以欽天監漏刻科官員或地方陰陽官員為主。

官方陰陽學制度也影響鄰國如朝鮮、日本、越南等地，一直到了民國時期，鄰國仍然沿用着我國的多種術數。而我國的漢族術數，在古代甚至影響遍及西夏、突厥、吐蕃、阿拉伯、印度、東南亞諸國。

術數研究

術數在我國古代社會雖然影響深遠，「是傳統中國理念中的一門科學，從傳統的陰陽、五行、九宮、八卦、河圖、洛書等觀念作大自然的研究。……傳統中國的天文學、數學、煉丹術等，要到上世紀中葉始受世界學者肯定。可是，術數還未受到應得的注意。術數在傳統中國科技史、思想史，文化史、社會史，甚至軍事史都有一定的影響。……更進一步了解術數，我們將更能了解中國歷史的全貌。」（何丙郁《術數、天文與醫學中國科技史的新視野》，香港城市大學中國文化中心。）

可是術數至今一直不受正統學界所重視，加上術家藏秘自珍，又揚言天機不可洩漏，「（術數）乃吾國科學與哲學融貫而成一種學說，數千年來傳衍嬗變，或隱或現，全賴一二有心人為之繼續維繫，賴以不絕，其中確有學術上研究之價值，非徒癡人說夢，荒誕不經之謂也。其所以至今不能在科學中成立一種地位者，實有數因。蓋古代士大夫階級目醫卜星相為九流之學，多恥道之；而發明諸大師又故為惝恍迷離之辭，以待後人探索；間有一二賢者有所發明，亦秘莫如深，既恐洩天地之秘，復恐譏為旁門左道，始終不肯公開研究，成立一有系統說明之書籍，貽之後世。故居今日而欲研究此種學術，實一極困難之事。」（民國徐樂吾《子平真詮評註》，方重審序）

現存的術數古籍，除極少數是唐、宋、元的版本外，絕大多數是明、清兩代的版本。其內容也主要是明、清兩代流行的術數，唐宋或以前的術數及其書籍，大部分均已失傳，只能從史料記載、出土文獻、敦煌遺書中稍窺一鱗半爪。

術數版本

坊間術數古籍版本，大多是晚清書坊之翻刻本及民國書賈之重排本，其中豕亥魚魯，或任意增刪，往往文意全非，以至不能卒讀。現今不論是術數愛好者，還是民俗、史學、社會、文化、版本等學術研究者，要想得一常見術數書籍的善本、原版，已經非常困難，更遑論如稿本、鈔本、孤本等珍稀版本。在文獻不足及缺乏善本的情況下，要想對術數的源流、理法、及其影響，作全面深入的研究，幾不可能。

有見及此，本叢刊編校小組經多年努力及多方協助，在海內外搜羅了二十世紀六十年代以前漢文為主的術數類善本、珍本、鈔本、孤本、稿本、批校本等數百種，精選出其中最佳版本，分別輯入兩個系列：

一、心一堂術數古籍珍本叢刊
二、心一堂術數古籍整理叢刊

前者以最新數碼（數位）技術清理、修復珍本原本的版面，更正明顯的錯訛，部分善本更以原色彩色精印，務求更勝原本。并以每百多種珍本、一百二十冊為一輯，分輯出版，以饗讀者。

後者延請、稿約有關專家、學者，以善本、珍本等作底本，參以其他版本，古籍進行審定、校勘、注釋，務求打造一最善版本，方便現代人閱讀、理解、研究等之用。

限於編校小組的水平，版本選擇及考證、文字修正、提要內容等方面，恐有疏漏及舛誤之處，懇請方家不吝指正。

心一堂術數古籍　珍本　叢刊編校小組

二零零九年七月序
二零一四年九月第三次修訂

增補高島易斷（清刻漢譯原版）（一）

高島易斷

上經 元

高島嘉右衞門

心一堂術數古籍珍本叢刊 占筮類

序

序言

人雖有知愚賢不肖貴賤貧富之殊其處世也各勞精神於思慮
一日無有間斷而所其志或有爲一家者或有爲六國者或有計
宇內之公益者雖因各人天賦之能力不齊而有大小輕重之差
汎大觀之則無非希望國家之富饒世界之泰平也何則假令能
得一家之治齊而所居之國亂則不得獨保其安也又能得一國
之治平隣國擾亂則亦不得獨晏然於局外也是理之所易覩也
方今世運益趨文明學藝技術之進步非復昔日之比也博學高
才之士不乏其人治化之隆如可翹足而待也雖然熟觀今世之
現狀皆以厚於己而薄他爲常甲邦常思吞噬乙國乙國亦常以
抗之爲事人心益流於邪僻仁義之風幾掃地優勝劣敗之勢日
甚弱肉强食之情益著自王侯以至於庶人如有不安於身後之

計者也。夫賢智之士。日夜勞心力。而思慮計畫。尚且不自安。所以
如此者。何也。抑思慮之不足。而誤其方邪。不可不顧慮也。余謂是
由人人忘失至誠通神之道。爲使神人之間隔絕也。夫不通神則
不能稟天命。不稟天命。則不能前知將來。不知將來。則不能知人
事之極。故其志望無所歸著。志望無所歸著。而妄勞心力。是猶盲
人而弄銃器。不能定標的而放彈。彼此偕受其害。豈不危險之甚
乎。所謂不知天命而不畏者。之所致也。今日之勢。既已如此。余爲
是懼。而憫人生之不幸。將濟之於迷途也。然而救濟之術。唯在于
介神人之間。而通其意而已。人若知神明之德不晦於今。則英雄
豪傑之士。亦方其有疑惑也。必請敎於神明。畏憚天命之嚴肅博
識高才之人。亦破想像之迷夢。知人生志望之所歸著。則人心常
有所戒懼修省。而自可生博愛之念也。於是風敎亦自匡正可得

四

使天下之人。浴造化之恩澤也。是余之所希望。故今傳人以至誠
通神之術。欲使得神人冥會也。然既業有術。則不可無書易則通
神之書也。雖然古昔聖人之所述。後世學者未能得其真意。而用
之於實際也。今以國文譯之。附以所見。欲使世人普前知將來事。
是所以述此書之大要也。
易之爲書。明天地陰陽奇偶之理。以闡發造化之秘蘊。六十四卦。
而網羅萬象。蓋宇宙間之事物。未有不陰陽相對者。有日則有月。
有寒則有暑。有男則有女。且既有形而下之物。則必不可無形而
上之道亦猶人有可見之肉體。又必有不可見之心魂。心魂一脫
去人身。則名之曰鬼神。鬼神雖不可見。人得以至誠通之。則依冥
助而前知將來。凡庸之徒。亦可知神之有在也。惟太古草昧之世。
往往有能神通之術者。故人皆知有鬼神也。方今稱文明之盛人

之智識凌駕古人。人事之便益進。爲天涯比鄰之觀。然却不知感

通于如在之鬼神。遂至有誇張無神論者。其故何也。蓋治世之方。

古今一變。人之氣質亦隨之而變。夫接神之道。由精神氣力之單

純。窮理之道。由智識思想之緻密。今人之智識思想。以緻密故能

窮物理。而却不能通神明也。古人之精神氣力。以單純故能通神

明。而不能窮物理也。是所以至誠之道。行于上古而巧智之術盛

于後世也。請詳述其變遷之所由。夫陰陽之精氣交而萬物生焉。

人之生也。稟受虛靈之心魂。而爲萬物之長。然裸體而無護身之

蹄角。又無害他之爪牙。方其穴居野處也。與猛獸毒蛇之類互相

競爭。勝之則食其肉衣其毛。不勝則爲其所食。於是偶有捷知者。

取火於火山。用以驅除猛獸毒蛇。始得爲人類之世。爾來生民殖

而禽獸減。乃生食料從缺乏。數人以爭一禽。鬭爭自是而起。其極

六

至人相食。謂之優勝劣敗弱肉強食之世。方是時。天鋼生民。降弊

大人。使之救濟一世。大人見此狀況。惻怛之心不能自禁。乘敷輦

之道最切。其至誠通神感得敗漁之法。乃諭眾曰。汝等今食他教

之肉。而取快於一時。汝等之肉。他日又得不爲人食料。劕

悲慘之狀有不忍言者。思之勿復同類相食。如夫食料吾能俟憇。

乃作綱罟使之捕禽於野。漁魚於水。衆皆利之。又剏木磨之以𥒑

名曰耒耜以墾荒燕播以草木之實。且教以火食。衆皆德而服之。

事之如神。自是之後衣食足而知禮節。令行禁止。於是統御之道

始舉建國之基斯立。君臣之分長定。父子夫婦兄弟朋友之倫漸

備以我邦觀之。則皇祖瓊々杵尊天降之時。而在支那則伏羲氏

之世也。伏羲氏之王天下也。幽贊於神明。而創占筮之法。使人得

問神決疑。前知將來。易曰昔者聖人之作易也。幽贊於神明而生

著是也。夫易以八卦表萬物之原子。蓋萬物成於八原子之集合。

故畫八卦而現形而上之原子於形而下。重之以爲六十四卦。以

應萬象者也。易之爲字重合日月。竝畫之則成明字。謂從斯道則

萬物無不明也。是易之所以名也。故大傳曰易以知幽明之故。知

鬼神之情狀。知神之所爲。見萬物之情。見天地之心。蓋人亦與萬

物同成于八原子之集合。故性情動作。共不離其序次也。故一知

造化之理由。則知其性之所基。若死生之說進退存亡之機。陰陽

消長之理。默識冥合而活用之。得防禍亂於未萌。消災害於未發。

是以犧聖以下數聖人。以易爲世世相承之神寶。以爲王道之基

礎。夫堯舜之禪天下於舜禹。其語曰人心惟危。道心惟微。惟精惟

一允執其中。憂人之所思慮臆測想像而易達。故各卦五爻示得

中正而施政之方。然至夏殷之世。氣運漸變。人人專賴智力與勞

力。以營生計。無復如上古賭身命於危險之境而求食之要。是以
精神氣力亦不能如上古之強壯。所關於精神氣力之道術漸趨
衰頹則勢之所使然也。及周而文王出焉。恐世人專信想像之理。
失聞神智之道。萦人智之天眞。乃崇奉神易。繁以象辭以明犧聖
之意。其辭窮幽明之蘊奧。撥造化之秘機。因天澤火雷風水山地
之八原子配合之理。以說及人事之吉凶悔吝。行以通神之術。造
化之理。及神人交通之道。兩相完也。其子周公曰。亦繼文王之意。
通觀天下。感想事物之理。雖甚錯雜。或有一定之規則而運轉之。
徵夏殷連山歸藏之二易中。感鬼神適事理之占例。與衆學士從
事其纂輯。果不違其所豫想。知天下萬象之起滅終始。不出于三
百八十四爻之外。於是始照三百八十四爻於實際之事物。看以
易情之變化。因卦時卦義卦象與剛柔之應比。與陰陽消長之氣

運。繫辭於各爻。以大成易道。故周官太卜居八政之一。至春秋之
世。尚重太卜之官。卿大夫掌之。上智遠識之士。效而行之。而周公
之爻辭多涉于比擬譬喻者。少直指善惡者。考其所由是不翅以
其才之美。成斐然之章。亦有所深憂而然。蓋人之資質有善不善。
故善人與不善人相待而為群。更互流行中人從其流行而左右
上下。是陰陽消長之常理。恰如四時之循環晝夜之交代。而當其
暗黑之時。不可不揭燈火而照之。是教學之所以由興也。夫一明
一暗一順一逆如此者。即陰陽消長之理也。故遭君子道長之氣
運。善人得時。則天下治平而易道自明。然遇小人道長之氣運不
善人得時。若使善人占事。因象爻之辭。明陳不善人隱微之心術。
發露其姦惡。則其人羞恥之餘。加害於善人。亦不可知也。故周公
特用隱語而繫辭。例如以兇暴者為虎。以狡猾者為狐。以愚鈍者

一〇

為豕。婉曲其辭。使不善人反省而無所憤恨。其用心也深矣。愚斷

孔子之聖猶曰。加我數年。五十以學易。可以無大過矣。書經曰。

以研究斯道。垂教萬世。受業弟子三千人。固不乏聰明超乎衆庶

斯道者。其果幾何。乃歎曰。吾知之矣。知者過之。愚者過之者蓋

及也。賢者過之。不肖者不及也。蓋弟子中。或惜其才以為天下之

事。無足為者迂遠之道。不足學也。於是中道而廢智者過之者。蓋

婉辭也。唯顏回獨優入聖域不幸短命而死宏才能辯如子貢者

未能與聞性與天道也。斯道之至大而難傳。有如此者。柙飛予隴

主。在與堯舜同用易之中正。而則神智以行之於人事。是雖聖人所難

庸中庸得天命之中正。而行之於人事。故常用其中正謂之史

實踐也。故中庸曰。天下國家可均也。爵祿可辭也。白刃可蹈世甲

庸不可能也。雖有達觀遠識脫名利者。不至至誠通神志域未能

得之也。故曰中庸其至矣乎。民鮮能久矣。夫行易有三要。明易理

一也。通世事人情二也。至誠通神三也。而其一二雖在深思推勘。

至其三。則屬精心氣力。自行以至者也。所謂自誠明謂之性自明

誠謂之敎誠則明矣。明則誠矣。是盡性之誠稟神智之敎也。犧文

周孔之四聖各有天賦之能力。舉畢世之力。憂後世而所述作雖

然後世學者。乏解釋之力。二千有餘年。冥冥晦晦。如存如亡。無復

實用之者。不堪慨嘆也。

易之爲書。束洋之理學。而其卦六十有四。然而西洋化學。亦有六

十四原素其數如合符節。可謂奇矣。唯舉其所異。西洋窮理之學。

即物而窮其理。故分析其組織之要素。以知其性質功用之所在。

束洋理學。則不然。不問動植。天地間有形之物。各寓心魂於其中。

有適當之性情者也。故復象傳曰。復其觀天地之心乎。大壯象傳

曰知天地之情。咸恒二卦彖傳曰天地萬物之情可知。又中庸曰。

能盡其性。則能盡人之性。能盡人之性。則能盡物之

性。則可以贊天地之化育。可以與天地參矣。當知日月星辰及太

地。皆大動物。而各有心魂。達其性情。保數萬歲之壽。其効用亦極

大也。若其他萬物。小動物。而其壽則短。亦各有心魂。達性情者也。

蓋宇宙間。一切萬物之心魂。皆造物主之分子。而無不至精至純

者也。而問此無數萬物以何組織則物質原子有八。即謂之天澤

火雷風水山地。其中天雷風火。氣體而無形狀。山地水澤實體額

有形狀。此有形無形八原子。互相抱合結晶。而能組成萬物也。而

由其原子之精粗靈頑。各異物質。其物質能薰染其心魂。各異其

性。其性能因緣外物。而各異其情。故雖如天地萬物各分裂蒴皷

此不相關。是至精至純。萬物同體之心魂。暗暗裏爲物質所薰化。

洞察斯真理而不疑謂之知天地萬物之情。洞察斯真理而去各

自為物質薰染之私欲。以贊天地之性。以遂萬物之情。謂之能盡

物之性贊天地之化育。而人之心魂離肉體之後。不合同本原者

有二其一致誠盡忠計國家之幸福死而後已之精神。其身死而

心魂猶未復歸本原永在幽冥。而守天下後世者謂之鬼神中庸

所謂鬼神之為德其盛矣乎即是也。其一生涯欲逞自己之私欲。

焦思苦慮之私心其身死而心魂亦未能復歸本原彷徨于空中

而為災變者謂之游魂所謂游魂為變即是也。然而鬼神感善

人而降禎祥於國家游魂寄託惡人而為妖孽於世間所謂同聲

相應同氣相求者是饗陽神以火饗陰神以水。蓋因此理也。凡通其

此理而不迷者由易而知鬼神之情狀者也。東洋理學之高尚其

如此。故從來學易者。概不能得肯綮。不徵之於人事之實際。故泜

能知人情之錯雜。或單爲義理之學。不復解占筮之妙。拘泥字句
之間。遂廢其實用。且其稱通易學者。則曰易教君子以常道卜筮
以諭權道。曰。伏羲之象。文王之辭。依卜筮以爲教孔子之贊易。以
義理爲致其施爲雖異。道則一也。曰從性命之理盡變化之道曰
探賾索隱以定天下之吉凶鈎深致遠。豫諭人事之悔吝曰易者
聖人所重之道。而爲君子設者。後世以卜筮列之于技藝大悖聖
人之旨曰。天下之理。無不包罩易中。開物成務之學。祇賴有此也。
曰。聖人以易研幾。示人以向背係吉凶悔吝之辭鼓舞天下。誘天
祐於貞悔。是知其一而未知其二也。又或一二熟卜筮者。亦唯玩
象而逞臆測而已。要之和漢未有盡聖人之深意者。又未有用聖
人之辭而占者也。用易如此。猶以干將莫邪而代榮刀。豈可不慨
嘆乎。余之所講。則異於是。照之於事物之實際。發明聖人之深意

於彖爻之辭。覺知鬼神之威靈。常現在于上下左右。畏敬之念。無

有須臾之間斷。蓋余之於斯學也。其始非由師傅之敎也。嘗讀中

庸之書。至至誠之道可以前知。怵然而思。凡人之處世。莫善於前

知百事。乃考索至誠之道者。十有餘年。茫乎而無所得。當時情懷。

如懷方書而失良藥之感。然當橫濱開港之初。過犯禁下獄實安

政六年十二月也。其在囹圄也。不堪幽囚之苦悶。或悔悟任血氣

誤生涯萬感輻湊于一身。轉覺悵然之際。偶得易經下卷一本於

席間乃執而讀之。以爲吾聞易之爲書。儒者千百人中。能講之者。

僅不過二三輩。而猶多不能通曉者。夫易者四聖人各極天授之

能竭畢生之力。而所述作。其不易解。雖固當然。古昔聖人。非故用

不可解之秘語。作此怪謠之書。以欲窘後人也。由是觀之。其難解

也。非書之難解。由吾精思之未至也已。今獄窓無聊。吾幸以往日

所聞于師之西洋理學窮其理之所在。則或得通之乎。爾來每日

課一卦。晝則玩讀之。夜則暗誦之。四閱月而卒業。自是之後。丁寧

反復精思熟考。造次顚沛。未嘗暫廢也。涉數月之久。覺於繫辭彖

傳等。少有所通曉。乃益勉勵不措。既而得略解全體之理。因假撚

紙片以代蓍。即事而占之。其事或中。或不中。苦其不恒。於是沈思

默禱之餘。幸思至誠無息之語。感悟無息二字。非單無止息之義

則無發氣息之謂也。方揲筮之時。全止息吸呼。而捧蓍於額上以

專念其將占之事。不得不發氣息之際。分蓍而爲二。此間不容髮。

自是之後。百占百中。以爻辭擬之。瞭如掉掌。有悚然而接神之想。

於是始知易之爲用全精神氣力上之術。而至誠之道一在無息

之間。且悟六十四卦。則造化之理即萬物之根本八原子之結晶

學。而推原子遇不遇之性情。及之於一切之事物。自國事之大以

增補高島易斷

至於人事之小細。大不漏得悉指之於掌之學。又併知三百八十

四爻之別。即示時之緩急。事之難易者也。詩曰神之格思。不可度

思矧可射思。中庸引之蓋聖人說神三以思字爲助語者。即自占

筮之適中。而觀識之可知也。余亦當易占之適中。而又同其感確

信聖人曰神者。與余之曰神者。亦無分毫之異也。神字從示從申

者。蓋神雖視而不見。聽而不聞。人能以蓍筮問之。則無不示申也。

亦可以證余神人交通之說焉。

熟俯仰今占而觀察世態人情。如上文所述。古之人淳朴而富精

神氣力故能得交通于神今之人狡智而專利欲。故不能交通于

神是以唯推測謀事智者勞精神竭思慮。而圖國利民福。亦動輒

陷權謀術數以利己爲主。不顧他人之害。常窺他邦之釁隙欲以

併吞疆土。蓋彼等固以優勝劣敗弱肉强食。爲各人天賦之情性。

不審生存競爭。畢竟不知天命而不畏之所致也。請試論之。今日
如歐米各邦以理制人心。鬪巧智以爭生存。則我製百噸之砲。則
彼製二百噸之砲。我備鋼鐵艦。則彼抗之以水雷。益進而益巧。愈
出而愈奇。其勢不知所底止。遂至駕氣球而自天空投下爆裂彈。
則再復太古之穴居乎。然則口唱文明。望開化至其所行。則菲却
趨野蠻耶。當今文明開化之競爭者。全期優勝劣敗。優勝劣敗既
期弱肉強食。弱肉強食。即野蠻未開之風俗也。而歐米各邦進步
之方針。正向此點而進者也。宇內各國之情勢。業已如此。而其所
以未恣虎狼之吞噬者。賴耶穌教之力。而繞抑制之。亞細亞諸國。
賴神儒佛三道之力。而防遏之也。我皇祖及孔子釋迦耶穌等。各
聖人通神設教。示以神者祐人。人以至誠稟神惠。神人相應。致國
家之福祉。是國敎及宗教之所因起也。然從生活之變遷。而氣質

之變化也。精神衰而至誠之道不明。故方今雖在神儒佛耶之教

職者。通神者幾希可知神雖欲保護國家。保祐民庶以人失通之

之道。神亦憫其愚而焦慮也。蓋自不通神。則不能詳聽神意。而妄

說神德者。畢竟不過襲蹈古人之套語。此輩不足與語道。然亦一

由斯道之衰頹未專可咎此輩也。且無智之小人爲其說之所誘

而信之者。亦雖屬安信。或以生進善遠惡之心。未必無益也。唯中

等以上之人修形而下之學者。爲無神論。而置神於疑惑之間。不

知天命之可畏聖言之可尊。或恣我意。而蹂躪衆庶。或乘威權而

橫行世間。弄才智而裝豪傑。其死也以樹亘大之記念碑。爲無上

榮譽。此輩終身不知道唯以利爲現理。終名利之二

途耳。雖偶有信神者。不能直得神意止其自信。而不能以神益世

利人。是皆非完全者也。故其力終不能制止一般情勢之熾盛也。

然則人間生活上之快樂。其在何所乎。要之其弊坐不會神火炎
通之道也。夫天之生斯民也。豈以同類相食爲其主旨乎。宜憂勞
互相扶助。強弱互相提攜。以各安其業樂其分也。若夫邦國之於
交際。亦猶個人之於交際也。有無互通利便互計。相攜相扶不可
不各享其天幸。全其天福也。否則如何而達人心和樂之世運乎。
今也形而下肉體之便利日益進。而不能安形而上之心。則如何
而得稱眞成之文明開化乎。而其進文明開化之方。不在歐米各
邦形而下之窮理。在東洋形而上之道其載道之書。實以周易爲
最也。是以余曩著易斷十冊。以六十四卦三百八十四爻應用之
於實事。解釋其辭附以經驗之占斷。紹介神人交通之妙理爾來
七年。世人未醒覺迷夢。頑乎而不畏天命。狎大人侮聖言。不知鬼
神之現在於冥冥。前知禍福而示之。見禎祥妖孽。以爲偶然。不有

嘗所省察徵戒。世道人心之衰頹。日以益甚。蓋為我書之所說。未

盡其精微乎。余年已越六十。疾病亦且時至。若迨今而不完斯學

之中興。則其將期何世耶。是余不獨為斯道憂。實所為天下後世

憂也。乃不自揆。再補正易斷。寄六十四卦。以國政之組織君臣之

奇偶人心之興敗。就實地所經驗之活斷三百八十四爻而述之。

明神人交通天命嚴蕭之證。以使初學之人易悟易理之妙。進使

後世學者。繼經驗之序終成就人間學。且欲使宇內智者學者輩。

省臆測推量之徒勞。以易為神人交通之媒。且夫我邦維新當初

之為國是也。在取彼長以補我短。然歐米各邦之交際益頻繁而

其所傾向。苟為彼之事物。不擇利害而輸入之。我所固有。不問長

短而廢棄之。遂至有非變我道德國而不為彼法治國不止之勢。

嗚呼亦可謂惑矣。夫撰取利害長短。人世之通誼也。況欲棄我國

粹之道德乎。抑方今最大急務。在使彼國人知我固有道德之爲何物。而爲之道無過於平易說示易者道德之本原也。故早晚譯此書以英文傳之於歐米各邦。欲使彼知我國方今有神人交通之術。又知人間統理之方法。單不在法律而在道德也。歐米各邦專研究形而下之理。奏其實效者。如利用電氣蒸氣皆無不巧妙。交通之利便。實古人所不夢見也。然如此。是利人間相互之交通而已。烏如我易道之神人相交通。而前知將來之吉凶禍福哉。是實東洋神奇之貴寶也。今余不敢秘之。欲以傳之於海外者。唯一片誠忠。在將爲宇內開萬世之太平耳。凡百君子。謹而思之。余之所希望如此。著此書之主旨。亦全在此。具眼達識之士幸諒微衷。大講究斯學聖聖相承之瑞珠。再放光彩。神隨之皇道得大明於世。而衆人知希望之所歸著。宇內萬世之泰平。亦可期而

俟也。

明治三十四年一月

高島吞象識

余之幼也。家大人教之曰。先哲所著之書。不啻汗牛充棟。然六經

所載則聖人之道。聖人者。天之所降以爲億兆之君師也。余於是

讀四書五經業務之暇。手不釋卷積年之久。略諳諷誦之。窺聖賢之

旨。探道德之原。頗有所自得以爲聖人之道教庸人以仁義教君

子以易使得至誠通神豫知將來。使在上君子。無誤億兆之休戚

也。故君子因易以知有鬼神。戒愼乎其所不睹。恐懼乎其所不聞。

善篤善行雖賞之不爲不善。蓋知天命而常行仁義。故謂之道德。

然而神者專祖先之靈。是合人之顏色氣血而可知。然則人之於

父子。非啻身體教育之恩。父母沒而爲靈亦大而保國家之安寧。

小而護子孫之幸福也明矣。是孝道之所以貴重。而五倫天之所

媒介也。

至誠者。聖人所謂盡其性也。說卦傳曰。窮理盡性以至於命所謂

性者。心之所活動。命者。與受命如嚮之命同。吉凶所定也。言窮其

義理。盡心之活動。以感得天命於筮數之義也。要之。人智所不及。

而聽神之教者也。卦爻之辭皆照于實用不餘一字。故易者不外

聖人救世之意焉。蓋庸人之所見。人之一身以統括四肢五官而

應事物爲能。唯聖人不然。盡性至命遺活動心魂以通鬼神感得

神意於筮數之方。以益後世然世之讀易者。拘泥文義。而遠于實

用。可不浩嘆乎。

釋氏之道。以明心見性爲主老子之道。以修心練性爲要。故釋老

之道。專於心性。而疎於治國家。唯吾聖人之道。以盡性至命爲極。

苟人智所不及聽命於鬼神。小而可修一身。大而可治家國天下。

豈如釋老獨善其身者乎。方今宇內各邦。互競其力之時。舍此而

可復他求哉。

祖先之靈。雖導國家及子孫。以避凶趨吉之方。人不知盡性之道。

故神靈不能通其意。見其陷于不幸。亦不堪憂慮也。人皆以爲將

來之事不可豫知。余竊憂之。述此書。以明聖人之旨。通鬼神之意。

媒妁幽明。欲使天下後世。得至大之幸福也。

此編原余所講述。使友人柳田幾作筆記者也。今請清國人王治

本氏。更補正之。便清國諸彥閱讀。但序言以達意爲主。故文辭鄙

野。語無倫次。覽者諒之。

余嘗著易斷易占二書。先輩序文頗多。其中副島種臣。中村敬宇。

栗本鋤雲三君之文。尤得我心之所然者。今不忍去之。因錄於左。

高島吞象又識

神易堂易斷序

周易筮法肇始於洪範。散見於春秋內外傳。宿官世業。掌在筮人。
由來舊矣。迄今幾失其傳。歲庚子余重游東海。得閱神易堂易斷。
爲高島吞象所著。卷首自叙揲蓍之法。并追述生平因事繫囚。
於狂獄中得殘易半本。朝夕參玩。獨得神解。逐即自筮休咎爻象
所示。一時莫得其解既而脫罪。其應如響。此其始筮之驗也。厥後
凡值歲首。或家國大事。悉皆取斷於筮。而他人之有疑欲決者亦
咸來請筮。歲積一歲。以其所筮之經驗者。鈔錄成帙。每卦或一筮
焉。或再筮三筮焉。隨機判決。各得神解。訂爲六十四卷。付刊行世。
知與不知。皆奉之如神。一日余於友人處人獲晤高島翁。談及易
斷之妙。翁曰。惜此書純用和文。不克流傳海外。請君一繹漢文。友
人亦相與勸說。余逐應命。卦首先釋象義字義。及陰陽變動參互

增補高島易斷

錯綜之旨。後繫所筮斷驗。余爲之循其意繹其詞。從事於筆硯者

八閱月。迺成。嗟乎錢卜之法。創自京房。專昌五行生尅。決人休咎。

而於爻象爻辭。概不究論。求所謂大衍用九之法。刳若兩歧。茲得

易斷之書一出。俾楪蓍古法再見於今籫人之掌。得復於古。皆

高島氏之功也。余幸刪繹事竣。爲叙其顚末如此。

光緒辛丑歲三月上澣穀旦

浙東彂園王治本譔於食研齋

高島易占初篇序

文王之易。文王之易也。高島嘉右衛門之易。高島嘉右衛門之易
也。人固不能無才性高下之殊。而易從其人各爲見解。不得言管
窺之天。非彼蒼蒼者。譬猶不龜手藥。一以洴澼絖。一以水戰制勝。
自人見之。則其用雖殊。自藥見之。則齊爲善用者。抑高島氏繫在
囹圄。幽鬱七年之久。所親唯周易一卷。反覆玩讀驗之自家經歷
大有所感。爾來每事。必與易謀。而決趨避終至爲一家占斷。此書
即是也。夫煤燈鐵路。煌耀于橫濱之衢。而蜿蜒于東京之道者。雖
不過取於彼而施於我之事。創爲之業。得喪不可判衆方在逡巡
疑懼中。而高島氏獨奮當之。其膽勇非易鼓之。而誰居。

鮑菴 栗本鯤 撰

高島易斷序

高島氏深乎易者也。其言顯而密。邃而理。至云吾未得神助而得

鬼助。其占得咸四爻。賢哉。高島氏也。其眞如云乎鬼者。周公之鬼

乎。文王之鬼乎。孔子之鬼乎。庖犧之鬼乎。其或子平生所夢寐。則

有其鬼乎。余惟于良德。則宜或天助。是使鬼咸于子乎。抑余謂鬼

者魂未伸者。故不神。若此者咸于其外體。或有之也。咸四爻爲貞

吉。則果天助也。不鬼咸也。所著書類雖未讀盡所趨浩大。故書以

贈也。余亦近來有著書。殊覺于精義未悉。動多糊塗將擇吉日一

日相會。以縱論余平生。時下無恙是祈。

　　　　　　　　　　　　　　　　　　　　　　　　　　　　副島種臣

至誠神通之圖

增補高島易斷

大日本橫濱　從五位高島嘉右衛門　講述

東京　　柳田幾作　筆錄

清　國籌波　王治本補正

周易上經

乾爲天

乾字本作《〈。即此卦三奇一連純陽圓滿之形也。後假作三數字。左旁從卓卓

疑此之謂也。今得乾下乾上之卦其羲如左餘卦倣之。

凡人臨大事。欲前知吉凶成敗於未來。非人所能臆測也。於是用至誠無息之
術。質之鬼神。鬼神感之發現其意象於筮數以示休咎以定從違易曰卜以決

古文作𠦀中⊙象日上下〵〵象其光線。即大陽放光彩之象。詩嘆其乾矣。亦

通作乾燥之義。嘆曝也。自日光而來也。乾之性在人則氣力圓滿剛健之義也。

說卦傳曰乾健也。天之性至剛其德至健其體圓滿盈實其運動疆進而無有

間斷。故以此卦此字充之。

乾元亨利貞

此五字文王所繫謂之象辭。乾之為天。上文既述之。在人則君也。父也。夫也。蓋

天包地。君撫民。父育子。夫帥妻。其理一也。元亨利貞四者乾之德也。乾秉純陽

之性。而兼此四德。故其為氣也。充滿宇宙。無瞬息之間。是即健而無息之謂也。

人能法乾之健。自然氣力充實。俯仰無愧。孟子所謂浩然之氣。至大至剛配義

與道。無是餒也。此即與天命德之聖人也。

元者始也。大也。仁也。不虧不壞。天地之大德所以生萬物也。元字從二從人。仁

字天字亦然。蓋在天為元。在人為仁。猶仁者推愛己之心以及於人也。亨者通

也物始生而成之義也。在人爲禮人之處世以禮讓爲貴。便可使人生愛好之

情即與仁之博愛同。利者宜也。吉也。萬物發達而遂其生也。在人爲義。見利思

義。利與義若相反。而實足以相成以義爲利利即義也義字從羊從我。我牧羊

而衣其毛食其肉是自食其力不慕夫外也義者宜也利之得其正也。利字說

文云從刀從和和然後利字本從和省文。故曰利者義之和也。貞者正也兼貞

正貞常貞固之義。在人爲智。蓋內有神明在抱之姿外有堅貞不拔之操斯有

守有爲自得保其終也。故曰貞固足以幹事蓋元亨物之始通也。言其時則自

春而夏言其日則自旦而晝。在人則自幼而壯在草木則自萌芽而至繁盛也。

利貞物之成而又復其本也言其時則自秋而冬。言其日則自映而夕。在人則

自壯而耋在草木則自實而隕也爲人君者以乾天爲法。故御天下之道莫大

於仁育萬物君能體仁則天下莫不被其德。文言傳曰君子體仁足以長人且

此卦爻象亦非專止君上下至四夫四婦爲父爲夫者其卦象卦義卦用亦復

相同。宜推類而擴充之。元亨二字專就乾之全體德性上說利貞二字。更含聖

人教戒之旨。何則貞者正也。利者宜也。是貴行其所宜。守其所正也。以人事推

之必其有剛健進取之性。然自恃其勇毅果敢。或將侮人之弱。凌人之柔。欺人

之愚。是自陷於過失也。唯貞正而可以克其終也。因深警之曰利貞。

象傳曰。大哉乾元萬物資始。乃統天。雲行雨施。品物

流形。大明終始。六位時成。時乘六龍以御天。乾道變

化各正性命。保合大和。乃利貞。首出庶物。萬國咸寧。

六十四卦始于乾。終于未濟。未濟之卦。離火之性上升。坎水之性下降。爲水火

不相交之象。剛柔失位。事猶未成。故曰未濟。夫未濟非不濟也。有待而濟也。六

十四卦循環不已。是未濟之終。即復而爲乾天之始。乾爲日。陽光所照。萬物發

育。故坤輿得其照臨。而水氣蒸發騰而爲雲。降而爲雨。寒暑燥濕。四時循環。而

無須臾之間。精氣凝結。萬物流形。是皆始于乾元一氣之功德。故孔子贊之曰。

大哉乾元萬物資始。乃統天。雲行雨施。品物流形。乾元者。包括陰陽之稱也。凡

物必有始。又必有終。今以六爻之位示其理。則初爻生也。始也。上爻死也。終也。

各由其物之性。而不誤其時命。謂之大明終始。六位時成。夫資始萬物者乾元

之功。而乾元亦不以自以為功。必使雷風水火山澤六子相輔而成六子亦能

承襲天意以行天之所欲為。而不違其道。天以父道而御六子謂之時乘六龍

以御天乾坤與六子協心以行變化之道。其間功用無窮。而分量有定。乾坤六

子各全其命生生變化謂之乾道變化各正性命八卦協心以能保合此造化。

謂之保合大和乃利貞者謂日月星辰與四時事物之消長。各不愆其運轉不

違其次序得保此元氣之常存。是以利且貞也。聖人體天立極以一人而統理

萬機。是曰首出庶物。一時庶物沐聖人之化。又得發育蕃殖各得其所。書曰黎

民於變時雍萬邦協和。即此可見聖功王道乾元一德包括盡之矣。

此傳自大哉以至統天。專說乾天純陽之德體。自雲行以至流形。專說天地

陰陽和合交感之妙用。自乾道以至性命。專說陰陽變化之功德。至保合大

和。擴充之於人道。始見教戒勸化之本領。於是三才之大義具備。蓋人效法

夫天。夫之爲道。以公明正大爲主。則爲人君爲人父爲人夫之道。亦宜以公
明正大也。

此卦純陽在上。自有君臨萬邦之象。聖天子體乾出治。布化宣猷。登進賢良。授
之以職。父仰其德如龍者。崇以師傅。參與庶政。如湯之於伊尹文王之於太公。
一時庶職咸熙。風流令行所謂保合大和君令而臣行。上唱而下和君臣合德。
上下通志。蓋君子秉純陽之德。適當休明之會雖有不善人。伏於裡卦之坤。不
敢復露頭角是以四海靖寧國家安康萬民咸沐浴于深仁厚澤之中。無一夫
不得其所於是品物豐饒國富民裕兵強食足。兆民輪愛國之忱。四國動會歸
之化。熙々皞々共樂泰平是乾之時也。溯昔仁德天皇親察下民之疾苦。勅百
官曰。夫天子猶大陽之照臨下土。發育萬物宜代天而布化天子爲天之子而
敬承上天之志以施行之於下民者也。故朕視衆庶猶子衆庶視朕猶父也。今
朕儻爲天子萬福無極。衆有或未得其所者若鰥寡孤獨窮而無告或孝子
而侍父母之疾。不得醫藥。或遭逢水火之難。而不能撫育妻子。或罹疾病不得

藥餌朕豈忍晏然膜視哉。凡爾百官是朕衆子中最年長而有德者也。其憐恤

子弟固常與朕有同心。今後三年除天下之租稅。救萬民之疾苦。爾百官其共

體此意。所謂一夫不獲是予辜。朕實不勝飢渴之憂。願汝等三年之內與朕同

此艱苦。以實行救荒之政。百官謹而奉命。皆感戴君恩之厚。於是世風一變。上

自權貴下至賤民。濟貧恤窮之風盛行。有餘財者賑濟窮民。貸土田者不收田

租。貸家屋者不徵家稅。唯以博愛爲榮譽。是以兆民無不蒙王澤者。如大旱之

得甘雨。迨三年之後。天皇登樓。遠見炊煙之颺。欣然而詠高屋之御製。迄今追

誦勅文諷詠歌謠。無不感懷聖德也。蓋乘乾御宇之世。風同道一。明良相慶。無

復所間然。氣運迭更。極盛必衰。或潛龍而不用。或亢龍而有悔。運會之升降陰

陽消長之理。古今同然。故君子之處世。辨六爻之時。玩其辭。即可知天命之向

背。凡人筮得此卦。法大陽之循環而不暫息。一切動靜之爲要。皆奉乾以爲法。

其宏量卓識。以見龍飛騰得力。正可進而有爲之時。然氣運之通塞進退各有

其宜。初爻雖見其才德如龍。而時機未會。未可進而當事也。二爻可進之時旣

乾

四

來而應以九五二五各以陽德應之猶非陰陽相親也三爻更近上位而在下。

拮据唱勉頗勞思慮至四爻則五爻之盛運將來察上下之情審進退之機待

時而動尚未決也五爻得盛大之氣運百績考成正乘時得位之際也上爻以

乾之氣運既過要宜速退而无悔九二之利見大人由初九確乎不拔之志操。

九三之无咎由九二之謹慎不伐九四之无咎由九三之乾乾惕若九五之利

見大人由九四之能疑能審故積功累行在於人而成德達材在於天至九五。

則潛龍之精神既竭憂疑之念慮全消无思无為唯有同聲相應同氣相求之

樂而已則亢龍之悔不必待至上九而後知也是所謂理之不可違數之不可

逃幾之不可不豫者也。

大象曰天行健君子以自彊不息

天行健一言以斷定乾天全卦之德行者運也進也為也往也道也謂天道運

行猶如大陽日日運行循環不息無一刻之停止也君子體天行之剛健天理

渾然。无一毫人欲之間。自彊不息。自足當天下萬般之事業。然此自彊者。亦非

暴戾猛進而不知止。安川健強之謂也。玩索潛龍亢龍及用九无首之辭而可

知其義也。

（占）得此卦者。要臨事剛健。自彊而不息。猶天行也。○又要包括元亨利貞之四

德。○乾有施德而不計利之意。○女子筮得此卦以陰居陽有剛強過中之嫌。

宜慎重也。○天候二三四五之中變則必晴也。○賣買不利買而利賣也。○禍

福謂積善餘慶積不善餘殃。恐有不在當代而在後裔也。○常人有高其身而

不知鄙事之虞。○賢者有知天命而獨行是道。恐群陰潛伏有群小橫議之懼。

初九潛龍勿用。

象傳曰。潛龍勿用。陽在下也。

初九以陽居陽龍之為物。神靈不測。能大能小。能飛能潛。應時而變化者也。變

之取象於龍者。以喻人其靈明之德變通之才也。潛龍勿用四字。周公所繫謂

乾

五

之爻辭以下傚之潛者隱伏之稱此爻在純乾之時而居最下未得遽用猶龍

之時運未來而隱伏於深淵也故謂之潛龍勿用占得此爻者以不得其時雖

有才德未可進用也然龍之潛非終于潛者也○勿用者非竟不用也龍有神

靈之作用不得其時蟄而不見寂然以養其心神君子亦待時而動

善成其用當此勿用之時晦其才韜其德不干進而取禍亦不遲疑而失機

天命儼如神龍之蟄而待伸也初九陽居地下未可施用其象爲潛龍其占曰

勿用在人則德修而未遇於世道成而未達於上有可爲之具而無效用之機

故退守而未可有所爲也蓋天地之氣有升降君子之道有行藏孔子曰舍之

則藏正得此卦之旨也若以小事筮得此卦宜用婦人而成事蓋以此爻變則

爲姤姤以女壯故也

(占)問戰征乾爲武人有戰征之象初爻陽氣始動於黃泉猶是潛伏故曰潛龍

在軍事爲威令初發大軍未集宜按兵以待也吉○問營商龍而潛曰勿用雖

是一種好貿易只可株守未可驟動也○問功名龍本飛騰發達之物初爻曰

潜是未得風雲之會也。故曰位在下也。○問婚姻乾初變姤。姤曰女壯勿用取

女是宜戒之。○問家宅按震爲龍震在東方。是宅之東。必有淵水閉塞不濟宜

脩鑿之。○問六甲。生男。

（占例）明治二十二年。某貴顯占氣運筮得乾之姤。

爻辭曰初九潜龍勿用。

斷曰乾者純陽之卦。具元亨利貞之四德。剛健篤實。而六位不失其時。升降無

常隨時應用處則爲潜龍出則乘飛龍靜則專動則直初九曰潜龍勿用蓋以

陽居陽其位伏而在下雖有龍德未逢飛躍之會宜潜藏勿用文言傳贊之曰

龍德而隱者也。不易乎世。不成乎名遯世而無悶樂則違之確乎其

不可拔潜龍也。又曰潜之爲言也隱而未見行而未成是以君子不用也。今君

占得此卦此爻。夫君當維新之始以武功有勳勞現陞陸軍中將之職。且精儒

釋二典所謂學究天人道兼文武識見之高期學問之深奧可謂當世無比者

也。今當退而不用。正龍德潜伏之時以君才兼文武仿諸葛臥龍。是有握乾旋

乾

六

四五

坤之略。但恐陽剛獨用。未免意氣凌人。議論率直。以致疑謗交集。不容於朝。然

此卦所謂勿用者。非終不用也。以龍之象失時則潛。得時即飛。君當韜光匿彩。

遯世无悶以待其時之來也。此爻變則為巽。巽者風也。順也。入也。俚諺曰入人

之氣。即是也。君能以剛方而濟以巽順。使人有坐我春風之想。則上下悅服。而

望聞日隆。自得飛龍上升之象。雖今年之氣運未亨。至明年爻進九二恰值見

龍在田利見大人之時。騰達變化。德澤普施。可拭目俟之。

九二見龍在田。利見大人。

象傳曰見龍在田。德施普也

此爻。陽處二位。故曰九二。陽氣發見。有龍出淵見于地上之義也。在聖人潛不

終潛。有屈而將伸之機。曰在田。蓋有其德。而猶未居其位也。大人者以其有人

君之德。故稱大人。此爻變則為離。離文明之象。卦變為同人以文明之人而與

人同。故曰利見大人。蓋剛健者性之德。文明者學之成。中者居之宜。正者位之

得然有其德而猶不自以爲足。欲見九五之大人。蓋期勉進其見識。相與贊成

天下事業。是龍德始見可世立身顯名之時也。五者君上之

定位。此卦二五皆以陽剛相應者。蓋有故也。乾之爲卦。其體則純陽圓滿其時

則剛健日進。其爻則二五共備剛中之德。同德相助。謂之兩剛相應之例。乾之

卦處九五之位。以明德御衆賢。九二之臣。承奉君意。以盡功於國家。並法天德。

以治國家。以其志望之同。而兩陽相應。如是上下之大人合志而濟世。則其德

化之所及。無有窮極也。此爻備三才之妙義。見龍者。謂得天之時。在田者。謂

得地之利。利見大人者。謂得人之利也。

（占）問戰征。龍本靈物。初爻曰潛。是謂伏兵。二爻曰見。則發見而出也。在田則必

列陣於田野空曠之地。傳曰德施普也。是必戰勝而行賞也。○問營商。及曰見

龍在田。如其貨物大般是米麥絲綿之類。兒者謂物價發動升派。利見大人者。

謂當有官場出而購買也。○問功名。謂伏處曰間者。當乘時而進用也。且得貴

人之助。故曰利見大人。○問婚姻。二與五相應。五居尊位。婿家必貴。曰見龍必

是新進少年也。大吉。〇問六甲。生男且主貴。

（占例）明治之初。自占一身之方向。筮得乾之同人。

爻辭曰九二見龍在田利見大人。

斷曰乾者純陽之卦。六爻皆取象於龍群賢在朝之時也。我國自德川氏治世以來。殆三百年。積弊之極。世運一變。得見今日維新之盛業。雖由氣運之消長。實賴此龍德大人各振其材力。匡輔王朝。致此中興之偉業者也。是則今日之政治。即乾爲天之世也。余曩得罪羅獄者七年後。逐獲釋爾來黽勉拮据四年。而得十餘萬金。余不敢自恃億中。亦幸逢一時之氣運克獲資產。然聚散離合。理之所不免若聚而不散。謂之守財奴即貽之子孫。往往徒供驕奢。何能久守。余惟當今在位之君子。在昔尊王室廢藩政。皆出萬死而得一生者也。歷今三十年來。王事鞅掌莫敢或違孜孜以襄國是。余雖不肯亦豈敢獨耽安逸徒望富有哉。今筮得九二之辭曰見龍在田。謂余曩時出幽囚而再見天日得以振興家業。見利見大人。謂余嘗占筮國家大計。得與當路大人交接。併得領其議

四八

論往々外使歸朝投宿余邸藉是得悉海外形勢凡此皆足針砭余之固陋聲

迪知識爲益洵不尠也。余乃法同人之卦意。同人之占、載、創成鐵道瓦斯學校郵

船四大業。其原實得於此也。蓋乾之爲卦以天行之健。有自彊不息之象以龍

剛健而無須臾之息忽惟日孜々自有成功之日也。

○明治二十七年占我國與清國戰爭之結果如何筮得乾之同人。

爻辭曰九二見龍在田利見大人。

斷曰乾者兩乾相接之象以人事觀之有剛健純粹之大人相接之象今兩國

戰爭清國之敗機已見往日清國會遣員議和。我國不應。而戰爭愈久彼國愈

生內亂必將遣首相李鴻章來東與我伊藤首相相盟。謂之見龍在田利見大

人。乾者純陽四月之卦也。和議之成其在明年四月乎乃以此筮呈之伊藤首

相。

二十八年四月。李鴻章果來我長門下關與伊藤首相相見和議始成。

先是明治十七年伊藤伯奉欽使之命差遣清國筮得乾之五爻渡蹌迄後與

九三君子終日乾乾夕惕若厲无咎

象傳曰終日乾乾反復道也

九三以陽居陽故才強而志亦強其剛健之性然位不得其中居內卦之上奉
外卦而治下任大而責重若違上意必得譴責若失下情必受眾怨上下之際
禍福之交成敗之所由決也蓋九三所居之地正當危懼之時惟終日乾乾戒
慎恐懼可以免咎六爻之中三爻配三才而為人位此爻以乾德居六十四卦
人道之首位君子之象也故不稱大人而稱君子初之潛二之見四之躍五之
飛皆有待於此爻也故俯我德勤我業終日乾乾如臨危地戒慎畏懼而俯之
於身施之於事能通天下之志能應天下之變則雖身居危地處置得宜又可
危而為安也故曰厲无咎所謂反復道者即反復丁寧重復踐行之意又此爻
變則為履履之六三曰履虎尾可以見危殆之地位也三者日之終故曰夕此

爻變則爲兌。兌者西也。日之在西即夕之象也。

（占）問戰征危事也。爻曰終日乾乾夕惕若。是能臨事而懼者也。故離危无咎。○

問功名。九三處下卦之極。其位猶卑功名未顯也。故稱君子在憂危之地。故曰

乾乾惕若斯可免咎。○問營商居不中之位。履重剛之險度其貿易必是危地。故

須日夜防備。可脫險而獲利也。○問家宅。觀爻象必須謹慎持身勤儉保家。斯

無災咎。○問婚嫁三以五爲應。三位卑五位尊。尊則不免亢而得悔。是不宜擧

結高親也。○問六甲。生男產時恐稍有危懼。恐終无咎。

爻辭曰。九三君子終日乾乾。夕惕若。厲无咎。

（占例）明治十六年某月謁松方大藏卿。卿曰今春以來。深寧霖雨寒氣殊甚余

竊恐年穀之不登予幸占其豐凶筮得乾之履。

斷曰乾者純陽之卦。故曰乾爲天也。是乾者天也。取象於大陽。且六爻皆陽而无

一陰。其辭曰終日乾乾者。乾乾猶干干也。即旱魃之義也。今九三變而互卦見

離之日。是全卦無雨水之象。可知本年必旱夕惕若者謂炎熱至夜而弗弢歇也

雖人民多畏久旱而五穀豐熟。故曰厲无咎也。且二爻曰見龍在田即田稻豐

登之象今三爻變離見離火照徹田面縱旱不爲虐。是以无咎卿曰占之驗與

否姑舍是其於活斷可謂老成練熟者也。

九四或躍在淵无咎。

象傳曰或躍在淵進无咎也。

九四以陽居陰且近君位。其將進者陽之情其將退者陰之志故疑而未决也。

然陽氣方進龍之一躍白有升天之象或者疑而未定之辭或躍者。將進而未

進也。在淵者欲進而復退淵爲空虛之地上與天通氣且淵有水龍得水便易

於騰躍與二爻在田不同。兹雖一躍而後在淵知終必躍而升天。故曰无咎象

辭加一進字益見乘時進必无咎也人能審時勢之可否察人心之向背待時

而出見可而動其進也非貪位其退也非沽名可以投事機之會可以免失身

之辱所謂无咎者。亦勉人之不失其時也。四爻越內卦遷外卦之處。故有進之

意又此爻變外卦爲巽說卦傳曰巽爲進退爲不果故有猶豫之象。

（占）問戰征觀爻象軍行前進必有淵水阻隔宜設筏飛渡或臨淵有敵軍埋伏。

宜預設備乃得无咎。○問營商爻曰或躍在淵若在販運海貨恐罹波濤之險。

或者物價一時騰漲爻曰无咎可保無害。○問功名有一舉成名之象大吉。○

問家宅淵者水也躍者飛升也必家道有一時振興之象。○問六甲生男。

（占例明治二十四年二月門人清水純直來告曰今府下第十五區代議士之

選擧鳩山角田二氏旗鼓對豎競爭未決余久知鳩山氏因請占其勝敗筮得

乾之小畜

爻辭曰九四或躍在淵无咎。

斷曰此卦六爻皆取象於龍群龍彙集之時也以此爻陽氣旺盛進而應選本

可必得然九陽爻四陰位陽主進陰主退顯見進退未定明明將進而復退也。

且上卦變而爲巽巽爲疑爲不果進退四屬陰位變則互卦含離明應爻初

九有淵之象見此人學術淵深具剛強之德然其心懷運疑亦未嘗冀望必選

也細玩爻辭所謂或躍者固不能不應其選所謂在淵者恐此番必不能得其

選也某氏啞然而去

後果如此占

○二十八年冬至占明年我國外交之氣運筮得乾之小畜

爻辭曰九四或躍在淵无咎

斷曰乾之為卦陽氣循回無一息之間斷純全剛健之時也今我國與清國交

戰席卷遼東其勢已盛是歐米各邦之所注視此後各邦必將窺我舉動群相

猜忌嫌惡亦勢所必至也故我國與各邦益當熟察彼我情形揆度內外時勢

使彼絕覬覦之念敦和好之情蓄勢審機正在此時也爻辭曰或躍曰在淵示

我法神龍之變化或進或退神化莫測乃得无咎也

九五飛龍在天。利見大人。

象傳曰飛龍在天。大人造也。

五爻剛健中正而居尊位下與九二之臣同德相應見大人而助其治化謂有

聖人之德而居天子之位恩澤被於生民者也蓋大寶曰位雖有其德苟無其

位不能利濟天下被其飛龍在天者謂龍飛上天雲行雨施神變化而澤及萬物聖

人在位天下被其澤萬物遂其生故取象於此所謂大人者與天地合其德與

日月合其明與四時合其序與鬼神合其吉凶以其備龍之德騰躍而居天位

爲萬物所瞻仰故天下利見象傳曰飛龍在天大人造也造猶作也即所謂聖

人作而萬物覩也

（占）問戰征九五尊位必是天子親征王師伐罪故曰大人造也○問營商九五

辰在申上値畢附星咸池咸池者蒼龍之舍咸池亦名五車主稻黍豆麥度其

貿易定在五穀之屬曰飛龍者知物價之飛昇也曰利見大人知其販運或出

自政府之命也○問功名有雲霄直達之兆○問疾病有上應天召之象不吉

○問六甲生男主貴

（占例）明治十八年二月二十八日伊藤伯奉命赴清發橫濱港爲昨年朝鮮事

件與清廷議事也余爲問結局如何筮得乾之大畜臨行欲呈之於伯因祖道

者衆遂不得呈乃更使人齎之於天津

爻辭曰九五飛龍在天利見大人

斷曰九五之大人與九二之大人其位相應易以陰陽相應爲例二五共屬陽

爻必兩國情意相同其勢不得不應也今以我國之大人與清國之大人相會

論事其必能深慮遠謀兩國平和且日本卦五爻之背即坤之五爻其爻辭曰黃

裳元吉是含彼我大人之心憂關黃色人種之安危互相扶持爲計亞細亞獨

立之意兩國大人留心於此是即兩國人民之幸慶也

乾之大象曰君子以自彊不息凡筮得此卦者要如大陽之運行無須臾之間

斷故以進爲先可以制勝也今我國先派使臣則先鞭在我我進而論事以法

乾之健行故其勝在我必可得好結果也

時橫濱商人立川磯兵衛以事赴天津乃託以此占就書記官伊東氏呈之

於伊藤伯時因國議不協伊藤伯將整裝歸朝偶見此占大有所感再開和

戰一決之議乃得如議不辱使命而旋

○明治十九年十二月占明年鐵道局氣運筮得乾之大有呈之於鐵道局長
井上勝君。

爻辭曰九五飛龍在天利見大人。

斷曰乾三奇一連純陽之卦五爻爻屬陽位卦德莫盛於此鐵道局之氣運可
謂盛矣此爻得天時地利人和者三足見世人著目于鐵道凡物產之繁殖運
輸之交通軍事之防護人民之往來均治利益其盛運誠無可比也飛龍在天
者喻汽車之飛行也汽車通行無分貴賤即在大人之儕亦同登乘故曰利見
大人。先是明治十四年占未來之國會豫判二十年鐵道可以盛行今得此卦。
適與相合此後鐵道事業之盛大可期而待也。

上九亢龍有悔。

象傳曰亢龍有悔盈不可久也。

上爻以陽居乾卦之極。極則太過龍飛過高。故曰亢以高致危。故有悔。此卦言
龍始而潛繼而見。中而躍終而飛。飛則已當全盛。過此則宜復潛。則不特可免
此日之悔。即可冀後日之再飛。猶人臣居勢位之極。當知退避之意。斯富貴可
以長保也。否則知進而不知退。則鮮有不蒙咎者矣。故曰盈不可久也。此爻變
則爲夬夬者決也。日中則昃月盈則虧天理之必然也。故當斯之時宜因悔思
改。見幾而退。斯得之矣。若夫堯舜之禪讓。范蠡張良之功成身退皆不極亢而
善其終者也。

(占)問戰征。上九居乾之極。陽極于上。故九亢則因勝而驕。是以有悔也。故傳曰
盈不可久也。知不能持久也。○問營商。亢者太過也。凡賣買之道不可過於求盈
也。過盈則必有虧。故曰不可久也。○問功名上九之位已極。宜反而自退。否則
必致滿而遭損。○問家宅是必宅基太高。太高則危。亦可懼也。○問疾病是龍
陽上升之症。傳曰盈不可久。知命在旦夕間矣。可危。○問婚嫁不利。○問六甲。
生男恐不育。

（占例）余以每年冬至占廟堂諸賢進退、及親屬知己等來歲氣運送致之於其

人爲例明治十九年占某貴顯翌年氣運筮得乾之夬。

斷曰乾者至大至剛至健爲純陽之卦在人則居高位膺顯爵聲名洋溢正當

功成身退之候今閣下筮得此卦譬如飛龍升天高出雲霄反不能布施雨澤。

故曰亢龍有悔閣下英雄達識老練世事前日之功名赫耀今盛運已過唯宜

急流勇退救目前之亢再期他日之飛辭職謝榮遵養時晦斯無咎也。

後果如此占

用九見群龍无首吉。

象傳曰用九天德不可爲首也。

用九者爲六十四卦陽爻之變示陽剛之用例即易中百九十二陽爻之通例

也。用者變動之象九者陽數之終乾卦全體皆陽陽極則變故曰用九見者乾

六爻皆取象於龍曰潛曰躍曰飛顯然昭著故曰見首者上也。易以乾爲首无

首者言無有出夫其上者矣卦以得變為吉乾卦純陽無變故六爻未嘗言吉。
用九則動而將變故曰吉象傳曰用九天德以乾卦純陽不雜陰柔。渾然天德。
亦即乾為天之義不可為首者言無以尚之也夫乾以六龍各有行雲布雨之
勢在人則謂群賢薈萃同心翊贊以匡國家以顯功名各宜謙讓巽順不矜不
伐若互競才智爭誇首功便是凶象易曰群龍无首吉。正所以乖誠之也。象傳
曰用九天德不可為首也要必如舜之玄德升聞而好問察邇卑牧自下其斯
以為至矣。

坤字本作☷此卦三偶六斷純陰虛闢之象古文作巛順字偏旁及川字亦巛之象形也故象傳曰乃順承天又曰柔順利貞文言傳曰坤道其順乎繫辭傳曰夫坤天下之至順也皆可見坤順之義後以其混山川之川改從土從申古文作堃言坤地地土也於方爲申也地之爲體安靜而至柔至順以承乾也

說卦傳曰坤爲柔雜卦傳曰乾剛坤柔柔順之義可知矣

坤元亨利牝馬之貞君子有攸往先迷後得主利西南得朋東北喪朋安貞吉

坤者乾之對萬物之氣始於天萬物之形生於地其爲義也在人爲卑在物爲雌在事爲靜在學爲能在時爲秋爲秋冬其爲道也可爲人用而不可自用小人自知其柔弱而能順從剛明之君子則得矣然易象變動亦未可執一而論

坤

十四

六一

非謂君父不得占坤臣子不得占乾也又非謂乾六爻無小人坤六爻無君子
也但君子筮得此卦則當知其氣運在坤要法坤順之義柔順以處事也。

坤爲地順承太陽之乾天有象地有形天虛地實爲土壤積累而成仰承天施
而化成萬物無所不持載也在人則爲臣爲妻臣之事君母之育子妻之隨夫。

皆法地道之至順其義一也坤之德柔而順含弘光大篤實重厚即中庸所謂
寬裕溫柔足以有容之大德也。

此卦六畫皆偶順之象內外重偶厚之象內虛中之象又含之象又通之象又兩
兩相比行之象又明之象彬彬均適文之象又美之象六偶十二方之象又大
之象秩序不紊理之象左右分布體之象又業之象爻辭及文言傳所述皆依
是等之象而係辭也。

元亨利貞之義見乾卦下唯乾者形而上主天地之道坤者形而求生陰陽乃
功是乾坤之別也坤之元亨即乾之元亨猶月之得日光而有光也馬之性柔
順而能服於人牝馬者性尤柔順北地馬群每以十牝隨一牡而行不入他群。

牝馬之貞取象於此然乾卦曰龍坤卦曰馬以龍飛天上變化自在馬行地也。

馴服於人牝對牡為柔故曰利牝馬之貞乾土坤下即乾先坤後夫乾是

逆天也必所往皆迷坤從乾後乃順承天斯得主有常無往不利矣是即陽唱

陰和陽旋陰受之道攸往者謂有所行也坤以得乾為主君子以得君為君

先臣後從令而行是以所往咸宜西南陰方屬巽離兌坤之本方東北陽方屬

坎艮震為乾方之方西南得朋坤以陰卦往同朋陰卦往之方東北喪朋坤以陰

卦往東北陽卦之方以陰往陰則與陰為類以陰往陽則從陽有慶是以象傳

曰西南得朋乃與類行東北喪朋乃終有慶也安貞者安於坤順以配乾健故

西南東北為皆利得朋喪朋而皆吉君子有攸往惟法坤之順而已矣一說讀

主利為句需在家則生殖勤儉以致富在國則利用厚生以富國不知當以孔

子文言為據利字屬下二句讀得朋喪朋正與上得主相對

象傳曰至哉坤元萬物資生。乃順承天。坤厚載物德

合无疆含弘光大品物咸亨牝馬地類行地无疆柔

順利貞君子攸行先迷失道後順得常西南得朋乃

與類行顛　北喪朋乃終有慶安貞之吉應地无疆

乾元坤元皆根於太極之一元無二元也坤以承乾故坤亦稱元乾元在陽故

曰大坤元屬陰故不曰大而曰至至者謂既到極盡處陽之極盡處為陰陰即

坤故曰至哉

坤與隨太陽而圓轉活動外面以水為衣受太陽之光熱而蒸發水氣雨露下

降而為寶生之功謂之陰陽之作用陰陽者天地之大氣而萬物皆乘此二氣

以生成也繫辭傳曰天地絪縕萬物化醇男女構精萬物化生者即是也蓋乾

元之大氣與坤元之精氣相交萬物森然而興發生育之功無所本至謂之至

故坤元萬物資生乃順承天乾為大之積氣其德在始施也坤承天之氣而為

體其德在愛育也資生之生與乾之象傳始字相對不可輕看此卦上下皆坤

有重厚之象故載山嶽而不重振河海而不洩應天之施無疆以生成萬物無

不包容無不發育謂之坤厚載物德合无疆含弘光大品物咸亨接地精爲馬

馬亦陰類牝馬則陰而又陰以其性柔順而又能行遠故曰行地无疆法坤之

君子所行正當正如是牝馬一言聖人其有深意讀易者所宜留心玩索蓋此

卦純陰陰主成以得乾爲主宜從乾而動爲人臣爲人妻者固不可爭先爾戒

事也故君子筮得此卦其行事宜安靜不宜躁進若先事而動必取敗也夫陰

闇也昧也不宜主事也必以從陽爲主此卦皆陰故先人而當事必迷而多誤

可知承陽而後人則順而得常故謂之先迷失道後順得常西南退也東北進

也且西南陰位東北陽位坤之時退西南則得朋進東北則喪朋然人多喜其

得朋而往西南不知以陰而往陰位不當無一毫之益見柔益柔而暗益暗矣

雖往東北而曰喪朋以我之暗往求高明之地以爲補教則暗往來其道順

而得益多故謂之西南得朋乃與類行東北喪朋乃終有慶如此而安其本份

確乎當道故謂之安貞之吉蓋貞之爲德有所守而不變以全萬物之終故謂

之安貞之吉應地无疆也。

按易因三天兩地之數設天地之位定剛柔之位 即天一地二天三地

四天五地六而陰陽悉交也六十四卦中得定位之整正者獨有水火既濟

而已凡易中所言當位不當位者皆因此理也天下大小之事其合道理或

不合道理皆由是而出者也又地中有天者以二與四謂之兩地以爻與五

謂之兩天三謂之地中之天總謂之三天上爻一陰表地球之外猶有世界

也此三天兩地之位於易最爲樞要故天位有地地位有天皆謂之不當位。

易之於時處位其精密如此。

通觀此卦初爻陰之微也小人汲汲于營利不顧災害有陷入匪僻之象履霜

堅冰戒之深矣二爻得坤之純體卦中惟這一爻最純粹然第囿无不剝輿葚

之九五得天位行天道而致太平之占者迥別三則不中且不正是賞罰乖明

之時也四則不中以致君乎緘默避禍五則不正不中以致尊卑失敘進六測羣陰

交戰有以血洗血之象陰之極也要之坤者純陰之卦也故六爻概以冰戕善

之與乾之君子相對也以其小人故象辭曰主利上爻曰戰以履霜戒其始以
永貞愼其終雖或取象於君子與乾之君子自異其趣乾之君子賢者也坤之
君子能者也賢者川人能者用於人賢者在位能者在職而計利益也
者在位而施德化坤之時能者在職而計利益也

象傳曰地勢坤君子以厚德載物。

坤之爲象兩坤相重一下一上如地形之高下相仍天以氣運故乾曰天行地
以形載故坤曰地勢蓋地有高低而丘陵山岳之起伏由地中火氣之作用也。
地球元來以水爲衣故其低處瀦而爲海易謂之澤其四面所纏之水爲太陽
所吸引至地形見于水上雖地之形勢互有高低各隨其形而延出者也延者
伸也故曰地勢坤夫人之有知愚賢不肖猶地形之有肥瘠地質之有肥瘠也。
農夫不爲瘠其耕作君子不爲愚不肖止其教育教之以事物之所以然。
道之以道義之所以貴以示社會之標準。然人性有上知有中材有下愚生知

俗已以及人中材自俗而已。下愚不能自俗而待治於人。凡天地間有形之物。

莫厚於地莫不載於地。故君子法坤之象以厚德而待人。無知愚賢不肯悉受

包容亦猶坤之無不載。故謂之厚德載物也。

〔占〕問戰征坤爲地爲衆勢者有力之稱。在行軍既得其地。復得其勢又得其衆。

宜乎攻無不克矣。○問功名士者能法坤德之厚。積厚流光。自得聲名顯達。○

問營商坤爲富爲財爲積爲聚皆營商吉兆也。曰厚德載物德者得也。可必得

滿載而歸也。○問家宅知此宅必勝占地勢大吉。○問婚嫁坤順也。柔順而已。

地道也即婦道也大吉。○問六甲生女。

初六履霜堅冰至。

象傳曰履霜堅冰。陰始凝也。馴致其道。至堅冰也。

初爻居純陰之初陰之始凝也。雖其端甚微其勢必漸至於盛。故取其義於霜

之將至堅冰也。蓋謂履霜之初。宜察陰氣之漸長。終至堅冰而豫防之也。在人

則陰邪之萌猶微如霜之易消然積累之勢終至堅冰其惡逆不能復如之前

故大而治國小而脩身皆宜謹之於微文言傳曰積善之家必有餘慶積不善

之家必有餘殃臣弒其君子弒其父非一朝一夕之故其所由來者漸矣可謂

能解此義者也抑此卦全卦皆陰小人知利欲而不知道義當其初極由糵於父教

不謹日深月久愈趨愈下遂致利欲薰心不復知有道義不孝不弟極至犯上

作亂而亦無所忌憚其禍實始於教之不謹所致抑陰扶陽防微杜漸聖人所

以諄諄乖戒也坤道雖至順然至順之變流極而至於大逆聖人因坤順之極

害以戒堅冰之馴致履霜防冰履尾防虎其訓誡一樣深切傳曰其所由來者

漸矣來也者即在過去未來現在三般中象傳曰剛來而得中（訟曰柔來而文

剛（賁）皆言來之意往往固執之士以因果報應為釋氏之說聖人所不言可謂

誤矣象傳陰始凝者即小人之欲念始萌則馴者順也隨自然之勢不復留意

習而至於盛也陰邪之萌微自履霜而至堅冰漸漸而來不可遏抑遂

至滅身喪家不復可救諺曰竊針者竊鐘即此義也是以聖人於其過息之求

坤

十八

一

坤初爻高島易斷

大戒後來欲其速改也此爻變則爲復復之初九曰不遠復无祇悔元吉即所

謂速改其過不貽其悔也

〔占問〕營商初六陰氣猶微曰履霜堅冰至是由微而推至於盛也猶商業由小

至大積漸而至於富大○問功名初爻是少年新進之時由卑而尊猶履霜以

至堅冰隨時而來未可躁進也○問戰征初爻陰之始履霜之象至上爻龍戰

陰之極也堅冰之象曰其血玄黃是兩敗也所當先慎其始○問家宅坤純陰

之卦初爻陰氣尚微故曰履霜至堅冰則陰氣盛矣陰盛則衰不吉之兆○問

婚嫁坤卦純陰曰霜曰冰皆陰象純陰無陽不利○問六甲生女○問疾病恐

是陰邪之症初起可治矣久則難醫

〔占例〕明治二十一年冬男爵某氏來告曰余頃日欲從採鑛之事業其鑛山爲

鑛學上某所保證其爲有利無疑雖然子幸占其得失筮得坤之復

爻辭曰初六履霜堅冰至

斷曰此卦純陰而無一陽爻是無統一事業者是衆人各謀私利之時也且初

大戒後來欲其速改也此爻變則爲復復之初九曰不遠復。无祇悔元吉即所

謂速改其過不貽其悔也。

（占問營商初六陰氣猶微曰履霜堅冰至是由微而推至於盛也。猶商業由小

至大積漸而至於富大。○問功名初爻是少年新進之時由卑而尊猶履霜以

至堅冰隨時而來未可躁進也。○問戰征初爻陰之始履霜之象至上爻龍戰

陰之極也堅冰之象曰其血玄黃是兩敗也所當先愼其始。○問家宅坤純陰

之卦初爻陰氣尚微故曰履霜至堅冰則陰氣盛矣陰盛則衰不吉之兆。○問

婚嫁坤卦純陰曰霜曰冰皆陰象純陰無陽不利。○問六甲生女。○問疾病恐

是陰邪之症初起可治矣久則難醫。

（占例）明治二十一年冬男爵某氏來告曰余頃日欲從採鑛之事業其鑛山爲

鑛學上某所保證其爲有利無疑雖然子幸占其得失筮得坤之復。

爻辭曰初六履霜堅冰至。

斷曰此卦純陰而無一陽爻是無統一事業者是衆人各謀私利之時也且初

夫坤之為卦純陰而無陽是小人行世君子退藏之時今得初爻地變為雷即

小人擅權專博私利之兆其辭曰履霜堅冰至言方當履霜小人之機心乍萌

猶霜之易消至堅冰固結有不可復動之勢孔子曰積善之家必有餘慶積不

善之家必有餘殃臣弒其君子弒其父非一朝一夕之故其所由來者漸矣由

辨之不早辨也易曰履霜堅冰至蓋言順也如此不祥之辭他邦征誅之朝時

或有之至我帝國為萬世一系之天子下亦不乏忠君愛國之輔弼故無慮此

今占國家氣運而得此爻豈可不戒慎乎按二爻變而為師師者以身為儀表

敎導萬民之象是為明年及明後年之氣運也其辭曰直方大不習无不利此

爻以陰居陰備坤厚之德居大臣之位直者廉直而溫方者剛方而嚴大者光

大謂其功也君子秉直方大之德雖無其位天爵之貴者也小人無直方大之

德一味狥私雖貴為公卿人爵之賤者也君子小人之判如此是以小人而在

高位往往借公濟私不顧國家之安危徒作子孫之計竊自以得計是亦不思

之甚也夫大臣而狥利必至賄賂公行是非顛倒禍亂自此而起不知禍亂之

來富者必先罹其毒然則小人所爲肥家實釀敗家之患履霜堅冰而不知戒

小人之爲計不亦愚乎今我國家幸得賢明之君子在上秉正直剛方之德行

公明博大之政正躬率物師表群倫庶幾陽剛來復陰邪退避移風易俗太平

之治其在斯乎坤卦以十年爲數其純陰而无一陽爲統御不全之象今而不

知所戒恐因循以及十年或者有上六龍戰之禍亦不可不預防也龍戰于野

者龍者謂上野者謂野心之徒反擊而至流血也自履霜而至龍戰國家之不

祥莫大爲今時大臣及各黨首領皆廉直公正固无患此但占筮如此思其終

局頗切杞憂夫爻所謂龍戰者所指何事有識者自能辨之

象傳曰。六二之動直以方也。不習无不利。地道光也。

六二直方大。不習无不利。

二爻以陰居陰即坤之主爻故有上人之勢也。蓋乾之九五坤之六二各居陰

陽之本位而合中正之德者乾以君道故以九五爲主坤以臣道故以六二爲

主六二具地道之全德在內則無私曲在外則事皆當理稱之曰直方大直者
無些邪曲也方者圓之對純陰之象也圓者動而不靜陽之道也方者止而守
常陰之道也故曰天圓而地方大者廣大也謂坤地生育之功德廣大也直則
其心無私方則其事當理大則謂其功也直方大則配天之剛而合自然之德。
天理雖至直至方人欲則邪曲也人之性雖善人欲蔽之百岐橫出反致害天
理之直也此卦本非凶唯為私欲所蔽而陷于凶然此爻得坤道之純其中直
方正廣大之全德凡學之有待於習者由於未曉其理未諳其事也亦何習
之為故曰不習无不利者謂其自然而能也大學所謂未有學養子而後
嫁者也之慈也乾之六爻莫盛於九五坤之六爻莫盛於六二。象傳之意謂六二
柔順中正居本卦之主動容周旋皆中其規矩又有不習无不利之功德陰道
地道臣道妻道皆得其當德行光大之故也蓋此卦純陰初三五二爻柔順而
不正四上兩爻柔順而不中唯此爻柔順中正獨得坤道之粹者也。

(占)問營商六二坤之本位直方者地之性大者地之用知其營業必是地產如

穀米材木絲棉之類是也。不習无不利習與襲通。謂不煩重筮而知其獲利也。

○問功名二爻居中得位動而獲利言不待脩營而功自成其成名也必矣。

問戰征戰之一道以得地勢爲要動以其滿勢大勿強可冊戰而定滋。○閱家宅六二中正居宅得宜故固地道光也。○問疾病爻曰直方大知其素體強壯不藥有喜。○問六甲生女。

道故婚娶亦利。○問嫁娶直方大地道也妻道通於地

〔占例〕明治二十三年一月占伊藤伯氣運筮得坤之師。

爻辭曰六二直方大不習无不利。

斷曰坤者地也地之德順也順者臣之道也此爻中正而爲十卦之主肅地遙爲物載華嶽而不重振河海而不洩稟天氣而生育萬物者也。今占大臣而得此爻是其貞世務之重而能堪其位奉至尊之命而能盡其職。且此爻柔順中正具臣道之全德故稱贊之曰直方大直方者即所謂敬以直內義以方外而正其臣道之全德故稱贊之曰直方大直方者即所謂敬以直內義以方外而終之公明正大是性功之金也。伯有此器識而復有此德性篤實自然故藥署

无不利也。此爻變則爲師。師之爲卦。九二一陽爲全卦之主統御衆陰之象。本年兩議院之開設必當推爲議長以統督衆議員。用以奏整理之功。故曰六二之動直以方。蓋不待習而无不利也。

後果如此占。

○明治三十年六月。余趣愛知攝綿土製造所。該製造所屬小兒嘉兵衛所擔當。因赴愛知縣廳晤江木知事及吉田書記官書記官曰。今者將興築埠頭於治下熱田以圖名古屋市之利便。其費凡二百四十萬圓。欲提出此議於縣會。爲其大業。知事及余深疑縣會之贊否如何。蜘蹰久之。子幸占其成否。筮得坤之師。

爻辭曰。六二直方大。不習无不利。

斷曰坤之爲卦上下皆柔順而無一毫間隔。況坤卦主利而此事尤屬平直方正大有利益。事成之後不特當縣獲利。即他縣亦得利便。後必得縣會衆員贊成不容疑也。

知事及書記官聞之大喜速附之於縣會之議議員中四十四名不合議者不

過三人立議決之云。

六三含章可貞。或從王事。无成有終。

象傳曰。含章可貞。以時發也。或從王事。知光大也。

三爻不中不正。而居內卦之極改革之地。其心術行為不能無不中不正之失。

且柔順之臣與六五之君皆陰柔而不相應。是人臣不得于其君者也。大抵六

三之爻多不得時位。即有才識之士只宜韜德匿才以待時至。若妄露才能必

招疑忌。故戒之曰含章剛柔相雜曰文文之成曰章含者含而不露也。唯其靜

而能守。故曰可貞大凡為人臣者不問其遇與不遇。當有守其常而不可變遇

志操縱無干進之心。亦未嘗無進用之日。如或出而從事則仍含其章。而不自

居其功從君之令以終君之事而已。事即不成。必使後人得續以成之。謂之无

成有終。六三居下卦之上。有從王事之象。蓋乾之九四。坤之六三皆居進退未

坤

二十二

七七

定之地曰在淵曰含章故皆加曰或示以將進未進之意當此進退之際亦宜

不失時宜以從王事也象傳知字與時字相對含蓄才能未敢吐露謂其能審

時而發者即吐發其含章之光退則能含進則能發是以其光大也此爻

變則為謙謙之九三曰勞謙君子有終吉繫辭傳曰勞而不伐有功而不德厚

之至也下卦為艮艮者止也有含之象亦得含章之義也

（占）問戰征爻曰含章可貞言乎時含蓄才知斂藏不露一旦從事自能制勝即

不成功亦无大敗故曰无成有終〇問營商坤地也百貨皆生於地商能蓄積

百貨故曰含章凡從事營商者賈遷百貨以時發售故曰時發坤內卦至三所

極正盛滿之地故曰光大是以一時雖或未成知必有終也吉〇問功名凡求

名者最宜待時時未當發含章可貞時而當發出從王事知此道者必能保功

名以終迪吉〇問疾病玩无成有終句義知不可藥救爻凶〇問六甲生女

（占例）明治十九年占知友柳田某氣運筮得坤之謙

爻辭曰六三含章可貞或從王事无成有終

斷曰坤之時柔順而亨也象曰利牝馬之貞牝馬負重而為人用即勞而無功

之意也又曰君子有攸往先迷後得主利故雖君子氣運未至不能自進而當

事也為居人後而守恒之時又曰主利謂不能得名譽唯得餼給王爻值有為

之地爻辭曰含章可貞或從王事无成有終含章可貞者是足下包含爻華藏

器於身以待其時今時會既來當有從事于文章也雖主管者知足下文才欲

任以事務授以官職其餘屬官不得不出足下之下以其勢有不可也只可翻

報而已此卦全卦皆陰無自主之權雖殫勞心力苦無知之者事成之後其功

亦必為人所奪不能得分毫名譽不勞者却得褒賞或邀陞進以坤之卦純陰

陰人得勢唯以主利故篤實之人反為彼所籠絡而不行于世足下之時運如

此惟宜修德而待時或從王事无成有終或之云者今日無事他日必將從事

也其後同氏果受某局囑託從事編輯五年早出晚退事極繁劇終了編輯於

是屬官關其事者皆有陞級或受褒賞氏以不登仕籍不得邀恩典止解其囑

託而已。

六四括囊。无咎无譽。

象傳曰。括囊无咎。慎不害也。

四爻雖柔順得正而居失其中故不足共有爲也四居近五之位而兩柔不相
得上下閉隔是大臣不信于君之象也當此之時宜慎重緘默晦藏其智如括
結囊橐杜口不露默默隱忍以守其愚如此則无咎无譽斯得遠于災害矣故
謂之括囊无咎无譽者在避害无譽者在逃名若因括囊而得譽則有譽
即有咎必深藏不露并泯其括囊之迹故象傳曰括囊无咎慎不害也此爻變
則爲豫卦形有括囊之象。

〔古〕問營商四巽爻巽爲商爲利巽近利市三倍之謂也茲爻曰括囊是明亦以
閉囊之象知必昔日得利財已入囊不使復出也故曰括囊无咎无譽○問戰
征六四重陰當閉塞之時雖有智囊其才無所施其計謀也是宜閉關不戰如
囊之括其口也斯无咎矣○問功名四重卦動當否位文言曰天地閉括囊者

閉口也。入地且閉。何有於功名。若妄意干進求名。適足致禍。有譽反有咎矣。宜

愼〇問家宅六四以陰居陰。履非中位。是宅必在山谷幽僻之處。宜隱遯者居

之〇問六甲。生女。或得學生二女。

占例明治十二年一月。邂逅大阪五代友厚氏氏請占本年商務籤得坤之豫

爻辭曰六四括囊无咎无譽。

斷曰坤主利之卦。有羣聚爭利之象。四爻以陰居陰。不可進。而爲事也。故本年

宜退守不宜擴張商業爻辭曰括囊者括財囊之口。不可出財貨也。故括囊則

無損益開囊便多失囑愼勿着手商事五代氏有感此占。然商業之勢雖知不

利只可小做不能不做偶有營業果致虧敗

六五黃裳元吉。

象傳曰黃裳元吉文在中也。

黃屬中央土色也裳下服黃中色守中而居下爲臣下之象蓋此爻以柔德居

五尊位或女后南面聽政或如伊周之輔主攝政者也然坤者純陰六爻皆臣

事未可以六五直爲人君占此爻者爲當乘中和之盛德維持朝憲輔弼國君

終復退守臣職此尊位所以爲尊陰爻不失其常故曰黃裳元吉否則居尊而

爲天下必大凶也左傳昭公十二年南蒯筮得此爻以不守黃裳之義敗家喪

身可爲徵矣聖人以裳字繫此爻者恐有權臣乘勢位擅威福失臣下之道薦

視君上其乖戒也深矣象傳曰文在中也坤爲文五居中言美積於中而形於

外爲能柔中而克守節也故爲元吉

(占)問戰征坤臣道五居尊位爲人臣之極貴者如舜之攝位誅四凶周之攝政

誅二叔爻曰黃裳元吉是以文德而發爲武功者也故傳曰文在中也○問功

名六五辰在卯得震氣震有功名奮興之象五爻離爻離爲黃位近年上值七

星七星主衣裳文繡故曰黃裳離又爲明有文明發達之象故曰文在中也○

問營商坤五變比比吉也商業必得比輔而成比卦下坤土坎坤爲裳故

曰黃裳比爲美故曰文在中知其經商必是錦繡章服之品曰元吉必獲利也

○問疾病坤爲大腹又黃爲色裳下飾可知其病在中下兩焦○問六甲生女。

（占例）明治二十二年占貴顯某之運氣筮得坤之比乃呈之三條公及伊藤伯」

爻辭曰六五黃裳元吉。

斷曰坤之爲卦純陰而無一陽五爻雖屬君位而坤卦皆臣事黃裳元吉者。如

周公位冢宰輔成王以攝政畏天命不敢服黃衣唯着黃裳以嚴君臣之分者。

是也維其忠信篤敬雖持朝憲輔弼國君故曰黃裳元吉否則其凶可知也今

貴顯某幼而有神童之譽及長拔擢藩中久留于歐洲不特博學又通曉海外

各國之政體風俗其歸朝也立要路而軼掌職務隱然負衆人之望然今筮得

此爻不堪駭異蓋此人久居歐洲雖通君民同治之政體或不明本邦建國之

治法安危之所係殆見于此筮數乎甚難其判其後憲法發布之日某氏爲凶

暴者所害於是始歎此占之有驗也

上六龍戰于野。其血玄黃。

坤

二十五

象傳曰龍戰于野其道窮也。

上爻居全卦之終是陰邪極盛之時變而爲剝則有一陽與五陰相戰之象。是
以初六履霜之始聖人諄諄警其將至堅冰夫陰邪之勢過盛必將剝陽。其剝
之甚也勢遂至於相戰及其戰也。陰雖盛大陽雖減退終必兩被其傷。血者傷
害之甚也玄者天色黃者地色。天地即陰陽。故血色玄黃爲陰陽共傷也。故曰
龍戰于野。其血玄黃近推之於一家之事爲人父兄者其初誤子弟之敎育遂
養成不肖其結果遂致骨肉相殘同類相害。爭鬬殺傷勢窮而始止。象曰其道
窮也。其字即指陰陽君臣而言。道字亦指君臣窮者窮困窘迫迫也。夫至君臣相
戰其臣之橫逆無道固不竢論其君亦未爲無過。繫辭傳曰上慢下暴盜思伐
之矣。慢藏誨盜冶容誨淫使其臣下至此者君道之窮亦即臣道之窮也。故曰
其道窮也。蓋本乾之象令此爻言龍者示陰極而抗陽也。又曰野者以在辟卦
之外也。爻辭不言凶者其凶不待言也。

（占）問戰征象已明示。是兩敗也。○問功名。上處外卦之極。是窮老入闉。抑塞已

久。一戰復北。劉蕡落第。可哀進。○問營商。上六坤卦之終。其道已窮。是資財既

竭血本又耗。商道窮矣。○問疾病。必是陰虧之症。陰極抗陽。肝血暴動。命已窮

矣。○問六甲。陰盡變陽。可望男孩。

（占例）明治六年。占政府氣運筮得坤之剝。

爻辭曰。上六龍戰于野。其血玄黃。

斷曰。坤之爲卦純陰。而無一陽。是君德不耀之時。今者明君在上俊傑在位。占

得此卦竊怪與時事不合。蓋在朝諸公遠憂深思。襄理國是。同心同德厥躬盡

瘁。何至有龍戰之象。既而思之。龍之爲物。神化不測。古者豪傑之士。才能卓絕。

往往以龍稱之。或者大臣之中。各懷忠憤。因意見之不同。以致議論之過激。始

而相忌繼而相仇。終至相鬥。各分黨與。互相攻擊。不奉朝旨。故曰龍

戰於野。如曩昔源平之爭權是也。此爻之象。如是然度今日在朝諸公。必不出

此。猶疑莫決。乃呈之於三條相公。先是維新偉業略得整頓。大臣參議。多經歷

歐米各邦視察實地將取彼之長更定國政岩倉右大臣以下木戶大久保伊

藤山縣諸公遠赴歐米蓋行者居者各盡厥職以匡中興約以一行未歸之間

不啓別議豈圖事出意外緣我雲揚艦測量朝鮮國仁川港彼國轟砲擊之廟

議紛起謂宜興師問罪以雲國辱電信達於歐洲大久保公先歸欲停此議西

鄉以下諸公不從議論愈激未幾岩倉右大臣等皆歸征韓之論爲全國之一

大問題物議囂囂人心恟恟終歸議和而主征韓者各懷不平紛紛去官於是

七年有佐賀之變九年有長州之亂十年有鹿兒島之役國家之不祥莫臻龍

戰于野之辭實不虛也易之前知事變大抵類此

○明治二十七年冬至占明年之豐歉筮得坤之剝

爻辭曰上六龍戰于野其血玄黃

斷曰坤地有生育萬物之性受大陽之光熱以奏其功者也然此卦純陰而無

一陽爲多雨少晴之象爻辭龍戰于野者謂陰陽不和氣候不順恐難望豐熟

故象傳曰其道窮也願當路者豫知年穀之不登宜講救荒之策以備之也

果是年諸國有洪水之害暑氣亦比他年稍薄秋收止七分。

用六利永貞。

象傳曰用六永貞以大終也。

用六之義已示之卷首永者長也遠也坤卦之象純陰爲臣妻之義在人事則

柔順貞正而悠久有恆不變其志可以從君從夫矣忠臣不事二君貞女不更

兩夫即永貞之義也爲人臣爲人妻者從永貞之義則大吉而有終若少變之

則大凶大惡之道也故深戒之曰利永貞蓋陰之性柔躁而難守其常有易進

易退之弊象傳曰以大終也謂其不變坤道之順而全其終也若變動則陰侵

陽臣侵君妻凌夫逆理背常烏得全其終哉又陽爲大陰爲小陰者柔也暗也

小也然勤而不息必強學而不懈終明是以有大終之義也。

按乾之用九以過剛強宜守无首之道坤之用六以陰道臣道妻道宜守恆

常之德不可變動是警戒之辭也。

水雷屯

屯篆書作屯上一象地中屮象艸下乙象艸根之屈曲即草木穿地始茁欲伸
而未能即伸之形內卦震震雷也能以鼓動發育萬物外卦坎坎水也能以滋
潤養成萬物按卦爲雷在水中當冬至之候雷欲發於地下而地上之水凍冰
凝結爲所壓抑不能遽出於地其象艱難欝結如物之勾萌未舒也故名之曰
屯。

屯元亨利貞勿用有攸往利建侯。

元亨二字概括全卦之終始而言也非謂屯之時即亨通也凡天下之事創業
伊始必有屯難唯能耐其辛苦勉強不已自然脫離屯難終得大亨通之時也
故曰元亨夫人處屯難之會所當動性忍心堅貞自持安於勿用不敢先時妄
動又陷於險雖明知後日利有攸往自得亨通要不可輕用其往也故曰勿用。

有攸往。此卦陽爻唯二九五爲坎險之主爻。初九爲震動之主爻。九五之君。當

艱難之日。欲以征伐。初九有爲之人必反致招禍也。不如優待之以爲侯伯斯

得共濟時難也。故曰利建侯。侯者震之象。故豫之象辭亦曰建侯也。

象傳曰。屯剛柔始交而難生。動乎險中。大亨貞。雷雨
之動滿盈。天造草昧。宜建侯而不寧。

乾純陽也。坤純陰也。此卦內初九。外九五。二爻之剛。與四爻之柔。始相交也。內

卦之震雷欲出地。而外卦之坎水遏阻之。以成屯難艱險之勢。故曰剛柔始交

而難生。說卦傳曰。震一索而得男。即始交之象也。又曰震動也。坎陷也。震以陽

動之性。在坎陰之下。動而未能出也。故曰動乎險中。然在險難之中。能守貞正

而不濫。他日自得大亨。故謂之大亨貞。震雷者陽氣之奮動。坎雨者陰澤之普

施。故曰雷雨之動滿盈。蓋初九震之主。九五坎之主。故敎之以無相敵害。做雷

雨之作川。使得相親相助也。陰陽始交。故曰天造草昧。說卦傳曰。震爲萑葦。草

字出於此坎爲月天未明也昧字出於此當是時也六四之宰相禮遇初九宓
臣僚相與輔相使之共濟時艱也故曰宜建侯也時方創業之世非昇平守成
之日豈可優游逸樂哉故曰不寧夫當此天地始剖陰陽始交以精與氣交媾
生物成象震爲萑葦生長于互體坤地以鞏固地盤之組織繼而胎卵孵化介
類繁生初九九五二爻並屬陽剛其中卻含柔軟坤體爲蚌蛤之象蓋萬物之
生各具心靈自能飛潛動躍此自然之理也我國舊俗謂生泥生之神曰塑迫
羹尊謂主沙土之神曰沙土羹尊主動物之神曰惶根
尊猶是生人之命相傳南斗主生北斗主死者是也故凡一物一命皆有神主
之大凡始生之時恰如草木逢春其繁殖一雨多於一雨即雷雨之動滿盈者
也人類蕃殖不可無大德之君以統御之也君猶不能獨治必使賢者以爲輔
弼是所謂宜建侯也惟天地開闢未久尤當無斁逸欲自眈荒寧逸樂也故誡
之曰不寧也
以此卦擬人事則爲陽剛之君予與陰柔之小人始變互躍氣質彼此甄生爭

論謂之剛柔始交而難生何者內卦我也。有雷屬之性。欲奮發而立志。外卦彼

也。有水懦之性。挾下流之邪計。以妨我行為。凡我所欲振興者。彼皆阻擾之。使

不得成就。欲進不能進。欲往不能往。是謂之屯。故曰勿用有攸往。是以百事困

難。恰如陷落水中而不得自由謂之動乎險中。雖然氣運變遷困極必亨。猶冬

去春來。凍冰自解。雷氣發生屯變為解則屯難解散。而氣運一新。顧不宜急遽

而圖功唯當固守以俟命待氣運一轉陽升陰降自見君子當權小人退位。是

出屯而入亨也。然當屯之時。要不忘此義也。

以此卦擬國家則以下卦為人民有暴雷上轟之象。蓄異謀。唱異論。欲以撼動

上卦之政府。上卦為政府。下令如流水。以遏止下民之妄動。甚至以刑法制之。

刑字古作荆。從刀井。謂犯法之人。如陷入井中也。是下卦之屯也。政府雖有政

刑。或不能遏止下民而反為下民所困。以阻國運之進步。是上卦之屯也。謂之

剛柔始交而難生也。初九者。下卦雷之主。即一陽之微動乎地下坎水之中。夫

天下無事。英雄亦與凡庸無異。今當屯難之時。初交一陽。以君子剛健之才。將

奮發而有爲豈可晏然處之乎在上位者唯尊其位。重其祿以禮遇之。使之濟

世之屯難不然。欲以威力壓之劫生不測之禍亂爭功者並起人必愈形擾亂

矣謂之天造草昧宜建侯而不寧也天運猶天運也草者謂人心之草亂而失

其倫序味者謂冥頑而不明是即屯之象也。

易有四難卦屯坎塞困是也。屯者、剛柔始交不知其意之所在。故生猜疑之念。

爲釀困難之時坎者二人溺水之象彼我共陷困難之中唯能耐守當日之困。

而得後來之亨也塞者知彼構危險乃此而不進猶跛者之不得寸步也困者

澤中无水之象恰如盆栽之草木滋潤之氣已竭屯者難之始坎者難之連及

者塞者難之央。而困者難之終也。

通觀此卦初九雖有建侯之才力以當屯難之時磐桓不進居貞正之位遇險

而能自守其正六二屬九五之應位。而爲初九所挑不能與九五共事猶膏澤

之婦拒强暴者之挑經十年之久始歸其正應之夫六三爲喩利之小人乘虓

不明之時欲獨博其功六四應初九。亦比九五。因有所忌憚而不能共事踐脊

乘馬班如之屯難終歸正應初九之吉九五中正而竝有位德然介居二陰之

間不能沛雷雨之澤上六居屯難之終無能為也蓋三與上無應之屯二與四

有應之屯也六爻共動當陷險之時務要謹愼持重經過屯難之氣運自有得

志之日曰大亨貞大亨者正屯難已解之時也

大象曰雲雷屯君子以經綸

不言雨而言雲者屯之時雲升於上雷動於下未能成雨未能成雨所以為屯

君子法此二氣之動作妙用以經綸政敎之組織經綸猶言匡濟也經者機之

縱絲縱絲之不可易也猶國家之大經政敎人心相合而不可紊也綸者機之

橫絲猶取宇內各國之所長見其時宜而組織政體也經綸者即綜理庶政之

謂也

(占問功名)內震外坎為屯震為雷坎為雲故曡雷震為出坎為入欲出而復入

故曰屯又震為人為士坎為經為法故曰君子以經綸是君子施經綸之才而

運當其屯也宜待時而動。○問戰征勒兵而守曰屯雲雷雷者蓄其勢也經綸著
懷其材也然當其屯宜守不宜進。○問營商象曰剛柔始交而難生是必初次
營商也凡事始創者多苦其難經綸治兵之事知其業必在絲棉之類。○問家
宅震東方坎北方震動也坎陷也恐是宅東北方有動作宜經理俯治之。○問
婚姻雷陽氣雲陰氣剛柔始交而難生是初婚時必不和洽宜正人勸解之。○
問六甲生男恐始產不免有險難。

初九磐桓利居貞利建侯。
象傳曰雖磐桓志行正也以貴下賤大得民也。

每卦有主爻皆具本卦之德例之如乾之九五具乾之德坤之六二具坤之德。
屯以初九爲內卦之主故爻辭全類象辭他卦主爻都依此例磐者大石也桓
者柱也此爻以正居剛處險能動雖有濟屯之才今居衆陰之下。上應坎水之
險深虞陷入危險未足以自持唯守其身貞固而耐困難以待時機之來也。故

如磐桓之居下為柱石之臣撐持艱難之象如因對抗之敵而占之則有強敵

堅固而不可搖動之勢在此時我唯固守持重不可妄動若妄進則不得

其志卻取其敗故曰利居貞象辭所云勿用有攸往亦磐桓難進之意蓋言功

業非容易可成磐桓躊躕不進不退以待時會即所謂在下位而不獲乎上民

不可得而治之意必明善誠身信友而後乘時得位則功業可得而成故有大

亨之利也曰磐桓居皆震足之象利建侯三字與象同而其義異也象辭屬九

五之君而言爻辭屬初九之人而言故彼訓為建侯此訓為所建之侯侯之於

王猶臣也能安其臣職而為下不倍即居貞也

象傳之意貴謂陽賤謂陰此爻以一陽居三陰之下為以貴下賤之象雖時塞

位卑而不得用其力猶之江海居下而百川歸之君主能下人則眾庶歸之屯

難之世民思其主之時也此爻以剛健之德居下大得人望為他日立身之基

故曰以貴下賤大得民也第以磐桓觀之似失陽剛之德要在內心堅確而不

失其正也故曰雖磐桓志行正也此爻變則為比比之初六曰有孚比之无咎

有孚盈缶終來有他吉其不遽求成功之意可推而知也。

（占）問戰征磐桓不進之貌曰利居貞利建侯蓋當屯難之時內則居正以守外則求賢以輔斯民心歸向衆志成城而終無不利矣。○問營商初九爻辰在子北方上值虛宿曰元桴桴之言耗虛耗意亦耗意不利行商能以守貞任人尚有利也。○問功名初爻是必初次求名也磐桓者是欲進不進也要當志行正直。退自下終有得也。○問家宅磐字從石所謂安如磐石知其宅基鞏固也曰利居貞知其居之安曰利建侯知必是貴宅也。○問婚嫁曰以貴下賤知爲富貴下嫁之象吉。○問六甲初爻震位生男。

（占例）明治二十六年十二月某貴顯占氣運筮得屯之比。

爻辭曰初九磐桓利居貞利建侯。

斷曰屯者雷動水中之卦爲冬春之候雷將發于地下地上之水結而未解不能直升必待冰凍融解而後能發聲也以未得其時故名曰屯屯者難也然及其時水氣蒸發而爲雨雷得時而升雷雨和合發育萬物成造化之功謂之元

亨時之未至利艱難貞固若妄動輕進則必陷乎險中故戒之曰利貞勿用有

攸往此卦以擬草昧之初在上位者宜用在下之志士以濟屯難而安生民也。

在下者不宜侵凌上位宜奉戴元首以祈國家之安寧也謂之利建侯也今某

貴顯占得此卦此爻貴顯於維新之始整理財務使無缺乏以開富強之基猶

蕭何之於漢高也豐功偉績焜燿當今諺曰功成者墮名盛者辱某因與同列

議論不合一朝罷黜然報國之忱未嘗一日忘也茲由此占觀之曰利貞勿用

有攸往所謂利貞者蓋利貞守不利躁進所謂勿用者即今舍藏之時也所謂

有攸往者即可知後日之再用也至若組織政黨以冀有為恐黨員中邪正混

雜轉致釀禍且屯之六二六三皆為坤陰主利之徒可以鑒矣屯之初九以陽

居陽足見才志剛彊以上有坎水之險陽陷乎險中故曰磐桓磐桓者猶以磐

石為柱未可動搖言難進也待至氣運一變春冰解而雷雨作百果草木皆甲

拆屯難去而嫌疑自釋九五之君以禮聘之翻然而應君命得以經綸國家大

顯其才德故曰利建侯也某貴顯氣運如此彼既不信此占余亦不復言矣。

○秋田縣士根本通明。邃于經學誨人不倦。亦余之益友也。一日訪之。出示一軸曰。是軸相傳爲明人所翁所畫以其無欵讓。未能辨其眞僞。子請鑒之。然余素昧鑒識。乃爲之筮。其眞僞遇屯之比。

爻辭曰。初九。磐桓利居貞。

象傳曰。雖磐桓志行正也。以貴下賤大得民也。

斷曰。此卦內卦震龍也。外卦坎雲水也。此其畫爲雲龍乎。爻辭磐桓磐之石也。謂堅固而不可動易也。不可動易則。非僞物可知矣。且曰利居貞者。貞者眞也。是謂之眞品矣。以貴下賤者貴重之物無人知之。而爲所賤也。

迨出畫展觀果爲雲龍之圖筆力遒勁其非凡筆可知。余即以卦語爲鑒定之。」

○占普法戰爭之勝敗。

友人益田孝嘗留學歐洲通曉西洋各邦事情明治三年普法兩國交戰益田氏來謂曰。普法開戰之電報昨夜至自歐洲僕嘗久在法國具知其強國因與英人某賭兩國之勝敗僕期法之勝令朝互托保蕘銀行以洋銀若干君請占

其勝負余曰子已期法國之勝何須占筮氏曰請試筮之懇之不已筮得屯之

比

斷曰吁法國必敗子必亡失若干圓子意以法為主故以法定為內卦法以內

卦初爻為卦主居屯之初有雷之性欲動而為上卦坎所阻故不能進是屯之

義也磐桓難進之貌以敵軍堅剛如巖石不可當也利居貞者謂不可輕舉大

事然今法軍妄進將伐普國詳玩此占其不能勝也必矣象傳曰以貴下賤大

為坤坤為臣為眾為民國無君主之象後其將為民選大統領開共和國而治

得民也初變為陰為以貴下賤也法帝其將敵軍乎國君降則震一陽變而

乎內卦震為動外卦坎為險是動乎險中而難生今內卦先動遇外卦之險法

先開戰端為普兵所阻又陽為將帥陰為兵卒外卦普將居九五中正之位有

兵士護將之象普國君民之親和可知內卦法將居初九其位不中法國君民

之不親和亦可知大將已居互卦坤後身接軍事其心先以國家人民為賭物

也亦明矣問其戰略見於內卦初爻應外卦四爻外卦五爻應內卦二爻是互

有內應者之象。然應外卦普者內卦二爻即法之中正者。故爲有效應內卦法
者外卦四爻即普之不中者。故爲無效初陽變而爲陰。是失將之象法之敗已
決矣。元來論兩國之交涉。自法見之。自負爲震長男以普爲坎中男因此開戰
端者也。自普見之以己雖爲坎中男。以法爲艮小男而應之者。也屯卦反爲蒙。
爻辭曰擊蒙不利爲寇利禦寇。夫釀戰者法。而禦之者。普是法爲蒙普擊蒙而
懲之者也。普禦法寇而非爲寇者也。普之必勝亦可知矣。又內卦坎險不易犯
也。外卦艮止不能進也。更可知法之不能勝普也。言未畢益田氏嘘然冷笑曰。
卦乃憑空之論猶囈語不足聽也。余曰余憑象數而推算以決勝敗之機子雖
久留法國目擊富強信其必勝。是見外形而未見其骨體者也。易者示天數豫
定者也。今既推究此占又復細論時事三世拿破崙之陞帝位也。初千八百四
十八年之亂。與民政黨而有大功遂選而爲大統領乘其威福破憲法弄權力。
而登帝位令則富國強兵。殆如歐洲列國之盟主且與英國聯合而伐露國陷
西邊士卜之堅城實足繼第一世拿破崙之豪傑子之期其必勝。蓋在於此矣

拿破崙之英豪。乘時踐祚睥睨歐洲列國所向無敵。憑藉威勢。欲使子孫繼

承帝位。知有不能如志之兆。與普國搆兵。以國賭之。將決存亡於一舉是絕倫

之英豪。亦爲私利所誑謾。遂與蒙昧之舉陷屯難之險卦象時事歷歷相符然

子猶必疑之其後普王以六十萬衆擊法軍於來因河吽連戰敗衄終退塞段

城普圍益急殆不可支至八月三世拿破崙舉軍而降普因錄以證易象之不

爽云。

六二屯如。邅如。乘馬班如。匪寇婚媾。女子貞不字。十

年乃字。

象傳曰。六二之難乘剛也。十年乃字。反常也。

凡易三百八十四爻中首揭卦名之字者多言其卦之時也屯如者。難進之貌。

邅如者行而不進。轉輾邅回之貌班如者半欲進半欲退進退不決之貌匪寇

婚媾者蓋六二乘初爻陽六四之陰應之謂彼乘馬不進者匪遍於寇難乃我

之婚媾然當此屯時雖明知為正應不能直行而遇也故曰女子貞不字易中

言匪寇婚媾者凡三此爻及賁之六四睽之上九是也女子貞不字者此爻中

正而應九五之陽其義可從然以陰柔不能往而解屯之厄救九五坎險之苦

故初九乘其隮來逼此爻居中履正執義守節不敢許也變則為兌以少女配

坎之中男故託女子而繫辭曰字者許嫁也言女子有正應之夫屯之時內外

相隔不得從之進退躊躇是以屯如邅如也乘馬班如者以震坎皆有馬之象

故稱乘剛曰乘馬時以初九之男子比我雖欲娶我不敢應其求忌之避之猶

寇讎也然初九實非寇我者乃欲與己共事特本婚媾耳而我守正而不失其

道即貞而不字之象也互卦有坤坤數十數之極也又震為卯坎為子自即至

子其數十十干一周而地數方極數窮事變星移物換十年之後其妄求者自

去屯難已解而始得許嫁九五之應謂之十年乃字此爻猶太公居渭濱伊尹

居莘野孔明在南陽也屯難之時群雄並起不獨君之擇臣臣亦擇君六二之

屯如邅如又非無故也象傳曰六二之難乘剛也六二之艱難憂苦如此者謂

乘初九之剛故也。難字釋屯如邅如之義。凡爻以剛乘柔爲順以柔乘剛爲逆。

逆則其情乖而不相得。猶下有強剛之臣。我實艱於制馭。象曰十年乃字反常

也。十年之久尚守其貞操而從九五。復女子之常道何者。女子生而願爲之有

家人倫之常也。女子二十而嫁十年乃字。故曰反常也。

(占)問婚嫁。爻曰匪寇婚媾。是明言嘉耦匪怨耦也。但曰女子貞不字十年乃字。

知于歸尚有待也。○問戰征六二以柔居柔。有濡滯之象。故曰屯如。春秋傳有

班馬之聲齊師乃遁。師稱班師。故曰班如知行師未可遽進也。必養精

蓄銳。十年乃可獲勝。○問營商。媾與購音同義亦相通。以貨物求購有運回不

決之意。故曰屯如。又曰十年乃字。十者據成數而言。貨物未可久積或者

十日十月乎。○問功名。士之求名。猶女子之求嫁也。曰屯如邅如班如。皆言一

時未成也。十年乃字。此其時也。○問六甲。生女。

(占例)明治二十五年。占某貴紳之氣運筮得屯之節。

爻辭曰六二屯如邅如。乘馬班如。匪寇婚媾。女子貞不字十年乃字。

一〇四

斷曰此卦陰陽始交爲萬物難生之時故名曰屯屯者難也大抵事物之初未

有不艱難者也草木之自萌芽而至繁盛必先經霜雪之摧折而後得全也況

君子之經綸天下談何容易此卦以震之動遇坎之險進必陷于險凡所事之

未成一念之未遂皆屯也然事未有不始于屯而得戒者也固世敎難其艱醫

也象曰元亨利貞即是也人能守利貞之戒可遂獲元亨之時是以曰勿剛南

攸往今某占得此卦在某識見卓越才高智邃維新之始旣有大功于國嫁後

雖辭職掛冠其志要未嘗須臾忘君也今又奉勅當大任行將出而有爲爻辭

則曰屯如邅如乘馬班如屯者屯難之義邅者運回不進之貌乘馬班如耆藥

馬將進而復退之意也此爻居輔相之位上應九五之君而以陰居陰不能解

屯難之厄恐將出而仍不能遽出也猶女子之思嫁雖有正夫因其內外相隔

不得從之故有此象蓋陰之所求柔者剛之所凌時當其屯六三之柔固

難自濟又比以初九之剛恐不能免於嫌疑可不戒愼乎。

後某因與政黨首領某相會致生政府疑忌遂復辭職易爻之著明如此然今

雖不遂其志十年之後則屯極必通夫以女子之陰柔能守其節操久而必得
其亨況賢人君子之守其道中正以匡家國者乎。

六三。即鹿无虞。惟入於林中。君子幾不如舍。往吝。
象傳曰。即鹿无虞。以從禽也。君子舍之。往吝窮也。

即鹿謂逐鹿也。鹿祿同音又通乎祿利之義。鹿指九五而言。虞掌山澤之官猶
土地嚮導者也。蓋指初爻而言。初爻人位。故曰君子與乾之九三同例。幾不如
舍者。舍者。止也。謂知其功之不成。不如見幾而止也。往吝者。吝者。鄙吝貪吝之
義謂欲往而遂其志。必致辱名敗節也。互卦爲艮。艮者。止也。此爻以陰居陽有
陰柔而躁動之性。且乘應皆陰。無賢師良友訓導猶獵者無虞人之嚮導而獨
入林中雖冒險而進不能獲鹿日傾西山。馬瘏身疲不可復如何也。且林中之
險非必入而後知之也。無虞人之嚮導。在即鹿之初。其幾已見。然以其貪於從
禽往而不舍也。夫舍與入林均不獲鹿。舍則爲君子入則爲小人。君子小人之

分。無他利與義之間而已。象傳以從禽也者。謂爲貪心所使也。又爻辭曰幾不

如舍。象傳曰舍之者。決去之辭也。此爻變則爲旣濟。旣濟之九三曰高宗伐鬼

方。三年克之。建國之意。可併見也。

(占)問戰征爻曰即鹿無虞。惟入於林中。猶言行軍而無嚮導冒進險地也。當知

幾而退。否則必凶。○問營商。玩爻辭知其不諳商業。不熟地道前往求貨。不特

無貨。反有損失。舍而去之。尙無大害也。○問婚嫁是鑽穴隙以求婚也。其道窮

矣。○問功名梯榮乞寵士道窮矣。○問六甲。六三陰居陽位生男。

(占例)明治十八年應某顯官之招。顯官曰予今將爲國家進有所謀也。請占其

成否如何。筮得屯之旣濟。

爻辭曰六三。即鹿无虞。惟入于林中。君子幾不如舍往吝。

斷曰屯者物之始生也。爲勾萌未舒之象。陰陽之氣始交未暢謂之屯。世間有

難而未通。又謂之屯。又遇險不遽進。又謂之屯。以人事擬之則內卦之雷有動

之性欲奮發而有爲以外卦坎水之性陷下而危險。有動而陷險之象。人苟欲

有爲以前有危險必不能如志也非其才之不足實運當其屯之象也即鹿无

虞者欲入山中獵鹿而無嚮導致迷其途必無所獲蓋言此卦無陽爻之應比。

其入于林中者猶言貪位而前往終不免羞吝也象曰君子舍之爲能見幾也。

小人反是往吝窮也二爻辭曰十年乃字今得三爻九年之後運氣一變必可

達志也當時顯官不用此占往干要路終至辭職不得其志至二十五年果後

見用再登顯要計之恰好九年云。

象傳曰求而往明也。

六四乘馬班如求婚媾往吉无不利。

乘馬班如解見六二下六四之位與九五之君剛柔相接然以陰居陰其才不

能救天下之屯故欲進而復止乘馬班如也夫大臣不患無才患不能用才苟

能求賢自輔可謂賢明也其取象與六二同蓋以初九爲剛明有爲之才求之

偕往相與共輔剛中之君庶幾吉无不利謂其有知賢之明而無嫉賢之私也。

故象傳曰求而往明也。初九亦然若不待其招而往。不知去就之義。豈得謂之

明哉。此爻變則爲隨隨之九四曰有孚在道以明何咎可以知婚姻之正道也。

（占）問戰征乘馬班如者不明其進攻之路故也明而前往則所向無敵故曰往

吉无不利。○問功名士者藏器待時不宜躁進迨干旌下逮出而加民无不利

也。○問婚嫁詩關雎云窈窕淑女君子好逑逑求也必待君子來求始爲往嫁。

故吉。○問六甲。生女。

（占例）大倉喜八郞氏幹人某來。請占氣運筮得屯之隨。

爻辭曰六四乘馬班如求婚媾往吉无不利。

斷曰屯之爲卦我欲奮進爲事彼頑愚而妨之故不能奏功是屯之義也。今以

四爻觀之四者比五。而在輔翼之位但以五之不用我策當變志而應。初爻之

陽爻。爻辭曰乘馬班如者。謂欲進而猶未定也。求婚媾往吉者。謂當求陽剛之

初爻以相輔也。

後依所聞。彼大倉之幹人。與支配人。共趨廣島爲鎭臺商務。繼與支配人不合。

意氣不平。直辭大倉氏自行大阪開店於同鎮臺之側。用從前同業某支配人。

蓋即卦中求初爻相助之兆也。

九五。屯其膏。小貞吉。大貞凶。

象傳曰。屯其膏施未光也。

膏者膏潤坎水爲雨爲雲之象屯其膏者謂時當屯難不得下膏澤於民致財

政澁滯有功而不能賞有勞而不能報也五爻中正而居尊位得剛明之賢臣

以輔之則能濟屯矣以无其臣也故屯其膏初九備公使之選在下而遵養時

晦六四應之民望歸之九五居尊而陷坎險之中失時與勢其所應六二之臣。

才弱而不足濟屯小事守正則可得吉所謂寬其政致簡其號令可使之徐就

統理也唯至大事則不可也若夫遽用改革恐天下之人將駭懼而分散是求

凶之道也自古人君時當叔季往往憤權柄之下移遽除強梗而爲權奸反噬

者不觖謂之小貞吉大貞凶也夫天子親裁萬機其中所尤急者在于撫育敎

化萬民各使之沐浴泰平之德澤。無一夫不得其所。今九五之君。陷坎險之中。

屯難之世。左右股肱之臣。亦皆陰柔而無免險之力。不得施膏澤於下。故象傳

曰。屯其膏施未光也。

（占）問功名士之所賴以顯揚者全望上之施其恩膏也。若上屯其膏而士復何

望焉。○問戰征上有厚賞則下願效死若恩澤不下。勢必離心離德。大事去矣。

凶。○問營商膏者謂商業之資財也。屯其膏謂蓄聚而不流通也。小買賣猶可

固守大經營未免困窮矣凶。○問疾病膏者在人爲脂血屯而不通。是閉鬱之

症初病治之尚易久病危矣。○問六甲。九五居尊生男且主貴。

（占例）明治十九年初夏某法官來訪曰僕常在某任所該地有一銀行頗稱旺

盛僕偶聽友言爲該行株主購入株券若干今猶橐藏之頃聞該銀行生業不

佳若將顛蹶僕甚憂之請君占該行盈虧如何筮得屯之復。

爻辭曰九五屯其膏小貞吉大貞凶。

斷曰屯者屯難之甚五爻在天位而不能施雨澤謂之屯其膏詩曰芃芃黍苗。

增補高島易斷

陰雨霽之是也以政府言公債之利子不能下付之象據此則如該銀行必會

計窘縮未能獲益於株主然屯之象辭曰元亨利貞又傳曰君子以經綸故今

雖陷困難待時值元亨必能經綸而奏救濟之功試爲之推其數二爻曰十年

乃字反常也自二而數之至序卦蒙之五爻是爲十年今該行既過四年再後

六年自當償今日之損亡必大有起色也且蒙之五爻曰童蒙吉是株主猶童

稚之無意無我而受父母之愛育師範之訓示不勞神思而得利潤之象也請

君不患今日之窒滯拾襲株券可以待他日之興隆也某氏拍手感余言之奇

且曰易占誠神矣哉余之所言則福島銀行也該行頭取某襄在東京窃染指

於株式市場大收敗衄餘殃波及該行會計以至不能配賦利潤今得此明斷

余心安矣

○二十七年九月我國有討清之舉澀澤榮一氏以下東京及橫濱富豪唱使

全國富豪獻納軍費之議報之於余余乃占其事之成否筮得屯之復

爻辭曰九五屯其膏小貞吉大貞凶

斷曰。此卦內卦則首唱者有雷之性。欲發聲而震起百里。外卦則其他富豪爲

水之性就下不能應上。如雷動水中不得如響斯應曰屯。屯者事之滯也。今當

國家需用孔急而募餉未集。有如密雲不雨之象。故曰屯。其膏富豪者或能致

少額不能輸巨額。故曰小貞吉。大貞凶。此舉恐難如願也。夫國家當大事求微

細之資於有志者猶療巨創以膏藥物之大小不相適。可知使他人聞之不免

笑我識見之陋劣。余謂國事當以公議謀之。爾後聞集議員於廣島立決一億

五千萬圓公債募集之議也。

上六。乘馬班如。泣血漣如。

象傳曰。泣血漣如。何可長也。

乘馬班如。解見六二。下泣血者悲泣之切。淚竭而繼之以血也。坎爲血卦。故曰

泣血漣如。淚下之貌。此爻變則爲巽。以坎水從巽風漣如之象。上六以陰居陰。

在全卦之終坎險之極。運盡道極而不能濟。三陰而不我應。雖下比五。以屯爲

貞凶不足歸之故困窮狼狽不堪憂懼其求救之切猶欲乘馬而馳者也悲泣

之甚涕淚不絕眞有不堪其憂矣然物窮則變時窮則遷如因憂而思奮不難

轉禍爲福則屯可濟矣此爻與三四兩爻有濟屯之志而無其才其占不言凶

者蓋因時勢使然非其罪也象傳泣血漣如何可長也者謂其不久而時運將

變也此爻變則爲益益之上九曰莫益之或擊之立心无恒凶爻可以見其窮

之甚也。

屯之經綸國家也初爻公而忘私國而忘家爲水地比之世建侯輔治可得安

泰四爻往而求賢與初爻建侯同爲澤雷隨之世亦得安泰也上爻居於上位

奮發有用爲風雷益之世國運可進步也然初四二爻相疑而不相讓上爻欲

進復退則屯難無復解之日也。

(占)問戰征上居屯之極進退維谷窮感已甚而至泣血是軍敗國亡之日也凶。

○問營商乘馬班如一句上已三複言之是商業之疑惑不決已至再至三矣。

極之泣血知耗失已多故曰何可長也。○問功名上居坎終更無前進得保其

身幸矣。○問疾病知必是嘔血之症。凶。○問六甲。生女。又恐不能長大。

（占例）明治二十四年占內閣之氣運筮得屯之益。

爻辭曰上九屯其膏。小貞吉大貞凶。

斷曰屯者雷將奮出於地中爲地上之水所抑制不得出。而躊躇之象。故名曰

屯以國家擬之下卦之人民有雷之性。欲奮進激動以長勢力。上卦爲政府以

水之性陷於坎險壓制下卦之雷不能發動。現時政府一爲條約改正之事實。

二爲第二議會之準備與論喧擾事務澁滯國運正值屯難也。又見上卦之陰。

應下卦初爻之陽。恐有在朝之人與下民之有力者隱相引援以致滋事。上占

內閣得此爻上爻近在君側。但時當屯難欲盡輔弼之任。苦無應爻之援爲首

相者切思辭職爲侯輔者亦欲避位。正是乘馬班如進退未決也。追思曩時木

戶大久保二氏。任天下之重。而能濟其艱。今無其才回念及之。不堪歎息憂悶

有泣血漣如之象。然他日天運循環至下卦山水蒙二爻。則政府猶敎師。人民

猶子弟可得互相愛敬。有豪傑者與自能出險濟屯經綸天下也。

增補高島易斷

山水蒙

蒙字古篆作蒿。从艸。从冖(二)。从豕。豕者冡昧。冖(二)者掩覆之形。求者衆之本字。从三人。國語曰三人爲衆。民未得義方之訓。智識未開。昧而不明。猶爲物所掩覆之象。是爲童蒙之象。此卦內坎水而外艮山。山下有水。水氣成蒸爲霧昏不見山之義。故名曰蒙。

蒙亨匪我求童蒙童蒙求我。初筮告。再三瀆瀆則不告利貞。

蒙亨之亨與屯之元亨同。非謂即蒙即亨。謂蒙昧者能以先覺爲師以啓其聰明。斯蒙者亨矣。故謂之亨。我指師言。童蒙指子弟言。外卦艮少男。故有童蒙之象。童蒙而求聰明。莫善於求師。其得師也。宜以至誠請益。禮曰往教者非禮也。是師無往教之禮。故謂之匪我求童蒙童蒙求我。蓋弟子之求師。與撲筮求神

者同。故謂之初筮告。初則其發心也。誠一而不雜。迎其機以告之。其道亨也。若

至再三瀆則私意起矣。雜而不純。故不告。即少儀所謂毋瀆神之瀆不告。即詩

小旻所云我龜既厭。不我告猶之義。說卦傳曰艮為手。自二爻至四爻。互卦有

震。震為萑。即以手撲蓍。初筮者其象取此。且六五有頤口之互象。以虛中之孚

而問也。告者以九二坎之舌與震之聲應之也。再三者。三爻四爻為頤口之象。

連瀆不已。亨貞之道胥失矣。拒以不告。教者之道正而求者。亦不敢不正。故曰

利貞。

彖傳曰。蒙山下有險。險而止蒙。蒙亨。以亨行時中也。

匪我求童蒙。童蒙求我。志應也。初筮告。以剛中也。再

三瀆。瀆則不告。瀆蒙也。蒙以養正。聖功也。

屯之後次以蒙。謂山川之位既定。萬物繁茂。然猶是蒙昧初啓。卦象艮山之下。

有坎水之險。水自山上而下流。而為坎。其初為雨。為水。不知所自來也。艮止也。

故險而止蒙坎通也故蒙亨以行艮止則陰氣閉結故暗坎通則陽光透發故
明有由蒙生明之象此卦自三爻而爲坤坤爲地自二爻至四爻而爲震震爲
萑葦山下之地生萑葦蒙茸是蒙之象也

以此卦擬人事有蒙昧無知之象人幼而知識未發謂之童蒙不學而不知道
義謂之困蒙六五童蒙柔中天姿本美幼而無知功宜養六四困蒙重柔氣稟
本昏而又不知自勉利宜發故謂之山下有險險而止蒙也九二以剛中而應
六五六五爲主九二發其蒙以陽爻爲師陰爻爲弟子故師得二爻之陽以應
弟子之求謂之匪我求童蒙童蒙求我志應也弟子得五爻之陰以求師之教
當致其精以叩之謂之初筮告若再三請益瀆慢不敬則不告也易之理如此

蓋師教通於神道凡人於未來之事不得不問之於神神之教之所謂受命如
嚮也故告蒙亦曰初筮言神之與人猶師之與弟應以誠求不應以瀆慢謂之
再三瀆瀆則不告瀆蒙也是以困蒙者聖人所欲啓發童蒙者聖人所欲養正
也養正之道非由外加亦即葆其固有之天眞而已凡人之受生於天也其自

聰目自明。父子自有恩。君臣自有義。莫不自具也。人能不失赤子之心。則親親

長長而天下治平。且童蒙者人生之初也。童蒙而無所養。他日欲望其聖不可

得也。謂之蒙以養正聖功也。

以此卦擬國家。上卦之政府。有山之性。傲然而在高位。固守而不動。乏奮進之

精神。意於政事而不眷顧下民。惟以剛重鎮壓之。下卦之人民。有水之性。猶水

之就下陷於困難之中。苦其生活。忘敎育之道。不知國家為何物。故屯蒙二卦。

皆為鴻荒之世。人民逸居而無敎。爭奪以謀生。弱肉強食。知己而不知有人。夫

天下之人當其知識未開。而道之於善。則其敎易行。及其嗜欲既熾。天良已泯。

則其敎難行。政府當此時宜開導斯民。使之就產業。待其衣食之豐足。而後可

敎以禮義。得此卦知政府之施政未得其宜。國家之敎育。亦誤其方。人心激昂。

不保無冒昧之舉動也。政府既道之以德。齊之以禮。而下猶不從。不得不出之

以政刑。擊而除之。亦勢所不免也。是以上爻有擊蒙之象焉。

蒙之時。君子小人皆不得其位。是非顛倒。邪正混亂。六四一爻。獨得其正。亦不

容于世君子爲小人所排擠而不得于世是國家之蒙也蒙之世六五之君陰

柔而順良異日聰明大啓必將爲聖明之君以尙在幼稚其德不普于天下幸

有九二之大賢與之相應是朝廷之師傅而負發蒙之重任者也此爻非以臣

求君而君求臣也猶太甲之於伊尹成王之於周公謂之匪我求童蒙童蒙求

我也且以此治國家之蒙包容蒙昧之民誘掖扶導之可以全教育之功若猶

有不奉教益懶惰放恣不知悛改初六所謂利用刑人者戒之深矣

通觀此卦初六與上九治蒙之始終也九二當啓發衆蒙之任六五童蒙之主

六三則女子之蒙也六四困蒙之下愚者也故初六蒙昧之民而不知受教不

勤民業以致陷于困難處之刑辟以懲其非是以曰發蒙利用刑人者九二爲師

具順良宏涵之德善容衆蒙訓導得宜得繼祖先之志使之守其業故曰包蒙

吉子克家六三其性奸邪不從教導故曰勿用取女六四有頑固強慢之性不

聽師教自陷困苦故曰困蒙吝六五猶是赤子天性純正但知識未開童稚而

居君位克順九二師傅之敎遂成達識此聖人之蒙所謂聰明睿知而守恣以

愚者也故曰童蒙吉上九師教不得其正不以德化而以刑驅是招寇也故曰

擊蒙不利為寇利禦寇也

易中六爻之義初爻對上爻三爻對四爻其義自易明也例如此卦初爻用刑

上爻用兵以擊之二爻包蒙以應五爻五爻童蒙以從二爻三爻見二爻而失

身四爻遠二爻而失利諸卦之例大凡如此

象曰山下出泉蒙君子以果行育德

坎為水今不言水而言泉易之例以水概取險難之義故避之取象於泉之始

出也泉之始出于山下涓涓清徹不染塵汙猶童穉之性自具天良得勃然發

育之勢故取其義而名之曰蒙也得于心曰德見于事曰行山有生育之德泉

有流行之狀山之生物無限水之行地不避險易注諸於江朝宗于海君子法

此象以果決其行養育其德所謂義所當為勇往直前無因循畏縮之弊理之

得于心者優柔厭飫無虛驕急迫之患彼世人之不得實用者輒云思而不能

行。當因此而反省也。此卦自二至四爲震震爲行艮爲果又自二至上爲頤頤爲養即育也。

（占）問戰征。象曰山下出泉。是潛伏之水也。有伏兵之象君子謂軍中之將帥也。果行育德果者果敢也。育者蓄養也。謂當蓄其銳勢。而果決以進也。○問營商。玩象辭想是開鑛礦山生意。當果決從事吉。○問功名。是士者素抱德行伏處深山也。曰出泉殆將出而用世也。○問家宅。知是宅坐坎向艮曰山下。必近山也。曰出泉必有泉流出其下也。君子居之其宅必吉。○問婚嫁。坎辰在子。上值女。聖符曰須女者主嫁娶。艮下兌上爲咸二氣相感。故曰取女吉。山下出泉蒙。是婚姻之始也。○問疾病。艮止坎險。病勢必熟邪過止。漸昭於内待初爻發蒙。邪氣外發。可保無虞。○問六甲。生男。

初六。發蒙。利用刑人。用說桎梏。以往吝。

象傳曰利用刑人。以正法也。

增補高島易斷

凡人而不喻道理不通事情者皆謂之蒙發蒙者啟發蒙昧使之明曉也刑者

所以治違致犯法之人桎梏刑具在足曰桎在手曰梏說脫也初爻陰柔而失

中正居六爻之最下陷坎險之底如入幽暗之地不見明光是爻之象也發蒙

者非不欲誘掖之勸勉之無如致之不從則不得不以刑罰齊之一經悔悟便

脫刑具不敢亦足見發蒙者之苦心也故曰利用刑人用說桎梏古聖人

之治民也致化以道其俗刑罰以齊其眾聖人雖尚德不尚刑而亦未嘗偏廢

也按艮為手互卦震足手足交于坎險有桎梏之象又坎通也艮止也如能通

達遂即罷止有說之象也若執法過嚴下既改過上復苛責不特阻其自新之

路或激而成變故謂之以往吝也蓋治民之蒙不可太寬亦不可太急戒之以

刑改則說之所謂恩威並行寬猛相濟者發蒙之道斯得之矣用刑固非聖人

本意然國家設法所以齊不齊以致其齊也若使有罪者皆脫綱而去則法將

安用顧刑法所主宜大公至正罰一人而使千萬人知畏者是也故曰利用刑

人以正法也此爻變則為損損之初九曰已事遄往无咎酌損之其斟酌適宜

之義可見也。

（占）問戰征爻曰發蒙是爲伐暴討罪之師如大禹之征有苗格則罷師而還故曰以正法也。○問營商初居內卦之始是必初次謀辨也坎爲難爻曰發蒙曰用刑知營商必有阻碍殆將興訟得直理宜即止若欲窮究恐有害也故曰往吝。○問功名欲往求榮恐反受辱宜自休止。○問嫁娶初居始位爻曰發蒙必在少年訂婚旣多事變罷婚可也。○問六甲初爻陽居陰位生女又恐生產有難。

（占例）余親族田中平八氏來以其弟某放蕩欲使之悔悟將以某託余家筮得蒙之損。

爻辭曰初六發蒙利用刑人用說桎梏以往吝。

斷曰蒙之卦象山爲水氣所蒸朦朧不明。故謂之蒙。在人爲邪欲所蔽以致事理不明也某之爲人才智膽力悉類其父但年少失致競習紈袴不知艱難故浪費貨財好與匪僻爲伍今使暫居余家當先論以處世之道禁止他出便者

悔悟前非。是亦發蒙利用刑人之義也。至其兄雖托於余。其母未免溺愛恐有

怨余敎誨過嚴者。諺曰。人莫知其子之惡。此之謂也。

旣而果如此占敎之。一年因其怜惘之性質。遂生後悔可望後來之成人也。

九二。包蒙吉。納婦吉。子克家。

象傳曰。子克家。剛柔接也。

包者。包容之義也。包蒙者。包容衆蒙而爲之主也。納婦者。受衆陰而爲之婦也。包

蒙。言其量之能容納婦。言其志之相得。子克家。言其居下而能任事。故曰吉二

爻以陽居陰具剛明之才。中和之德。當啓蒙之任。能以寬嚴適宜。訓導有方。可

爲群蒙之師也。蒙一卦。只有兩箇陽爻。餘爻皆陰。上九之陽過剛。至於擊蒙。唯

九二之陽得中。故能包蒙。且二爻之位。臣也。子也。在臣則與六五柔中之君陰

陽相應。斯內爲同僚。所悅服。外爲衆人所歸向。雖婦人之性柔闇難曉。能以柔

納之。自得親睦。故曰謂之包蒙吉。納婦吉也。在子則能事六五之父。統衆陰之

子弟以修齊家道。故曰子克家。夫子能治家則家道曰隆。父之信任專矣。臣能
敷敎則民德曰新。君之信任專矣。象曰剛柔接也。即所謂上下合德也。象傳之
意。以二爲臣則以五爲君矣。象曰剛柔接也。以二爲子則以五爲父。事雖異義則
一也。剛指九二。
柔指六五。九二與六五陰陽相應。以剛中之子繼柔中之父。能治家道謂之子
克家剛柔接也。以陽剛愛陰柔故有納婦之象。居下位而能任上事。故有子克
家之象。按周易之序繼乾父坤母以屯蒙二卦。故屯之六二曰女子蒙之九二
曰子克家兩卦共提出子字。互卦爲震震爲長子。有主器成家之象。

(占)問戰征二爻以陽居陰爻曰包蒙。有包括羣陰之象。象曰剛柔接也。剛柔接也
兩軍也。接接戰也。克家猶言克敵也。占例婦爲財子爲福。既克敵軍。又納其財。
並受其福大吉。○問營商二上以兩陽包三陰。一陽在內。一陽在外。有包羅財
物出販外地之象。故曰包蒙吉。納婦者。是必旅居納婦也。有婦復有子克家者。
必其子能繼父業也。○問功名想不在其身。而在其子也。故曰子克家。○問家
宅曰包蒙以艮包坎。是必山環水抱之地曰納婦曰克家。是宅必有佳婦佳兒。

克振家業吉○問婚姻玩爻辭有二吉明言有婦有子吉莫大焉○問六甲生
男主富貴。

(占例)友人藥師寺氏來告曰余自少努力業務勵精之久漸興家產然不幸無
子因養親族之子以家產托之故親族中皆欲為吾子之想務輔助之使之各
就產業各營一家無如彼多不知處世之苦不思余之家產出于焦心竭力之
餘洵非容易而一族中互懷不和頗生嫉妬余之所言亦皆陽順之而陰背之。
恐余之沒後必至親族敵視余心所不安也處之如何而可為請一筮筮得蒙
之剝

爻辭曰九二包蒙吉納婦吉子克家。

斷曰人當幼稚之時首宜求師就學教以道義啟其聰明長則自能興事立業。
克成家道若棄而不教不得諉其咎於子弟諺云養不教父之過教不嚴師之
惰可為成矣然教之道有嚴有寬嚴則致怨不如寬而有恩故曰包蒙吉且此
卦上互坤坤母也下互震震子也是教其震子幷坤母而亦容納之是以吉也。

迨其子長成。克治其家。斯不貽教者之苦心矣。在足下知識活潑。勉強起家。能

分財以撫育親族。使之各居其業。繼承祖先其情可謂摯矣。而欲使親族咸知

奮勉。一如足下之經營其望。未免過奢也。夫創業成務。不特視夫其人之才。且

關夫其人之運運。或不濟才亦無能為也。親族中既無足下之才。又無足下之

運殊難相強。今占此爻明示包蒙二字。蓋勸足下唯以包容為量。不須苛責人

之至親莫如父子兄弟。往往父子兄弟之間。性情不同。父不能使其子。皆為肖

子。兄不能使其弟。皆為悌弟。況於親族乎。唯一一以包容待之。斯明者必能知

恩。而不明者亦將感而自化。斯彼此可以無憂矣。

六三。勿用取女。見金夫不有躬无攸利。

象傳曰勿用取女行不順也。

金夫猶曰丈夫也。金者陽爻之稱。取剛堅之義指九二。九二包群蒙。故有富之

象曰金夫者為別上九正應之夫。三爻陰柔而不中正暗昧而居坎險之極不

能守貞而待時。故求而不止。欲而不擇其行偏僻。其事曖昧。見九二群蒙為所

歸。得時之盛因捨上九正應之夫。欲從近比之九二。操行不正。不能復持其身。

取此多欲之女必无所利也。故曰勿用取女。見金夫不有躬无攸利見山止而

不動。坎水流而不止。可見不有躬之象。又坎為盜此爻變則為巽。巽為近利見

人之有金破節敗名。不復知有躬此爻又變而為蠱以巽之長女從艮之少男。

惑亂之象爻辭雖指女與夫言。亦喻辭耳。凡陰柔多欲者皆可類推九二有剛

中之德。必不比六三而為不義之行。唯六三以不中正欲自比九二。故係辭於

六三。以見罪在六三也。象傳之意謂陽唱而陰和。男行而女隨。順也。以女求男

於理已悖。況捨正應之夫而從比近之金夫乎。故曰勿用取女。女行不順也。

(占)問戰征。爻曰勿用取女。女陰象。凡占書以女爻為財。金亦財也。言行軍宜散

財以容眾。不宜歛財以取怨。如擄掠財物必致師敗身亡。曰勿用。戒之深矣。○

問營商。六三以陰居陽。陰內陽外。是必行商出外也。行商最忌貪色。男戀其色。

女圖其財。一入騙局。小則破財。大則傷身。象曰行不順也。順與慎音同義通。可

不憤哉○問家宅玩爻辭所謂牝雞司晨惟家之索是宜深戒○問功名婦道

通於臣道見財忘義必致聲名破敗爲女不貞即爲臣不忠也○問六甲生爽」

（占例）某貴顯常維新前脫藩而與諸藩浪士爻共唱大義奔馳東西偶歸鄉里。

遂爲藩吏所忌親族多疎散以致妻女亦不善遇正如季子歸來裘敝塗黧妻

不下機嫂不爲炊時也旣而維新之世仕陞顯職設邸於東京招致蒙族彼糟

糠之妻性質朴野容貌動止多不適意加以前日疎巳之嫌遂去之另狎困婦。

情好最密謀納爲妻一日來謂曰予將取妻請占其良否筮得蒙之蠱

爻辭曰六三。勿用取女見金夫不有躬无攸利。

斷曰蒙者物之蒙昧而未發達之稱爲幼稚之義然非專指童蒙凡人無道義

之教者總謂之蒙今足下欲娶情婦占得此爻爻辭曰見金夫不有躬此女必

有淫行想是藝妓之女金夫者謂以金贖其躬矣恐品格不正難諧永好此

女以一時之舉動投足下之意足下將欲娶之若娶此女後來恐別生葛藤係

累不絕其有悔必也足下閱閭家風素守清白如娶藝妓必不適堂止之戀而

彼婦暫時忍耐未必能永守清規足下即不去之彼亦將下堂求去也某遂不
用余言納之後果如此占。

六四困蒙吝。

象傳曰。困蒙之吝。獨遠實也。

四爻以陰居陰其位不中如艮下山足牢不可移謂頑固而不知遷善也近六
五之君才拙而任重無賢者以輔導故不堪困苦而終爲鄙吝之行所謂困而
不學民斯爲下者也蓋民之少男柔弱不中昏蒙未啟與群宵爲伍是自困也。
況上有艮山而不能進下有坎險而不能退應比皆陰無剛明之親援凡親我
者皆陰柔不正之徒則聰明無自發昏昧無由開是以其爲事也無不困也謂
之困蒙吝窒而不通曰困納而不出曰吝困猶病者之忌醫吝猶過者之諱師。
如此者教之雖以其道不能從也其吝甚矣象傳之意此卦初爻比九二三爻
應上九而比九二五爻應九二而比上九各有陽剛之應比得賢師良友之輔

導獨此爻陷三陰之中。而不得剛實之師友。故曰困蒙之吝。獨遠實也。獨者。無

助之謂。陽以生爲主。故稱實也。遠實者。自我遠道之義也。人而遠道孟子所謂

自棄者也。

（占）問戰征行軍宜深入顯出曰困蒙。是入陰險之地。而不能出也。故困足以濟

困者在初爻之陽。六四距初間隔二爻陽爲實。故遠實。是知救兵在遠不能及

也。凶。○問營商經商之道宜亨。不宜困宜通不宜吝實資本也。遠實則傷其資

矣。困蒙之吝其道窮矣。○問時運蒙暗昧也。困阨窮也。蒙而困其終困矣。○問

家宅據爻辭觀之家業困苦宅地亦幽僻象曰獨遠實也。是必孤村而乏鄰居

也。○問六甲生女。是女必少兄弟。故曰獨。

（占例）鳥尾得菴居士余素所敬信也。明治二十三年十二月與古莊嘉門氏等

數人訪余曰明年以國會開設之期吾輩立一主義。欲有所唱導諸占其運氣

如何。筮得蒙之未濟。

爻辭曰六四困蒙吝。

斷曰。此卦山前水氣蒸發朦朧不明之象。易有屯困蹇坎四難卦其當之者不

能容易脫險。如蒙則否雖陷坎險由其爻之所居有知識者自得免險也。今以

四爻觀之承乘應皆陰柔無助吾之力。在人則無賢師良友不得啓發其蒙之

時也。故曰困蒙吝。君學通古今才兼文武其所欲唱導之主義爲天下之公道。

加之以卓絕之識見豪邁之膽力。故以理論之。如天下無敵者。然得蒙卦則天

下之人。總如童蒙不識是非邪正猶暗夜不辨烏之雌雄。是以君雖說得中正

道理終不能開發其悟困蒙者是無其效也。然過此一年至五爻童蒙吉之時。

下有九二陽爻之應得以輔導自可遂其志也。後果如此占。

○明治二十七年冬至占二十八年貴族院院議筮得蒙之未濟。

爻辭曰六四困蒙吝。

斷曰此卦山下有水之象。水自山上流下前途不知所之人亦如此。故雖賢哲

之士得此卦則固有之知識爲物所蔽爲言行蒙昧之時也。今以貴族院見之。

若不覺自己之蒙昧而焦慮國事猶聾盲之人不見全象。而評其形狀謂之困

蒙之吝獨遠實也為明年院議不舉之占也。

六五。童蒙吉。

象傳曰童蒙之吉。順以巽也。

五爻以陰居陽柔順謙虛。下應九二艮之少男得柔中之德。而居尊位。幼主臨

下之象。九二之賢臣。有剛中之德。能輔佐六五之君。在幼主自知冲年委政賢

相無為而治。如成王之於周公是也。人主能不挾威權。舍己從人。任賢不貳。如

童蒙之得賢師。專心聽受。故曰童蒙吉象傳之意。以人主之尊生長富貴之中。

不知處世之艱苦往往疏忠言遠者德以致敗亂國家。在所不免。今六五能順

九二。故曰童蒙之吉。順以巽也。此爻互卦為坤坤為順變則為巽。順巽二字出

于此。

易中以九居五以六居二者雖當其位。其辭多艱。以六居五以九居二者雖不

當其位。其辭多吉。蓋君貴以剛健為體。以虛中為用臣貴以柔順為體。以剛中

〔三五〕

為艮斯上下交而其志同也是卦爻之通例也。

(占)問戰征五互坤辰在未上值井弧矢九星在井東南主伐叛又東為子孫星。

爻曰童蒙是帥子弟以從軍也故吉。○問營商五為卦主爻曰童蒙是必店主

尙在童年五應二正義云委物以能謂委付事物於有能之人是委二也蓋五

爻店主自知年少順從二爻以為經紀故曰童蒙吉○問功名年在童蒙功未

成名未就惟能順聽二爻師教則成就未可量也故曰吉○問婚姻蒙上體艮

艮為少男是以幼年訂姻也故曰童蒙吉○問六甲生男。

(占例)友人福原寶君。一日來訪告以榮轉沖繩縣知事且請占前途吉凶筮得

蒙之渙。

爻辭曰六五童蒙吉。

斷曰此卦事物之理未明蒙昧幼稚之象故謂之蒙。按此卦以陽爻為師以陰

爻為弟子今六五陰而應陽以位得中正猶童蒙之天稟本美絕無私欲故吉。

足下之性質溫厚沈實余之所知也赴任之後接待僚屬宜磊磊落落不挾一

私慾達大度虛懷聽受自然上下同心彼此相待公私皆有益也以蒙卦見之
足下初涖其任風俗人情未免蒙昧無知擇屬官中通達事務者委任之藉彼
之明啓我之蒙最爲緊要此占有實與足下之性質符合者足下能體認是理
而從事縣務後必奏實功也是所以曰童蒙吉也

○明治二十七年冬至占明年衆議院之形勢筮得蒙之渙

爻辭曰六五童蒙吉

象傳曰童蒙之吉順而巽也

斷曰蒙者山下有水之象在人爲智識不明不知事理之向方也先是衆議院
創議節省政費每年減之不詳度政府之動爲不留意各國之形勢此議紛起
政府頗以財費不足爲憂後忽有征淸之勅於是衆議員輩皆作靑天霹靂之
想在廣島集議不終日而決公債一億萬圓募集之議是謂發蒙也蒙也者非
謂愚也幼而智識未開之謂故曰童蒙今得五爻有童蒙受敎啓迪聰明之意
故曰童蒙吉爲明年院議之占也

上九。擊蒙。不利爲寇利禦寇。

象傳曰利用禦寇。上下順也。

擊蒙者謂不能包蒙而朴作教刑怒而出之以擊也此卦四陰二陽。四陰皆蒙
昧二陽均有剛明之才德足以擊蒙也。九二有剛中之德訓導中節寬嚴適宜。
其於蒙能包之所謂董之用勤此爻以陽居陰剛極失中其於蒙也乃擊之所
謂戒之用威此擊字比包蒙之包發蒙之發其凌厲嚴刻不言可知矣。然童蒙
而不從致初包之而不知感繼發之而不知悟致之術亦幾窮矣。上九亦出於
勢之不得此也至擊之太甚未免過於凶暴是擊之者反爲寇也。故曰不利爲
寇然因其蒙頑不靈一味優容而不惕之威將恐蒙極而流爲寇是寬之適以
害之擊之者治蒙雖嚴正所以禦其爲寇也。故曰利禦寇也曰爲寇者寇在我
也曰禦寇者寇在彼也民爲手有擊之象坎爲盜有寇之象民止于上有禦寇
之象上九雖應于三三之行不順是寇也。非婚媾也。故利禦之也。此爻變則爲

師。師又有擊之象乃寇之象。象傳之意此卦有剛明之德。比六五而輔翼之應。

六三而訓導之。且自上九至六三其應比之間。無有一陽之障礙。是爲柔順之

極。故曰利用禦寇上下順也。

（占）問戰征上辰在戍上值奎奎主庫兵禁不時故曰利禦寇。○問營商商業一

道。全在利用又貴順取逆取爲寇順取則爲禦寇。上下者賣買兩家賣買和洽。

則上下順矣吉。○問婚姻擊蒙馬鄭作繫蒙恰合月下老人紅絲繫足之意蒙

卦兩言匪寇婚媾是佳偶爲婚怨偶爲仇之謂也利用禦寇必爲佳偶婦道貴

順象曰上下順也是必家室和平也吉。○問六甲生男此男童年必宜嚴教。

（占例）某氏爲朋友調排事務恐反生枝節請占一卦筮得蒙之師。

爻辭曰上九擊蒙不利爲寇利禦寇。

斷曰此卦內卦爲水外卦爲山山被水氣所蒙故有朦朧不明之象水陰也山

陽也君之朋友想爲陰柔者所蒙以致多事君將居間而處置之則必去其蒙。

而後其事得以就理始君舉正理而婉說之彼等蒙頑性成固非可容易了解。

於是君乃盛氣相爭。直摘其奸。攻擊太甚。在朋友不特不感其情。反將以寇讎
視君也。故曰不利爲寇。不知朋友之所以不悟實被陰柔者所蒙。彼陰柔者乃
眞寇也。君當擊而禦之。斯其事可理。故曰利禦寇。某氏謝而從之。

○明治二十七年冬至占二十八年我國與英國交際。筮得蒙之師。

爻辭曰上九擊蒙。不利爲寇利禦寇。

斷曰此卦山下有霿。朦朧不可遠望之象。故名此卦曰蒙。人得此卦爲彼我之
情不通。而不知所爲也。國家之交際。亦猶是耳。夫知識未明者謂之童蒙。此卦
各爻有教蒙之義。陽爻爲師。陰爻爲弟子。上爻陽而失中。持之過激。未免薄於
情義。甚至反招其怨。故謂之擊蒙。不利爲寇利禦寇。今得此卦以我國擬純良
之弟子以英國爲傲慢之師。當我國與清國交戰得勝。彼因之起妬忌之念。上
爻幸居無位之地。故不須勞心。即不以師視之。亦可惟敬而遠之。溫言寬容以
敦交誼。彼雖有干涉之舉。婉辭謝之不可結寇也。謂之不利爲寇利禦寇也。

水天需

需字。篆書作雲。古文作霝。本從天卂。即篆書天字。非而字。即下卦乾天。卂卦坎雲之象形也。大象曰雲上於天需是也。音須。從雨得聲。此字訓待者。義詳象傳下。

需有孚。光亨貞吉。利涉大川。

九五以陽陷陰中。待三陽之進。三陽亦欲進而未進。是以得同心之孚。雖在少時陰暗未消。而乾陽方升。自能光顯亨通。而安貞有吉也。險莫如大川。上下相孚。陽長陰衰。往而涉之。必有利。唯在需其時而已。坎乾兩卦。其中實。故曰孚。互卦離。為光。為舟。坎水為川。以乾健臨之。故利涉也。

象傳曰。需。須也。險在前也。剛健而不陷。其義不困窮

矣。需有孚。光亨貞吉位乎天位以正中也利涉大川。
往有功也。

此卦水氣蒸發爲雲。雲升于天則大雨之來可立待也故曰需又乾爲老父在
內坎爲中男在外倚閭之望待子歸來。又乾爲進。坎爲川欲進而遭大水必待
水退而進皆需之義也凡需之爲象不一而莫急於飲食內卦坎爲飲食而互
兌口。是以九五曰需於飲食象傳曰需君子以飲食宴樂。蓋萬物必需雨澤而
得生人則需飲食而養生。是需之義也。

通觀此卦初九從二陽之後。有進行之志。慮遇險而難爲未敢輕進。九二爲三
陽之主本可進行。但以坎險在前。恐進而有咎是以從容待時。即所謂君子居
易以俟命也。九三重剛而不中獨進而涉坎險以致釀災唯能敬愼倘可不敗。
六四位隣九五。雖能盡其忠誠而乏匡濟之才爲下三陽所疑未免受傷僅得
以身免而已。九五秉剛健中正之德以待天命是能盡需之道也。故曰吉上六。

當爻之終。險陷已極。無復可需。雖有非意之來。敬之終吉。乃知需之爲時。能含

忍守敬。皆可免禍需之時義大矣哉。

以此卦擬國家。下卦乾爲人民。挾剛健之才力。欲進而參與政事上卦坎爲政

府禁下卦人民之暴進示以法律。人民恐陷於危險而不敢進必待法綱稍寬。

斯可謀進矣。上卦政府知下民有待澤之意。憐其陷於困難布施雨澤以蘇民

生。或減其租稅。或謀其衣食。或開鑿荒田以資耕種。或賑發米粟以濟凶歉。故

繫辭曰需者飲食之道也。下卦之人民具健行之德。非不思進謀國是。因時運

未通。不得不隱居求志是上下共守需道。庶幾可得幸福謂之需有孚光亨貞

吉利涉大川也。

以此卦擬人事。內卦爲我具剛健才力以求進也。外卦爲彼設危險之策略以

阻我也。進則必陷於險。未可妄動。唯宜需時。或需彼之奸計敗露。或需我之氣

運亨通。斯進而謀事。方無險阻之患矣。然世人往往虛浮輕躁。不待時機而任

氣直前。未有不身陷禍患者也。此卦下卦爲乾。惟剛健而不陷。故其義不困窮

也。上卦爲坎。坎互卦爲艮。艮止也。故能止而不進。至九五之時。危險解釋得志

尤易。自可成就大事。需有孚。光亨貞吉。位乎天位。以正中也。利涉大川。往

有功也。凡易中曰光。日光大者。皆謂其光明正大。能奏成功也。六十四卦中曰

利涉大川者。凡七。需居其首。自古創造舟楫以濟涉川。然時或風濤凶惡。多以

不能忍耐致遭覆溺。需卦故首戒之。唯其能需。是以利涉大川也。諺曰愈行者

要迂回。此之謂也。大凡人之爲事。皆不當顧慮目前。與其速進而有悔。何如後

時而圖功。大而求功名以匡濟國政。小而謀財產以振興家業。無不當待時而

動也。故曰往有功也。

象曰。雲上於天需。君子以飲食宴樂。

坎雲在上。乾天在下。陰陽之氣未交。而不成雨。蓋雲在天上。雖有雨兆。或散而

復晴。猶之君子養其才德。雖欲出而濟世。而風雲未會。不得施其膏澤。若怨天

尤人。梯榮干進。是小人不知時命者之所爲也。所謂飲食者。非侈意醉飽之謂。

如孔子之飯蔬飲水。顏子之一簞一瓢是也。所謂宴樂者。非溺情逸豫之謂。如考槃之足以窮歌。衡門之可以棲遲是也。以其能素位而行。不願乎外。故曰飲食宴樂取諸需也。余謂我國商人以當地經營不合。出游外國。勞心勞力自謀衣食。及一旦報內地凶歉。在外洋販運米穀賑濟饑饉。藉以獲利者。亦需之道也

（占）問戰征需待也。雲在天上陰陽未交。未可戰也。乾為君子又為武人屬主帥言坎為酒。故曰飲食宴樂。蓋言行軍先備餱糧也。○問營商。玩爻辭想是販運糧食。或開設酒館之業也。曰雲上於天。是雲在上而雨未下。想是資本未集也。故曰需。○問功名。是風雲未際其會。尚有待也。○問疾病。宜以飲食調劑安樂自遣。遣久自愈。○問六甲。生男。

初九需于郊。利用恒。无咎。

象傳曰。需于郊。不犯難行也。利用恒。无咎。未失常也。

郊者偏鄙之地。坎者水也。險也。需于郊者。前途爲坎水所阻。必待川水減退。故

需又乾爲金。如旅客懷金。中途被水以致滯留者。以乾三爻。對外卦之坎。各以

所居遠近係辭曰郊曰沙曰泥取漸次近險之象。此爻去水最遠。不敢進而冒

險。故曰需于郊。所謂危邦不入。亂邦不居之義也。躬耕郊野。無求於世。歷久而

不改其節。故曰利用恒。恒不變動之義。用恒者。始終不變也。初九之患。相去尙

遠。然思患豫防。恒守其貞。可以免禍矣。故曰无咎。此爻體乾。乾者剛健。其道以

上行爲常。且以初九與六四正應。苟急其應。則必有冒險之虞。今僻處遠郊。以

待時機。是以象傳曰不犯難行也。

(占)問戰征爻曰需于郊。是必屯營于郊也。坎爲險。爲難。是必前進有險。故象不

犯難行也。初爲卦之始。知初次出軍。曰需。知宜久待恒。而後進。必无咎也。

○問功名卦屬初爻。知爲初出求名也。郊爲草莽之地。需于郊謂宜退居於野

也。恒久也。利用恒。謂宜久待而後可利見也。象曰不犯難行也。謂其不涉於難。

未失常也。謂其能守其恒。故无咎。○問營商。行商之道。以恒久爲利。需于郊。知

必前途有險。暫以貨物堆積于郊以待時而行也。象曰未失常也。知貨物无損

失也。○問疾病。郊者田野空曠之處。謂宜就野外幽居以養病也。无咎即病无

害之謂也。○問六甲生男。

（占例）友人左右田金作氏來告曰有一會社咸云利益甚多將謀入社請占前

途吉凶筮得需之井。

爻辭曰初九需于郊。利用恒无咎。

斷曰此卦內卦乾。乾純陽屬金。外卦坎。坎屬水。有去高就下之性。且坎爲險。謂

彼設危險之計。募株主之金。將使入者皆陷之於險。然能察彼社之舉動。審彼

社之虛實。待其險陷既平。而後入之。是需之作用也。象傳曰需須也。險在前也。

剛健而不陷也。初爻之辭曰需于郊。郊者郊外之地。幸去危險尚遠。足下不被

其所誘。不陷於奸策。持重不變。可謂能守其常也。至五月之後。該社必有禍難。

斯投機者皆退。株券亦當下落。此時買株券而入社。其後此社運必當盛大。爻

象如此是宜暫待時機也。後果如所占。

九二。需于沙。小有言終吉。

象傳曰需于沙衍在中也雖小有言以吉終也。

沙者近水之地。比九三之泥尚遠。比初爻之郊近矣。小有言者。謂有言論之爭。

凡易之辭。患難之小者曰小有言。二爻進初九一等漸近於險。有需于沙之象。

雖有剛陽之才。足以濟險以上無君長之應。中無同僚之助。唯居柔守中。寬裕

自處。是需之善也。然以去險漸近。雖未至大害已有小言矣。故曰小有言。互卦

爲兌。兌者口也。悅言之象。坎者舌也。怒言之象。謂彼出怒言。而我能和解之故

曰終吉。衍寬綽也。謂胸中寬衍。又能忍耐。終得濟焉。故象傳曰需于沙衍在中

也。雖小有言以吉終也。凡爻辭變而之成曰終。爲原始以要終。終吉者前凶而

後吉也此爻變則爲既濟。其爻辭曰婦喪其茀。勿逐七日得。亦可以見終吉之

義也。

(占)問戰征坎爲隱伏。玩爻象。謂宜伏兵於沙漠之地。或因間諜致誤小有挫折。

一四八

終必吉也。○問營商。二爻辰在寅。上值天江四星。石氏云天江明動。大水不具。

津梁不通。因之貨物不能通運。故需于沙。沙水岸也。雖小有口舌。無害商業。故

終吉。○問時運。沙從水。水從少。是少有水之處。不能通舟楫也。需于沙。猶言時運

之不通也。二爻辰在寅。又上值箕。詩緯云箕爲天口。主出氣。小有言。是讒言也。

然需以待之。故終吉。○問六甲。生男。

（占例）友人永井泰次郎氏貸與金於北海道商人某。踰期未返。發信督促未得

回報。因欲自赴彼地。請占一卦。筮得需之既濟。

爻辭曰。九二需于沙。小有言終吉。

斷曰需者坐而待時之卦也。不宜自進而赴彼地。於象曰有孚見之。知彼非故

意延緩。因商業上有意外紛紜爲之奔走不遑也。謂之小有言。今後四月即至

第五爻之時。彼必可返還其金。謂之終吉。永井氏守此占。而不行後至四月果

如所占。

九三需于泥。致寇至。

象傳曰。需于泥。災在外也。自我致寇。敬愼不敗也。

泥者。水際濕土。即水際之地也。寇者。坎之象。災之大也。初九之郊險尙遠。九二

之沙險漸近。九三之泥身已接險禍在目前。此爻居乾卦之極過剛而不中。故

當險難在前不復介意恃見剛強見上位之應我不辨時機不察事情。一意妄

進。將以救在前之險。故非坎險來迫人人自進而逼險譬如水不溺人人自冒

險狎水以致其溺。故曰致寇也。然當此時能操謹思持重之心。戒輕擧妄動之

失及早悔悟猶得免於災矣。象傳曰。災在外也者。坎險在外卦之義又外者謂

意外之事也。我欲救彼而却爲彼所害。九三之意外也。且非災之來害我自我

去招致其災。故曰自我致寇。若能敬愼自持量宜而進。雖坎險圍繞亦不能如

我何。我自得以不敗。故曰敬愼不敗也。凡爭名者毀爭利者奪是皆非寇之罪。

自招之孽也。此爻變則爲節其辭曰不節若則嗟若无咎可以見敬愼之義矣。

又如九三六四雖陰陽相比不相爲助而却相爲害易中此類之比謂之害比。

(占)問戰征九三居內卦之終逼近外卦坎爲寇亦爲災故曰災在外也有敵來

寇者。謂寇至。有我自去招敵者。謂致寇至。然必謹愼自持先立於不敗之地。雖

自我致寇。不敗也。○問營商。泥拘泥也。行商之業。宜流動。不宜拘泥。若拘泥不

化。內有疑忌遂致外生變端慢藏誨盜即以致寇也。可不謹愼哉。○問功名爻

曰需於泥。泥水際污泥也。需於此則必將下流而難期上達矣。其不敗也亦僅

免焉。○問婚姻。易以寇與婚媾並言謂寇則必非婚媾。是怨耦也。需于泥不進

之象。于婚事則必不成。○問六甲。生男。

（占例）佃島在監之時。占西村三瀬及余三人之身事。

余之謫佃島也。與同囚西村勝藏。三瀬周藏最親密。一日二人爲所驅使事繁議

大難事須相與計畫之。余問故曰昔役所有大會議。吾二人爲所驅使事繁議

長入夜漸散。因竊叩所議何事。或曰獄官等議謂方今菜油價低。菜種價貴購

貴價菜種製低價菜油。徒勞役徒反遭損失。今後廢製油之業。用此役徒從事

于橫須賀船渠之造築。役徒中有嘉右衛門者。長於指揮。委以指揮之任勝藏

者。長於計算。委以計算之任周三者。善醫。使以診視役徒之病。亦今日之島覺

増補高島易斷

也。且熟見此三人皆有一癖。非可以尋常視之。他日放免。恐生他事。再罹刑獄。

使渠等罪上累罪。是亦可憫。不如長拘留馳使工事。免生他禍。是亦仁術也。會

議如此。蓋獄官等爲此議者。凡幕府之例規。官所收入以其半額稱役得吏員

取之。半額貯蓄之。此事若行吾三人之災害非淺。予請筮之。乃先爲勝藏占之。

遇需之節。

斷曰。需須也。坎險在前乾健臨之。將涉水而不輕進之卦也。辭曰需于泥致寇

至。九三居內卦之終。最近外卦之坎險。可謂危地也。象傳解之曰災在外也。按

此災非橫須賀之事日在外者必別致之者。吾子有遠慮。非犯法而脫役亦必

不復犯他罪者。然則吾子之災其或病乎。若有罹病吾子須自愛。象傳曰自我

致寇敬愼不敗也。

次占周三遇鼎之旅。

斷曰吉也。爻辭曰鼎有實。我仇有疾。不我能即。吉鼎者。重器而不可容易動者

也。況其中有實乎。且風變而爲山。山者止而不遷者也。可知其身依然不動。又

欲動我者。即我仇也。今日我仇有疾。不我能即。有疾者。無力。其不能動我。我可知

也。橫須賀之事。不足憂也。

終乃占余遇艮之漸。

爻辭曰艮其輔言有序。悔亡。余惑之。熟考者久之。既而乃得其悟曰輔者。口煩

也。民其輔者。不妄言也。其下曰言有序。悔亡。余他日必有得言語之秩序。爲在

上者所賞識。可得免罪也。

斷雖如是。當時尚不知後日應驗如何。後勝藏果罷脚疾。殆陷危篤。得周正

敬愼看護。而癒周三。由當任吏員免職。橫須賀之事。遂廢。皆得赦免。余爲占

吏員和田十一郎氏身事以事能中理許期半而赦。

○明治二十七年。五月朝鮮國東學黨亂起。我國與清國有天津條約。同爲保

護朝鮮。六月六日。我國派軍前往。至二十三日。朝鮮兵與我兵爭鬪。其事專依

清國政府之命。由袁世凱之敎唆云。於是有與清國開戰之兆。筮得需之節。

象辭曰需有孚。光亨。貞吉利涉大川。

象傳曰需須也險在前也剛健而不陷其義不困窮矣需有孚光亨位乎天位。

以正中也利涉大川往有功也。

爻辭曰九三需于泥致寇至。

象傳曰需于泥災在外也自我致寇敬愼不敗也。

斷曰此卦有水在天上之象黑雲在天勢將降雨待時而舉必能奏功也以內卦爲我乘陽健而將進外卦爲清國設坎險而陷我唯我剛健不陷故不至困窮待五爻之時可以進師謂之需有孚光亨貞吉位于天位以正中也天位指九五之時利涉大川者謂之海軍必能獲利往有功也者謂陸軍必得成功蓋此卦五爻六爻陰陽各得其位謂得天時之象三爻以陽就陰四爻以陰後陽謂得人和之象唯二爻陽在陰位於地利大有所缺今占得三爻是本年六月已將向危險之地謂之需于泥傳曰自我致寇敬愼不敗也需于泥者謂進退不得如意自我進攻也四爻當七月辭曰需于血出自穴此爻居三與五之間有火謂穴出火而見血當豫防地雷按凡四十日間須擇屯營要

地使敵不能襲我八月上旬待五爻之氣運一舉可以奏大功也。

反是而觀此卦於清國氣運將轉入需之下卦爲訟如左。

象辭曰訟有孚窒惕中吉終凶利見大人不利涉大川

象傳曰訟上剛下險險而健訟有孚窒惕中吉剛來而得中也終凶訟不可

成也利見大人尚中正也不利涉大川入于淵也。

此卦上卦天爲日本下卦水爲清國天者清氣上騰水者濁流陷下以卦象見

之天者剛健而威力圓滿無所虧缺水者陷下而危險困難其勢已極然困而

思奮欲藉公言而爭是是以得占訟卦也清國遭此逆運計謀籌策悉齟齬不

達謂之訟有孚窒天運如此故曰惕中吉中者謂安於困難不起希望若不自

知逆運而猶強費策畫則困難愈重必蒙非常之大難也故曰終凶且訟之時。

非成事之時故曰訟不可成也但至五爻之時從大人之意而處事則可故曰

利見大人又於此卦用海軍則大敗有軍艦覆沒之患故曰不利涉大川入于

淵也。

呈此占於本大營某貴顯是月二十八日國民新聞及報知新聞皆揭載之。

我國得需之盛運凡四十日後陸軍勝牙山及成歡之役海軍於豐島及黃海。

得大捷清國遭訟之逆運陸軍大敗牙山及平壤軍艦至沈沒入淵之辭爲不

虛也就占後四十日計之恰於三十九日得大勝也又此戰終局需之上六有

不速之客三人來敬之終吉後果露英米三國公使來議和敬而容納則終吉

也。

呈此占於大本營六月廿九日國民新聞揭載之

六四需于血出自穴。

象傳曰需于血順以聽也。

坎陰爲血之象坎陰爲穴之象此爻與上六同穴者以體坎也血者殺傷之地。

穴者險陷之所此爻入坎險殺傷之地爲寇所傷故曰需于血需于血者承前

爻致寇而言也蓋六四重陰才弱居坎險之初以一陰柔之資爲三陽所迫臨

大難之衝。唯能順以從時。不競於險難。雖受小傷。不至大凶。終得出險。六四。上

比九五爲九五所救。出九死而得一生。故曰出自穴。猶孔子解匡人之圍。文王

脫羑里之難也。夫雲出于地升于天。無不由穴。故有出自穴之義。且此爻居外

卦之始。又有出之象。變則爲夫有決出之義。象傳順以聽也者。謂能順從九五

之訓誨也。坎爲耳有聽之象。

（占）問戰征。四爲坎之始。坎爲血卦。需於血。是戰之受其傷也。出自穴。是雖傷而

猶能出於險也。其所以出險者。蓋不在強爭。而在順聽也。順斯免害矣。○問家

宅曰需血。曰出穴。有出幽谷遷喬木之象。順者家道順也。吉。○問營商玩爻辭。

想必是採取鑛產也。出自穴。斯得利矣。○問功名。所謂嘔盡心血方得出人頭

地。故有需血出穴之象。○問疾病。想是嘔血之症。必須調養氣血。使陰陽和順。

自可出險得生。○問六甲。生男雖小有險難。終獲安產。

（占例）明治十九年。知友英國人工學博士某來告曰。余有一女。爲法國公使館

書記官某氏之妻。今將分娩。適遭難產。命迫旦夕。願一筮而卜吉凶。筮得需之

夫。

爻辭曰。六四需于血。出自穴。

斷曰需者待也。萬事以待爲義。今臨難產。唯待其分娩之速也。爻辭曰。需。是不能速產也。九五尚有可待。至上六無可復待矣。知此易理以應其事變當別求施治之策而已。以全卦象產婦之姙體。九三居陰門之位。陽爻變陰。即得安產之意。今筮得六四之陰。以陰柔而處於險顯。見難產之象。且四爻位屬腹部有截開母腹之象。何者爻辭需于血之血。非產血乃鮮血也。出自穴之穴。非陰門。乃截開之穴。宜延外科。別施妙術。若夫儻倖九五之酒食。因循姑息以延待分娩之期。恐至上爻入于穴之時。母子俱難保矣。爻象如此。宜速施應急之術以圖姙婦之安全也。某氏聞此占斷大喜速告醫師截開腹部而產。其子雖死其母幸得生全。

九五。需于酒食。貞吉。

象傳曰。酒食貞吉以中正也。

五爻陽剛而居尊位。居中得正。克盡其道。以此而需。何需不獲。纂言曰。萬物需雨澤。人需飲食。天下需涵養。需之時義大矣哉。飲食者。人各需以養生。唯人君不需自養。而需飲食以養天下。斯休養生息。使天下之民人人樂其樂。利其利咸饔飱於深仁厚澤之中。故曰貞吉。然或狃於豆區釜鍾之小惠。逸樂自耽。不知警戒則隳其成業者。往往有之。是謂失其中正也。象傳曰。酒食貞吉以中正也。戒之深矣。且九五君德。尚在險中。需人共濟。初爻樂躬耕以求志。二爻惕人言而復退。三爻守敬慎以免災。至四爻則出穴而進也。上爻則不速而來也。五爻數來時可。眾賢並進。斯時人君適館授餐禮隆養賢。賢才亦各効才能以匡濟天下。敎稼明農。畫井授田。首為民生謀衣食之源。不復使天下有一夫凍餒。即遭荒凶。亦必蠲賑周濟。倍切人飢已飢之憂。是王道之久而成化者其即在需之道乎。象傳曰。需有孚。光亨貞吉位于天位以正中也。此之謂也。此爻變則

爲泰天下泰否之象也。

(占)問戰征爻辭曰需于酒食。是得勝旋師。有犒賞策勳之象。故曰貞吉。○問功

名是爲鹿鳴宴樂之時也吉。○問營商五互離辰在午上值柳附星有酒旗有

外廚。主宴享飲食。知必是酒館糧食等業。又坎爲入爲納知其商業必輸入有

餘也故貞吉。○問婚嫁需四爻爲泰泰六五曰帝乙歸妹以祉元吉又九三曰

于食有福此即需于酒食之義也。有福故貞吉象曰以中正也是謂得婚嫁之

正也。○問六甲生男得子必置酒設席古今皆然故爻曰需于酒食

(占例)某氏來自某縣曰今欲謁某貴顯有所懇請請占貴顯之待遇如何筮得

需之泰

爻辭曰九五需于酒食貞吉。

斷曰需者。須也待也。凡疎遠未晤者偶然相會必多歡樂卦象如是。由是觀之。

足下訪貴顯貴顯必悅而迎之。加意厚待淹留京中。屢得招待饗宴。共話舊事。

可受敬愛也。故曰需于酒食。貞吉。

其後某氏來謝曰依君之占筮往訪貴顯甚爲厚遇且得達志願神易妙機甚
靈。

上六。入于穴。有不速之客。三人來。敬之終吉。

象傳曰。不速之客來。敬之終吉。雖不當位。未大失也。

上與四共坎陰有穴之象上爻居外卦之終出而無可行故曰入于穴有不速
之客三人來者。謂內卦三陽不招而皆來也唯柔順不拒絕無媚嫉急競之心。
一以敬禮相待彼三陽雖剛斷無爭奪之意故曰敬之終吉敬之二字暗含前
爻酒食之意終吉之義與九二同上六陰而居險无復可需然能敬而下賢是
無失也。故象辭曰雖不當位未大失也。

按位者六爻六位當者謂得正位位不當者謂不得正位也。是易之通例也。
然其中亦有差別象傳曰位者多指九五之君位又象傳中爲生卦法而說位
者六爻之正位也小畜同人大有噬嗑家人歸妹漸渙既濟皆是也又象傳中

說位亦有數義說六爻之正不正者履之六三否之六三噬嗑之六

三晉之九四蹇之六四解之九四震之六三豐之九四旅之九四兌之六三中

孚之九四小過之九四未濟之六三皆是也於三四兩爻說之者蓋二五之位

雖不正有剛中柔中之義又以初上爲無位之地不主說位當者吉位不當

者凶然又有以位不當之爲吉者大壯六五之傳萃九四之傳是也又有以位

正當爲不吉者履九五之傳兌九五之傳是也又於九五有以位

巽節之傳是也又有係不當位之辭者需上六之傳噬嗑之象傳困九四之傳

是也蓋不當位與位不當其義稍異不當位者本非正不正之謂也故需之上

六以陰居陰雖得正者尚有不當位之稱位者謂五之君位也故需之上六及

困之九四共於君位比近之爻說之义按此卦中曰難曰敗曰寇曰血曰穴曰

陷曰有言曰孚曰入曰酒曰食曰宴曰樂曰郊曰沙曰衍曰聽皆坎之象可知

聖人觀象自有妙用也一說不速謂非不召而來也需待也謂需緩之意觀初

二三四諸爻曰于郊曰于泥曰于沙曰出穴皆漸漸而進不速而來謂其遲緩

而來也。三人者。即乾卦三陽。此說亦通。

（占）問戰征。需三之六爲旣濟。旣濟九三曰。高宗伐鬼方。三年克之。有戰征之義。上爲坎之終。穴謂坎險。入于穴。謂憑險以自守也。三人者。謂內卦三陽。不速者。自來也。謂有敵兵三面來圍。旣入險地。不宜再戰。宜以禮貌相接以和解之。故曰敬之終吉。○問營商。坎勞卦。萬物之所歸也。故曰入于穴。穴窖也。謂貯藏貨物之地。三人來者。買客也。敬禮以接之。是得價則售。故終吉也。然坎爲水。穴不宜藏貨。幸而客來即售。故曰雖不當位。未大失也。○問家宅。此屋必幽暗潮濕。幸有三面陽光來照。故曰吉。○問婚姻。需六變小畜。小畜上九曰。婦貞厲。稱婦謂已嫁之女。故曰不當位。以其貞厲。故終吉。入于穴。有生同室死同穴之義。三人來者。媒人也。○問疾病。日入穴凶象也。曰終吉。終而後吉。於病亦凶。○問六甲。生男。日終吉。必少男乃吉。

（占例）明治二十二年十二月。友人神保長兵衛之妻。罹胃癌而臥。請余占其生死。筮得需之小畜。

爻辭曰上六入于穴有不速之客三人來敬之終吉。

斷曰需者待之意又爲游魂之卦游魂者即人之魂魄離其體而出遊之謂也。

是天命既絕然需緩有待暫時猶可保餘命也。

此占以上爻居全卦之終無所可往往則復也故病不愈而死魂魄復其本也。

爻辭入于穴者埋葬之兆有不速之客三人來者謂僧之來而送葬也敬之終

吉者謂安心堅固得成佛也此卦雖亢來非歸魂之卦由爻辭而知其必死也」

後不日果沒

○中野梧一氏向住大阪。余之所知偶新聞紙報其自殺衆說紛紛余驚其事

之意外以爲斯人之俊才何至窮迫如斯若生前聞之偷代爲處置今無如之

何也亦可惜矣適友人來談又及此事訝其致死之由未明友人請余筮一卦。

筮得需之小畜

爻辭曰上六入于穴有不速之客三人來敬之終吉。

斷曰中野氏從事于商業。商業中所謂入于穴者其礦山採掘之事乎。有不速

之客三人來者以事業不如心願得失不相償資金之負債迫其償期屢受財

主苛督無策可出遂忍心而自滅也坎爲加憂爲心病互卦巽爲風是瘋癲病

之象也又此卦爲遊魂之卦是神魂不定也其後傳聞事實果如此占。

○一日友人伊東貞雄氏來告曰余小兒自幼爲京都吳服商某之幹人近來

久絕消息余甚憂之幸請一筮筮得需之小畜。

斷曰需者待也內卦乾爲老父待外卦坎中男消息之象今得上爻其辭曰入

于穴想必令郎與同僚三人流連花柳之巷耽女色也然此爻變則爲巽巽爲

風爲入是本月之末可必與同僚歸宅也果如此占。

爻神之驗隨時隨變不可拘執如此卦入于穴一語皆當活用方見靈變讀

者宜玩味之他各爻亦皆如此例爻辭得豕字小爲鼴鼠大爲象就其形而

活用之類是也考易象者不可不知此義也。

○明治三十一年占陸軍之氣運筮得需之小畜。

爻辭曰上六入于穴有不速之客三人來敬之終吉。

斷曰。需者險在前故有待時而進之象。是以曰需。我國與清國戰勝之後。爲三

國同盟。我雖還付遼東憾兵備之不足。將擴張軍備。充實國防。在歐洲各邦贊

我進步之速。而益知將來之可畏嘗遣海陸軍參謀屢來覘我兵備故內則要

整頓兵備外則禮遇來賓使邦交益密。不啓猜疑謂之有不速之客三人來。敬

之終吉也。

天水訟

訟字從言。從公。說文曰。爭也。六書通曰。爭曲直于官有司也。蓋坎爲言。爲平。乾爲公。爲決。爲爭。爲直。故取乾剛坎險之義。名此卦曰訟也。

訟有孚窒惕中吉終凶利見大人不利涉大川。

象曰訟上剛下險。險而健。訟。訟有孚窒惕中吉剛來而得中也。終凶。訟不可成也。利見大人。尙中正也。不利涉大川。入于淵也。

此卦上卦爲天。氣清有上升之性。下卦爲水流動有下降之性。一升一降各自爲行而不相得。則有所爭而至於分辨也。故占人事而得此卦則彼上我下。彼我互異互不相容遂各上言於公以求分別。是訟之卦名所由起也。蓋上卦伏

坎險之性下卦挾剛健之行其心既忍於害物其力又足以遂奸謂之上剛而
下險。險而健訟。且上位得占樂地。下位陷于困難。居困者必致勢窮力竭。既羞
且怒不得已而反唇相爭。爭之不已不得不訴之于官此訟之所由來也。故曰
訟有孚窒有孚者必其中有可信之實无其實即是虛妄然在我有孚之實。
而爲彼所窒塞則可信者不能自伸是以有訟至既訟矣雖有可信之實亦當
惕厲恐懼得伸而止尙可獲吉也若健訟不已終極其事則必凶也。故曰惕中
吉終凶訟有原告被告兩造有實者直也。充實者曲也當訟之時直者固直即
曲者亦必飾曲爲直且用巧辯護士爲之架辯以飾其非據律以辨其誣。
聽訟者一不明察。必致墮其計中而曲直每多顚倒甚或曲者行賄聽者受賄。
勢必以曲爲直則直者受寃難伸是不利也。故曰利見大人。大人者剛健中正。
居九五之尊位者也。剛而能察。健而能決中則無偏正則無私。故能是非立判。
曲直無枉也。蓋利者即陷於險危之地。如涉大川而遇風波訟
爲口舌之風波。故訟亦曰涉象傳曰不利涉大川入於淵也。其戒之深矣。訟之

為事大則為戰鬪故訟繼之以師。一以口舌爭。一以干戈爭。皆危事也。凶象也。

故以惕為吉以終為凶。玩易者宜知所懼焉。

通觀此卦初爻以柔弱居下。不永其事雖小有言終得吉也。故曰訟不可長二

爻剛健將訟者也。與五爻相應以卑訟尊勢不能敵知其不克歸而逋竄尚无

眚也三爻以柔從剛能安分守貞處危知懼故初之不永三之從上皆終吉也

四爻與初爻對訟初以不永所事四亦復而即命故不克必將斂其欲訟之心。

以守其安貞之道。斯无不吉矣。五爻明主當陽用其中正以斷枉直辟以止辟。

刑期無刑在斯時乎吉莫大焉上九。訟之終也。即使善訟能勝得邀命服之榮。

然悖得悖失其能久保乎至終朝而三褫之。故象傳曰以訟受服。亦不足敬也。

讀初二三四爻辭惕之吉可徵讀五爻之辭見大人之利可徵讀上九之爻辭。

所謂終訟之凶與涉川之不利又足徵也。訟者能幡然而悔惕然而省斯有吉

而无凶矣。蓋惟上有元吉之君初六之訟可無以永。九二九四之訟不以克六

三可食舊而守貞。終訟如上九者雖勝終敗是使民無訟者權在君上訟之占

大象曰天與水違行。訟。君子以作事謀始。

盡此矣。

上卦爲乾。天陽上行。下卦爲坎。水性就下。上下異其性。各進反對之方向。在八
卦中剛健充實者。無如乾。艱難憂苦者。無如坎。其行相背。是相違也。相違必至
相爭訟之所由起也。君子見於此象。察其爲爭爲訟之因。在事物之行相違。彼
我之情相背相違相背不在於成訟之後而在於作事之始。故曰作事謀始言
交朋友者愼之於相知之始。結條約者審之於立劵之始。蓋作事必愼於先圖
斯不遺後患必精其知慮。斯不啓禍端。如此則訟自無也。孔子曰聽訟我猶人
也。必也使無訟乎。是知使訟之無者。全在聽訟者之默移潛化也。九五曰訟元
吉其庶幾乎。

(占)問戰征天乾也。乾爲剛武。水坎也。坎爲寇盜。故主訟事。亦主軍事。兩軍相違。
以致相戰。而其所以相違者。則在未戰之始。故曰君子作事謀始。即孔子愼戰

之旨也。○問營商訟卦內互離。離為資斧。外互巽。巽為商有營商之義為。營商

之道相合則成。相違則敗。且乾為始。坎為謀。故曰作事謀始。善其始。乃可圖其

終。斯商業得久大矣。吉。○問功名。乾健也。坎險也。是乾欲進而陷於坎險。此功

名之所以難也。○問婚姻。婚姻者合兩姓之好而成。有相合无相違也。男有家。

女有室。為人倫之始。故君子必逑淑女。是謀始之道也。○問疾病。病之始起必

由陰陽不和。不和則行違。行違即成疾。治之者宜先愼夫始。○問六甲。生男。○

問失物。此物在高處。墮落水中。不可復得。恐大有口舌之爭。

初六。不永所事。小有言。終吉。

象傳曰。不永所事。訟不可長也。雖小有言。其辨明也。

事即訟也。以其事之小。故不曰訟而曰事有言者。即訴訟之言小者。與需之九

二。小言之小同。謂言論之傷災之小者也。此爻陰而居下。其身微賤而無訴訟

之勢。其性柔闇而乏辯論之才。且畏上怖官。雖內實吞恨。不能遂訟而止。以其

增補高島易斷

力弱却不至凶終得吉也初六事之始爭訟未深止之亦易故曰不永所事雖

有小傷以不遂訟得吉謂之小有言終吉此爻變則為兌兌者悅也不永所事

變而有悅也此卦六爻中惟九五剛健中正為聽訟之君餘五爻皆訟者也其

中九二九四上九三陽才遇而志強貪必勝而遂訟者也故直指其辭曰訟初

六六三二陰柔弱無才雖一日起訟不遂其終者也故初六曰事六三曰舊德

竝不指其為訟此可知易爻扶陰抑陽之義矣又象辭曰終凶此爻曰終吉同

一終字顯分吉凶之異象為訟者言之訟者言也訟本凶事既得辨明可

止即止若永訟不已仇怨日深必至貽累身家故象傳曰訟不可長也又曰其

辨明也蓋以初六之訟不為訟先是被告也且不為九二所籠絡雖為六三所

疑小有言語之傷以上有九四之應乃得辨明故得不永所事也

（占）問戰征訟者兩人相爭戰者兩國相爭故終訟與窮兵皆凶事也爻曰不永

所事是謂一戰而勝不復顯武益見聖人不得已而用兵也非好戰也○問疾

病初爻者初病也不永所事謂不久即愈也故曰吉久病則凶○問功名初爻

居卦之始。是初出而求名也。不永所事。謂不久困於人下也。故曰終吉。○問營

商爻曰不永所事。小有言。謂商家販售貨物。宜即售脫。或賣買小有爭論亦無

大碍。故曰終吉。

（占例）友人某來告曰。僕意欲求仕。向託某局長引援某局長者。與僕有舊好。且

必爲僕盡力。請試占其成否。筮得訟之履。

爻辭曰初六不永所事。小有言。終吉、

斷曰此卦天氣上升者屬彼。水性下降者爲我。彼我心思兩不相合取象曰訟。

我雖有孚實之誠。彼則絕不相顧也。事必難就宜作變計謂之不永所事在足

下未免心有不平。稍出怨言轉而他求却可望成也。謂之小有言。終吉後果如

此占。

九二不克訟。歸而逋其邑人三百戶。无眚。

象傳曰不克訟。歸而逋。竄也。自下訟上。患至掇也。

不克訟者。不遂訟而止也。歸而逋者以歸竄而避者。災也。自為孽曰眚。

九二自外來以剛處險為訟之主與五為敵五居尊位自知不克歸而逋避故

曰不克訟歸而逋其邑人者附訟者也主訟既逋附訟者皆得免災故曰其邑

人三百戶**无眚**虞氏曰坎為隱伏有逋竄之象李氏曰乾為百坤為戶下卦三

爻。故曰三百戶。二變而之正則坎化為坤。故曰无眚是象辭所謂中吉也若歸

逋而據強地雖不克訟尚有相抗之勢至三百戶邑之小者也下既悔罪上亦

免窮象傳曰歸而逋竄也按竄字從竄陰柔之物也竄之義曰入穴可知必竄

入陰柔以求免也項氏曰一家好訟則百家被災今起訟者既逋餘黨亦無連

坐之患矣象傳曰自下訟上患至掇也以二訟五五居尊位故謂之以下訟上。

掇自取也言下訟上勢既不敵禍患之至猶自取之耳一說掇作惙即詩憂心

惙惙之意言下與上訟深為可憂坎為加憂與爻辭惕中吉惕字意同此說亦

通凡爻曰不克者皆就陽居陰位者而言以陽訟陰故不克如此爻示人當見

機而止退而避禍雖非君子所為處獨世亦足以保身并可為邑人免患也此

爻內卦變則爲坤坤順也有柔順而止訟之義。

（占）問戰征二應在五五在尊位大國也二勢弱自知不克坎爲隱伏故歸而逋也三百戶小邑二既歸逋五亦罷戰故三百戶得以无眚。○問營商九二爻辰在寅上值尾箕斗附星天弁主列肆開闤有營商之象二變爲否否敗也故曰不克。有耗敗之象外互巽巽爲歸故曰歸逋三百小數也故曰无眚。○問疾病。玩爻象是必在外得病宜速歸家調治病人既歸病氣不致傳染。故曰邑人无眚。○問功名爻曰不克是一時不克成名也退歸隱居亦無害也。○問婚嫁二五相敵尊卑不相偶宜罷婚无眚。○問六甲生男恐不擧。

（占例）友人北澤正誠氏信州松代藩士維新之際奔走國事與當時名士相交。氏精坤輿之學尤長漢學後任外務省某官居數年轉任華族女學校幹事一日來告曰予頃因事故罷職頗不滿意欲與長官辨白其事請煩一筮筮得訟之否。

爻辭曰九二不克訟歸而逋其邑人三百戶无眚。

増補高島易斷

斷曰此卦上卦乾氣上升下卦坎水下降是反對之象主彼我情意不通也不

問事之曲直論之當否訟必不克也唯宜靜以處身不然不特自身有災恐禍

及他人也足下幡然中止無復口舌相爭退藏於密斯無害矣謂之不克訟歸

而逋其邑人三百戶无眚也余爲之細繹爻象曰三百戶小邑也邑之小者稱

嚴邑又象傳曰歸而逋竄按竄字从穴穴嚴穴也且卦秉乾陽必非凡民意其

爲島民之長乎北澤氏首肯而去未幾北澤氏果有任伊豆島司之命。

六三。食舊德貞厲。終吉。或從王事无成。

象傳曰。食舊德。從上吉也。

舊昔也德善也食舊德者猶曰食舊業也此爻以陰居陽志强而才微從九二

而起訟九二以不克而歸逋六三亦歸舊居而食舊業守分安常不敢復與競

爭也貞固守也厲危也謂雖處危地能知危懼而貞固自守終必獲吉也或從

王事者上九爲此爻正應或將與之共從王事然上九終朝三褫是无成也謂

以陰柔不中而无功也。或從王事一語。與坤三同。坤以地道。故代而有終。此以

訟故不言有終。即訟不可成之意。此爻以柔從剛以下從上。有功而不自居。故

能不失舊德矞有退讓之心。無忿爭之念。憂危惕厲。自知才力柔弱。一唯從上

所爲。即有成功不敢自居。故无成而終得吉也。此爻內卦變則爲巽。巽者順也。

即從上之象。夫訟凶事也。觀初三兩爻以柔不克訟者曰終吉。可知剛而好訟

者必凶也。

（占）問戰征。六三居坎之終。逼近乾位。所謂陰陽相薄戰乎乾也。坎本爲乾再索

之男。乾爲舊爲德。食舊德是子食父遺祿。安常守分。保其舊業。無事爭戰也。故

吉。若欲與動王師。坎爲破爲災。必无成功也。故曰无成。○問營商。曰食舊德。

知其商業爲先世遺產。謹愼固守。終得吉也。○問功名。宜繼守先人舊業。或欲

出而求仕。必无成也。○問疾病。須仍服前醫方劑爲吉。○問家宅。宜守居舊宅。

不須別建新居。恐无成也。○問六甲。生男。此子長成。亦以繼承父業爲吉。

（占例）友人某來告曰。僕向奉仕某局。黽勉職務。不獲長官之意。同僚中皆有昇

級僕獨屈而不伸不堪慚愧因欲謀轉他官既懇請於某長官請筮一卦以占

成否並卜日後氣運筮得訟之姤。

爻辭曰六三食舊德貞厲終吉。或從王事无成。

斷曰占得此卦顯見運氣否窒一時難期如願唯宜順時安分以俟時運所謂

食舊德者明明言當仍安舊業不必謀轉他任堅貞固守終必獲吉。或從王事

无成或疑詞謂即或改謀別事雖懇懇請訟難成功也。

九四不克訟_復即命。渝安貞吉。

象傳曰復即命。渝安貞不失也。

四爻承五履三而應初。初既不永所事。四雖剛健欲訟。无與對敵。亦即得中止。

且所謂不克訟者與二爻同然二爻以勢不敵而歸逋。四爻以理不足而自反。

復者返也。即命者正理也。渝者變也。貞者正也。祛其剛念好訟之心以

復改過遷善之念一就定命變不安貞為安貞。故曰渝安貞吉此爻以陽居陰。

在乾之初有潛龍勿用之義外卦變則為巽說卦傳曰巽為不果有躊躇之象。

象傳曰不失也者謂能量終始之勢復就正理雖訟猶不失君子之道也。

（占）問戰征。四與初為敵。初既不永所事。四亦克。無可克。故曰不克。乾為君。命君

命也凱旋而復命於君。戰危事也。變危而安故吉。○問營商玩爻象知其商業

必與初爻合辦。初既不永所事。四亦復而即命。復命猶言罷事也。故吉。○問婚

姻內卦坎為女家。外卦乾為男家。坎初曰不永所事。乾四亦復而即命是變計

改婚也象曰不失也謂不失其道也。○問疾病至致不克。是凶象也。復謂重生

也坎為疾為炎。乾為生為慶。復命即復乾也。變而得安故吉。○問六甲生男。

（占例）友人某商店甲幹也。一日來告曰余自主人開店之始拮据勉勵以興主

人之家產近來主人因世運變遷改其面目別興新事業。又雇聘學士等給之

以過分之金。某則依然甲幹而已。其給料亦不及學士等。某屈居人下。不堪遭

憾意欲向主人訴此情實。冀達平素之志願。若不見許。余請以此數年來之勤

勞求相當之恩給。欲獨立而營商業。請筮一卦以卜成否。筮得訟之渙。

爻辭曰九四不克訟復即命安貞吉。

斷曰此卦上卦強健爲主人下卦困難爲足下足下雖欲陳述苦情恐未許

可宜依舊從事百般忍耐爻辭所謂不克訟者言足下即向主人陳說必不伸

理所謂復命者勸足下返而自審安命守常所謂渝安貞者勸足下變其不安

貞而爲安貞則得吉也細繹爻辭是明明教足下無復多言安常俟命他日主

人自有優待必獲吉也

九五。訟。元吉。

象傳曰。訟。元吉。以中正也。

此爻爲一卦之主五居尊位中正剛健能聽天下之訟辨是非析曲直象辭所

謂大人也訟者得此吉莫大焉自來無訟固匪易期而聽訟亦難其人聽訟而

不剛則威輕而民不服聽訟而不中則意見多偏而訟必多枉聽訟而不正則

性情固執而斷不當理今五爻具剛健中正之德居乾之中乾健也變體爲離

離明也。健以致決明以察幾聽訟之能事盡矣。爻辭曰訟元吉。象傳曰訟元吉。

以中正也。元吉者吉之盡善者也。

此卦初爻不永訟。六三不訟。九二九四不克訟。九五以元吉化訟。是此卦雖名

曰訟意在化訟。實即使無訟之聖訓也。

（占）問戰征五居尊位是主戰之大君也。師出有名得其中正是王者之師無敵

於天下者也。故曰元吉。○問商業乾爲利坎爲平商業固在謀利亦要公平正

直斯不致於爭奪商業乃得其正矣。故吉。○問功名訟字從言從公五爲主爻。

求名者蓋以言而求主公之知也。元謂三元。是功名之魁首也。吉莫大焉。○問

婚姻五爲卦主與五結姻是以賤從貴以貧從富也。故曰元吉。○問六甲生男。

此兒品貌端正。且有福澤。

（占例）北海道廳官某來告曰長官常憂土人之戶口逐年減少必由內地人民。

役使土人過於苛酷。今後許內地人民與土人婚姻。使彼此親睦以冀蕃殖愚

意亦然。請筮一卦以占得失筮得訟之未濟。

爻辭曰。九五訟元吉。

斷曰。此卦上卦爲政府陽氣上昇下卦爲人民水性下流顯見上下之意隔絕。
不相合以不相合之甚極而出之於訟斯土人之情藉得上達以求伸理故謂
之訟元吉。於是上官感土人之情憫其窮苦改其條敎乃頒內地人民許與土
人婚姻之令後聞酋長等相集會議頗以爲難上官招酋長問之曰美婦與醜
婦執好吾知好美而惡醜者人情相同也吾土人中非無美女內地之人求之。
喜而許之。至土人欲取內地美女恐內地人而不之許是土人有失而無得也。
且美者爲內地所娶則我同族中醜者益多爲之奈何長官亦服其理遂廢此
令。

坤神高島易斷

上九。或錫之鞶帶。終朝三褫之。
象傳曰。以訟受服。亦不足敬也。

或者不必然之辭鞶帶者。命服之飾也。終朝者。自旦至暮一日間也褫者奪也

彼訟而得勝非理之本直者無非以機詐遂其謀以私曲濟其奸是理不可勝

者而幸勝之其曲直真偽固不待辨也爻辭所謂錫之鞶帶不必榮而

若或有之所謂終朝三褫不必實有此辱而若或有之蓋極言雖得勝終必敗

雖膺榮終必辱蓋見榮之驟者奪之速也終朝者暫時之義三褫者多數之象

象傳曰以訟受服言其受服不正如沐猴而冠何足敬哉故曰亦不足敬也亦

字深可玩味象辭所謂終凶者於是可見矣乾爲敬爲衣上九變則乾體壞即

不足敬之象兌爲毀拆即褫之象此爻不係訟字者與初爻之不係訟字同初

爻不言訟杜其始也上爻不言訟惡其終也益見聖人使無訟之微意也

（占）問戰征上居乾陽之極陽極而戰勝已難矣至一日而三勝三敗敗固爲辱

即勝亦不爲榮也○問功名錫賜也褫奪也或者未然之辭而設言錫之至終

朝而三奪之是亦一患得患失之鄙夫也何足敬哉○問商業玩爻辭是屢得

屢失終至得不償失且問其所得者倘非正路之財所謂悖入悖出非其財者

也亦可鄙矣○問疾病是必其病乍愈乍發一日之間病勢不一在上爻處卦

之極。勢極難返。恐終凶矣。○問六甲。生男。恐生男。已多不育。必至四胎可育。

（占例）明治二十三年、愛知縣某來告曰、今當名古屋市長選舉、有候補者三名。

余不識可當選否。請占之。筮得訟之困。

爻辭曰上九。或錫之鞶帶。終朝三褫之。

斷曰。此卦上卦爲天上昇也。下卦爲水下降也。性情不合。故名曰訟。訟者以意

不合訴之於公以待判也。今際市長之選舉。市中人情。互生軋轢。是非莫定。今

雖一旦得之。恐人心不服。難以永保。謂之或錫之鞶帶。終朝三褫之。是求榮而

反辱。不如不得。某因感此占遂辭職云。

地水師

師篆書作師，左旁三變體作㠯爲阜，右旁三變體作帀亦作帀爲帀合之㠯阜

師篆書作師，左旁三變體作㠯爲阜，右旁三變體作帀亦作帀爲帀合之㠯阜從巾古文作帀巾上加一者爲能一人指揮衆人也師承訟來訟必有衆師者衆也故師繼夫訟顧師有二義一爲教導子弟一爲統領軍旅是皆有率衆之象以九二爲成卦之主統率五陰而濟坎險坤上坎下地中有水水依地而安居地得水而滋潤生育萬物相助爲功水土之性元來相親此卦水在地下是至險起於至順之下爲聚衆據險擾亂不定之象師者以二人統衆而平定之也蓋未亂之先以師道訓導之格其非心可戢亂於未形既亂則統師旅以征伐之梟其元惡可戢亂於方作皆爲師也此卦初爻柔而不得其正爲起難之首二爻在險難之中能率衆以平難故爲一卦之主

師貞大人吉。无咎。

爻辭皆係以軍旅之義故象辭亦從之讀者當以類推夫軍旅者起大衆動干

戈傷人命糜國帑國家不得已而用之也其得已而妄興者是謂窮兵黷武無

道之甚者也故戒之曰師貞貞者正也謂師道而以正爲本也與師動衆以毒

天下苟不以正民不從也大人坊本譌作丈人獨子夏傳作大人與困卦象辭

同以大人爲元帥謂必能撥亂反正除暴安民者也故曰大人吉兵者兇器戰

者危事本屬有咎大人者應天順民爲天下除暴是王者之師也縱有殺傷亦

無害天地生生之道故吉而无咎

象傳曰師衆也貞正也能以衆正可以王矣剛中而

應行險而順以此毒天下而民從之吉又何咎矣

以春秋傳能左右之曰以以猶用也元帥能以嚴正而用衆可謂王者之師矣

剛中者謂一陽居內卦之中上應六五之君內卦坎爲險外卦坤爲順故曰行

險而順毒馬云治也王云役也又古毒育二字音義通亦作育解蓋謂以此治

天下以此役天下於義均順漢儒釋毒爲害是以此害天下民必不從何以能

王若謂以民治亂猶以毒藥攻瘍說之牽强夫衆以正舉民以順從順則獲吉

正則復有何咎吉者主事而言无咎者主理而言也

以此卦擬人事則坎爲中男宜在外而在內坤爲老陰宜居內而在外母子位

寘顚倒失倫不安之象是必啓家亂也當於家長內得剛中者以貞正而治之

斯家道齊矣

以此卦擬國家上卦爲政府得坤之順陰弱而少威嚴不能箝制下民下卦爲

人民得坎之險陰險而好生事動欲上抗政府譬如水在地下汎濫無歸有衆

衆據險擾亂不順之象此卦五爻皆陰惟九二獨秉陽剛當以九二受六五之

君命膺元帥之專任率衆興師以此毒天下謂之剛中而應行險而順而民從

之吉又何咎矣

通觀此卦九二爲元帥五陰從之初六爲師衆九二爲主帥六三太四爲褊裨

六五爲臨敵上六爲賞功之時又以內外卦見之九二爲將帥六五爲君奎轡

帥承君命而出征。所謂禮樂征伐出自天子。將帥者佐主成王相與有成者也。

故能以衆正者。屬九二之將帥言之。可以王矣。屬六五之君言之也。

屯以下六卦皆有坎者何也。蓋水爲資生之源。且國家草創之始。必有險難自

屯至師五卦皆聖人濟險之業。天下之事未有不先難者也。序卦曰訟者必有

衆。師者衆也。故受之以師。以坤衆履坎險。即兵凶之象。九二一陽率五陰行師

之象。人或曰師比兩爻均是地水相遇。而爻象大異者何也。曰比者一陽在上

是人君居尊臨下者也。師者一陽在下。是人臣奉命出征者也。乾卦曰戰而此

曰師者何也。師者民也。國以民爲本。天道好生而不殺。聖人容保如傷。然慾惡

何等鄭重。知聖人未嘗輕言興師也。此卦九二爲剛中之賢將。六三貪功而取

形而相岐。五兵作而相戕。是天地之閒數不得已而用之者也。故衞靈公問陳

孔子不對。子路問子行三軍則誰與。曰必也臨事而懼。好謀而成。曰懼曰好謀。

敗。六四无功而守常。六五爲君任將不專。撓權債事。是卦可備觀軍旅之情形

矣。大抵三軍和。將帥賢。福禪奉令。委任專一。班師行賞。崇德報功。是帝王之舉

也。要旨所歸全在容民畜衆以六爻不取全勝其義可知也。

大象曰。地中有水。師。君子以容民畜衆。

坎在坤內。故曰地中有水。水藏地中。無地非水。猶兵藏民中。無民非兵。藏兵於民。有兵之利。無兵之害。猶水藏於地。有水之利。無水之害也。水在地中。顯見壤能包水。有容民畜衆之象。又坤爲民。坎爲衆。容者保也。畜者養也。彙養育敎佑之義。九二將帥德量宏大。能包容億兆。養育衆庶。故無事之日。散兵爲農。有事之日。集農爲兵。其不曰治民。而曰容民者。治之則尙嚴。容之則尙寬也。其不曰動衆。而曰畜衆者。動之則勞。畜之則在逸也。所謂兵可百年不用。不可一日不備。容民畜衆。蓋講兵於平時之道也。師旅本殘民害衆之事。然聖人取象曰容民畜衆不殺爲武之意。即此可知矣。

（占）問戰役卦以師名。爻義甚明。可就各爻推究。吉凶自瞭。○問營商。坤爲財。爲聚。坎爲入。爲納。自有容保之量。坎水在地中。爲地所包容財源。如水流而不息。

可知商業之富有也吉。○問功名。水在地中。猶士尚伏處。未顯達也。而其德量。
自能包容民物。一經進用。如水之朝宗於海。敷施甚廣。君子者。有德有位之稱
也吉。○問婚嫁。按坤坎互用。地水相親。是必舊親聯姻也。大吉。○問疾病。是必
水滿腹脹之症。坎爲心。爲憂。宜息心調氣。解憂取樂自愈。○問六甲。生男。

象傳曰。師出以律。失律凶也。

初爲爻之始。即爲出師之始。所謂臨事而懼言當謹其始也。師旅之事。率大衆
而臨危地。國家之存亡。人民之安危係焉。苟紀律不嚴。人心不協。三軍覆敗凶
莫大矣。否。不也。臧善也。與詩衞風何用不臧同訓。蓋師出以律。勝負尚未可預
決。故不言吉。至不善用其律。則陷於危險。勢必凶矣。象傳曰失律凶也。不臧即
失律之謂也。一說否塞也。謂軍心隔塞。不得和協。臧藏古字通用。臧即藏字謂

初六。師出以律。否臧凶。

此卦內坎外坤。自內而外曰出以。猶用也。坎爲律。律法律。即號令節制之謂也。

深藏不發。是畏敵也。即使紀律嚴明。亦必取敗況否臧者。必不能以律。其凶必

矣。此說亦通。

此爻居坎險之始。故以失律爲戒。所謂作事謀始也。此爻內卦變則爲兌。坎水

變而爲澤停止而不流。是紀律不行之象。

（占）問功名。初爻者。初出而求名也。出師以律爲正。猶士之以道爲重。失其道雖

榮終辱凶。〇問營商。初爻知爲新立之業。水在地中。知爲海運商務總之謀利

以義者吉。失義爲凶。〇問家宅。師卦內坎外坤。是宅必坐子兼丑向午未也。宅

中人口最多出師有律。猶言治家當以法也。否不也。臧善也。不善治家家道必

凶。〇問疾病師卦一陽五陰。是必寒多熱少症在初起宜延良醫調治否則凶。

（占例）或人以有組織工業會社募集株金設定欵。請占其社之成否筮得師之

臨。

爻辭曰。初六師出以律。否臧凶。

斷曰此卦九二。一陽統衆陰。是必有剛健之人。爲社長指揮衆人之象。今定欵

既完全無間即見規律整肅也。然依此爻辭此社之盛衰全在作事之紀律我

國方今集合株金與會社者。皆以歐米各邦爲模範。歐米各邦舟車之便。非本

邦之比是以販運各種貨物最爲適當凡合衆資購備器械人力既省製費亦

廉大得勝利至於小本營生獨立工業者。無不取敗今我國傚之。欲設立會社。

然集合衆資洵非易易且役員從事營業。亦難其人。故立會社第一在社長得

人。社長得人則事可成業可興。不得其人。即成亦敗今初爻居事之始。未可以

定欸判吉凶必俟社長選舉既定。方可卜工業之興廢也。

九二。在師中吉。无咎。王三錫命。

象傳曰。在師中吉。承天寵也。王三錫命。懷萬邦也。

師卦。九二爲五爻正應。以一陽爲衆陰所歸。乃師中之主將。得專主戰伐之權。

在師中者。謂居軍陣之中。又得中正之道。王三錫命者。命者恩命。謂邀荷寵遇

也。三者言寵錫之頻也。此爻以陽居陰。在師之中。當互卦震之主爻爲居將帥

之位。坎爲智。震爲勇。以陽爻之德居中。智勇兼備。威信並行。洵足膺元帥之任。

即象辭所稱大人者是也。承六五之君命。統率師衆。且得六三之同僚比親之。

初六之衆庶比順之上下咸相比應。並爲參謀。所謂戰必克。攻必勝者唯在此

九二之師也。六五之君倚任既專。寵數又厚。九二自得專制其權。所謂閫外之

事。一以委卿者。其任既隆。其令必行。故成功也。易古來權臣在內。即有韓岳之

將。未能克敵者皆由信任之不專故也。此爻曰王三錫命。可見任之專寵之渥

也象曰承天寵也。天即王也。王而曰天。可知王之明於任賢象曰懷萬邦也謂

王之所錫命。不在用威。而在用懷。即懷保萬民之意也。

此爻變則全卦爲坤。去坎險就坤順。有撥亂反正之象。地水師忽變坤爲地。有

拓地開疆之象。此爻爲成卦之主。故以象辭吉无咎屬之也。

(占)問功名。九二以一陽統率五陰。爻曰在師中。吉是雖群一鶴。傑出之材也。王

三錫命謂以能授爵顯膺王命也。○問營商。九二爲一卦之主。必其人謀爲出

衆。在商務中。稱爲老成鍊達。可舉爲商社之長者也。吉。○問家宅曰師中吉是

家必為一鄉之巨室。即為一鄉之善士也。○問婚姻。九二變為坤。坤地道也。妻

道也。水土之性相合故吉。○問疾病。知為水氣停積中宮必使水氣流動中焦

寬舒。病無害也。吉。○問六甲生男。

(占例)明治二十五年十二月占第五議會筮得師之坤。

爻辭曰。九二在師中。吉无咎王三錫命。

斷曰。此卦九二以一陽統五陰以人事擬之。則陽剛之教師。教導衆陰之子弟。

故名此卦曰師以國家擬之。九二為陽剛大臣。入則為相出則為將國家有事。

則受王命以專征伐權無旁落威信並行謂之師衆也。貞正也。能以衆正可以

王矣。易六十四卦三百八十四爻中。教導人民用其威嚴保有國家唯此一爻

而已天命所歸宜上承君令下順民心正大人致身報國之時也。今筮議會得

此爻辭亦當上承君令下順民心斯議得其中矣。若其議上不能見信於君下

不能見信於民議必不能行也。翌二十六年十二月議會使議長退是二爻陽

變為陰。再次有停止之命。至三次遂有解散之命果符此王三錫命懷萬邦也

之占。嗚呼天命之嚴確如此。可不畏敬乎。

六三。師或輿尸凶。

象傳曰師或輿尸。大无功也。

輿尸者。謂軍敗而戰死者多。載尸於車而歸也。此爻內卦變則爲巽。巽爲進退。
有疑之象。故曰或。古語曰。三軍之災。生于狐疑。疑者行軍之所大戒也。六三以
陰居陽。不中不正。進而无所應。退而无所守。居內卦之極。對外卦之敵正當交
鋒。按刃之際也。三以柔居剛如小人之才弱志剛者。竊二之權。而恃強妄進。遂
致失律喪師。輿尸而歸。謂之師或輿尸凶。象傳曰大无功也。猶曰大敗也。軍旅
之事。信任宜專。二爲主帥。三爲偏禆。偏禆擅權致敗。主帥亦不能辭咎。故曰大
无功也。如城濮之戰。左師右師敗子玉不敗。然子玉帥也。故敗師之罪。子玉不
免。蓋以全卦言之。六爻皆師徒也。獨以三言。內卦爲先鋒。外卦爲敵。外卦坤爲
衆。敵兵衆多也。至四則又以五上爲敵。五君位而非敵。是卦爻之變例也。易之

取象。概如此。學者不可不知。

（占）問商業。坎爲輿。輿所以載貨物也。坎又爲陷。爲破。輿遇隘則輿破而貨覆

矣。人死謂尸猶車敗物亡也。或者未然之辭。大无功者。大失利也。行商未必遇

此凶險。亦不可不防此凶險也。爻象戒之如此。○問功名。君子得輿得爲德。輿

所以載德而行也。君子有德位之稱。或曰輿尸。是無德而尸位者也。故凶。○問

家宅陰陽家稱堪輿。堪天也。輿地也。輿尸。是地有尸氣。安得不凶。○問婚嫁。三

爻居坎之終得乾氣。乾下巽上爲小畜。小畜三爻曰。輿說輹。夫妻反目。象曰。不

能正室。其凶可知。○問六甲。雖生男凶。

（占例）明治三年。橫濱商人三名。搭載舶來物品於蒸氣船。販赴箱館。適際舶來

物品匱乏。獲利三倍。因再購鉅多之物品。將往得大利。其一人某氏來請占損

益筮得師之升。

爻辭曰。六三。師或輿尸凶。

斷曰此卦有自水上投土之象。例之商業。其目的未定。混雜不可言也。況今得

三爻足下等以廉價購入目下在京橫濱不通銷物品販賣於邊鄙之地將得

大利。在他商聞之。亦謀置各種物品。多欲爭著先鞭。然此不適時好物品當衆

人競爭販運。必抬價。至箱館各自競賣已。爲彼地商人所料。將來貨到不售。

勢必跌價極之賤亦不售則必轉運而歸。往復裝運費耗殊大。及至售得不特

無利反致傷本其齎物而返恰如載尸而歸也故不如止某氏聞之大感遂止

北地之行後果如此占他商人赴箱館者皆多損失。

六四師左次无咎。

象傳曰左次无咎未失常也。

左者右之對不用之地人手右爲便左爲僻故稱不正之術曰左道稱謫官曰

左遷謀策不適曰左計左次者謂退舍也左氏曰又不進曰次又曰凡軍三宿

爲次又易陽爲右陰爲左。六四以爻位俱陰曰左。此爻陰柔而不中志弱而不

能克敵者也。自知不能克敵量宜而退克保全師愈於三爻之覆敗者遠矣故

无咎也。象傳曰。未失常也。謂不違左次之常道。古語所謂見可而進。知難而退。

軍政之善也。若可進而退。何得无咎易之發此義爲後世行軍不量力而妄進

者戒。

（占）問家宅。四出坎歷坤坤西南。是宅必朝西南。吉事尚左。是宅逼近東方青龍

主喜吉无咎也。○問功名凡官職下降稱左所謂左遷是也曰左次不吉。○問

營商右高左下次亦爲下占此爻知其貨財必非高品然貨雖次尚可獲利故

曰未失常也。○問婚姻男尚右女尚左爻曰左次。或者入贅於女家乎然贅亦

无咎。○問疾病按春生於左得其生氣疾必无咎。○問六甲生女。

（占例）余在熱海會陸軍中將某。陸軍少將某來遊。爲畝傍艦歸港過遲。占其吉

凶如何。筮得師之萃。

爻辭曰六四師左次无咎。

斷曰師者以一陽統五陰衆陰從一陽之卦也。故曰師。六四以在陰位退避戰

地而休息爻曰无咎象傳曰未失常也者謂其如平常而無事也。今占畝傍艦

得此爻。師即軍艦。左次者。有暫退航路之外而休泊之象。无咎者補過之義謂

修繕艦體。想是此艦。現在碇泊而修理艦體也。不可不速探而謀救助。來月爲

第五爻之時。其辭曰長子帥師。弟子輿尸。長子即大夫。可保無事。弟子謂艦中

雜役。恐有災害。又此爻外卦變則爲震坎水之上。見震木之浮。亦可知艦體之

無事也。

此占一時流傳于世。其後以不得該艦踪跡。政府定爲沉沒者。徵保險金百

三十万弗於佛國保險會社。以救恤金給我海軍士官及水夫等同艦者之

遺族。

余占往往歷數年而經驗。百占百中。未嘗或失。唯易三百八十四爻之活斷

中。獨水雷屯之上爻嘗不用辭用變而偶誤也。又此爻雖受不中之評。或由

探索之未至邪。又兩月間無事而其後遭遇事變。亦不可知。故此占尚在中

不中之間。如此爻。非當今淺學之士所可容喙。後世有篤志易學如余者出。

始可判斷其是非矣。

六五。田有禽利執言。无咎。長子帥師。弟子輿尸貞凶。

象傳曰。長子帥師。以中行也。弟子輿尸。使不當也。

田者。藝禾之地。禽者。鳥獸之總稱。田有禽者。謂有禽獸來害稼。猶言寇賊來害

人民也。故驅逐之捕獲之。不可以不保持防禦也。此爻五居尊位。其德柔順見

有寇賊來犯。執言下命委任將帥。以主征伐。故曰利執言。此爻互卦變。則爲民。

民爲手。又爲執。即執言之象。九二乘剛中之德。上承天寵奉辭討罪。所謂師出

以律。必有功也。故曰无咎。奈何既任長子帥師。復任弟子以分長子之權。是六

五之君信任不專也。長子指九二。弟子指六三。蓋九二剛中有才。其出師也紀

律嚴明。故吉。六三陰柔不中。無知無謀。是以一敗塗地。輿尸而歸。故曰長子帥

師。弟子輿尸。此長子即象辭所謂大人也。自象稱之曰大人。自君命之曰長子。

纂言曰。凡次子以下。皆長子之弟。曰弟子。此卦九二爲主帥。六三六四分將一

軍。舉九二六三。不及六四者。以九二大吉。六三大凶。六四能不失其常。故无咎

也。貞凶者。謂命將出師必宜擇賢而任所謂貞也。反是則雖貞亦凶。此貞凶二

字。包括一章之要。此爻因彼來寇。而我討之是曲在彼也。是以无咎象傳以中

行也者。謂九二之長子具中行之才德能奏征討之功也。使不當也者。謂六三

陰柔不中之弟子。失律喪師。是任使之不當其才也。

（占）問營商。爻曰田有禽猶言農有穀。商有利也。執言者。謂約證之勞也。在商業

一道。總宜以老成鍊達者爲主則利。否則凶。○問家宅。此宅想是立約新售者。

利在長房。不利衆子。○問功名。知其人才能素著。有一朝獲十禽之技。然要在

德長於人若德劣於物。雖正亦凶。○問婚姻。有禽者。奠雁之儀。執言者。媒妁之

書。所約之婚。當以長子長女爲吉。○問六甲。生男是震之長男也。

（占例）明治十八年一月。余以避寒遊浴熱海時有朝鮮京城之變。政府將對清

廷有所詰責。朝野洶洶。人皆注目使任之誰屬。并論辨之何如。余爲之占其使

命之任。筮得師之坎。

爻辭曰。六五田有禽。利執言无咎。長子帥師。弟子輿尸。貞凶。

斷曰。田有禽者。謂禽來害我禾稼。今朝鮮之事。清國兵商害我良民。故往而詰

責。理無不可。謂之利執言。所謂長子帥師者。或者長州男子任其選乎。一日長

子。一日弟子。皆簡別中使任之人也。當今廟堂中稱老練政事家者。莫如伊藤

伯。伯者長州之男子也。長子之占。其在此人乎。今回之談。依帥師之言考之。其

實際原期平和。然亦不可不預整備。非我有和戰兩備意。到底難講平和。唯在

實一大關係。若讓却一步。其破裂也。必矣。能彌縫之使兩國不陷于厄難。唯在

遣使得其人而已。伊藤伯而當此大任。緩急得宜。必能平和。於樽俎之間。毋復

疑慮。故曰以中行也。中行者。易之所尚。謂能守中正得其宜也。即贊美之言。若

以他人任之。恐有使不當之虞。一使字。是民命之生死。國家之安危所繫。由其

當否而吉凶成敗。實有霄壤之別。今得此卦如此。知易之垂戒深矣。現却未可

詳說。惟推察爻辭可知其吉凶也。

未幾伊藤伯果膺遣清大使之命。

上六。大君有命。開國承家。小人勿用。

象傳曰。大君有命。以正功也。小人勿用。必亂邦也。

大君指六五之君有命謂論功行賞開國謂新封建諸侯也承家謂使之為卿

大夫也。此爻外卦變則為艮艮為門闕有家之象坤為土有國之象上爻居上

卦之極。在師武功之終。即戰定功成旋凱行賞之時也。九二主帥首功也。以開

國封之。六四左爻與有功也。以承家賞之。六三以柔居陰與尸敗非是小人也。

戒勿復用。上六在大君左右於師無所事然在內而參贊王命以盡將將之道。

功亦大焉。故賞亦同之。審其功之大小辨其罪之輕重賞必公罰必行是皆大

君之命也。故曰以正功。若夫貪緣以邀功遮飾以免罪則非九五之命是失

其正矣。至於小人在軍旅中。或以馳驅而效力。或以勇敢而獲勝末始無功也。

但當賞以金帛祿位。不可使開國承家以杜後患象傳曰小人勿用以亂邦也。

戒之深矣。此爻居下卦坤之極伏卦為乾大君之象下卦坎為盜盜即小人故

以勿用譬之。

（占）問家宅爻曰大君有命開國承家。知是家必是閥閱巨室也。小人勿用為其

後嗣戒也。〇問營商上六辰在巳得巽氣巽爲商近利市三倍此家必由商業
興家。巽又爲命爻曰。大君有命。又將因富致貴家道日隆。但因富生驕。比昵小
人。所宜戒也。〇問功名上六居卦之終。謂當論功用賞之時正見功名顯赫在
震之長子自能克家。惟坎中男爲不可用也。故曰小人勿用。〇問婚姻。師三至
六爲坤坤妻道也。爻曰開國承家兩姓俱是巨室曰大君有命媒妁必是貴人
吉。〇問六甲。生男主貴。

（占例）某貴顯罹胃癌之病。余訪問之。適有元老院議官三人在坐議官問余曰。
此君維新際與元老諸公同有偉功。他人俱邀爵位恩典。此君獨未得其榮。今
患大病恐罹不測我輩以朋友誼將以此有請于某君未知得遂其願否。請占
一卦。筮得師之蒙。

爻辭曰上六大君有命。開國承家小人勿用。

斷曰此公有功于國家。人之所知朝廷必有以酬之。固不俟言。今此卦曰大君
有命。知爵位之賜。即在此數日內也。

後果六日承賜男爵恩典。

（附言）六十四卦中。師比同人大有隨蠱漸歸妹八卦。謂之歸魂。人若占命數。而得此卦上爻為命盡之時。歸魂之卦。以五爻之變為八純之卦。繫辭傳曰原始反終。即可知死生之說。由此卦而知其終也。蓋人之生死有正命非命之別。心魂之依附肉體。譬如人身之寄寓家宅也。心神脫離肉體。猶家宅之借限已滿也。魂去身死謂之正命。限期未滿。或家宅破壞。遂致疾病其他非常災眚。肉體已殘。心魂遽絕者謂之非命。欲救此非命之死。恐良醫亦無可如何也。三百八十四爻中得正命而死者。唯此八爻而已。嗚呼人之死生。亦可哀矣。

水地比

䷇

比字篆書作𦫵二人相比之象。比則親親則相輔。相輔則樂。又作𣥏以聯屬一

體為義。又作𦫵弼蔽切二人反而相竝。有相矖謀私之意。從𦫵者。蓋為小人之

比從𦫵從𣥏者。是為此卦之比。故吉也。此卦坎水在坤地之上。水得地而流行。

地得水而滋潤。故相親輔而和合。因名此卦曰比。象傳曰比輔也。序卦傳曰比

者親也。雜卦傳曰比樂皆同義也。以卦象言之。九五一陽位中正。上下五陰皆

比而從之。

比吉原筮元永貞无咎不寧方來後夫凶。

此卦坎上坤下。惟五爻一陽主全體。五柔皆歸。故曰比。原。推原也。謂原其所始

也。筮者分析辨別之意。或作筮著解然皆所以決疑意。亦相通不必拘泥元即

坤元之元。永者長也。有坎水長流之象。貞謂道得其正。上之比下。要必有此三

者下之從上。亦必求此三者斯无咎矣。原筮者。謂推原諸柔來從。果得此元永

貞之道否。坎爲加憂。不寧之象。民有不寧。必從君以求安。君有不寧。必得民而

共保上下相應。則來者自寧。四柔既比。其比在前。六來獨後。故曰後夫五不受

之。其道窮矣。是以凶也。

象傳曰比。吉也。比。輔也。下順從也。原筮。元永貞无咎。

以剛中也。不寧方來。上下應也。後夫凶。其道窮也。

輔者。助也。九五一陽居尊位。與五陰親比。有下助上之象。孟子所謂多助之至。

天下順之是也。吉莫大焉。故曰比吉也。比輔也。下順從也。原筮以下七字主九

五而言。九五爲成卦之主。其陽剛之德。居中正之位。故曰以剛中也。不寧方來

一句。就初二三四四陰言。九五以剛中施親比之道。則天下衆陰。皆服從而來。

故曰上下應也。後夫凶一句。就上六而言。上六處陰之極。剛愎不遜。是爲頑梗

之夫。歸附獨後。爲衆所疎。故曰其道窮也。

以此卦擬人事父子兄弟夫婦彝倫之中自然親比朋友以義合有貴賤長少

親疎賢愚之等差擇其最宜分明別其是非辨其邪正諺曰近朱者赤交之不

正相暱而並入岐路所謂小人比也故當推原筮決必其人有元永貞之德然

後相與親比原筮者筮之於相親之始愼之至也元者統萬善也永者謂能久

於其道也貞者謂得正道而固守之也比非其人後必有咎故曰原筮元永貞

无咎如孔子所云晏平仲善與人交久而敬之是也夫人心莫不欲求友比得

其正雖疎遠之人亦感其德義自求親睦謂之不寧方來然君子小人各異其

趨往往有頑梗之夫不服德化雖後亦歸附其來已遲是比道之窮也故謂之

後夫凶。

以此卦擬國家九五之君施膏澤於下六四六二皆奉戴九五君意盡力於國

家於是億兆之民感其威德上下親比此卦坎上坤下恰如水土相濟融洽爲

一以上比下爲一人而撫四海以下比上自四海而仰一人上下相助君民一

體謂之比吉也比輔也下順從也比輔者臣親其君也順從者民親其上也然

上非有剛中之德。不足當下之親比。下非有元永貞之德。不足當上之親比。是
以必當推原而占決之也。謂之原筮元永貞无咎以剛中也。比之初。上下之情
或猶未通。不來者自寧。謂之不寧方來。上下應也。方者來而不已之
辭。取下三陰順從也。當此時有不服風教。不服德義。剛愎貧氣。自取困難者。是
為頑夫。其凶可知也。雖窮而後求比。其誰親之。上六居比之極。以不得比。窮无
所歸。謂之後夫凶。其道窮也。麗生所謂後服者先亡是也。
通觀此卦。初爻為遠入。二爻為賢士。三爻四爻為在位之宰相。五
爻為君。上爻為化外之民。此皆莫非王民。而休咎不同者。物情自不能齊也。此
卦次師。師比二卦同是一陽五陰之卦。凡六。其最吉者莫如比卦。以
其九五一陽居天位而上下應之也。又師比共為得位之卦。得君位者為比。得
臣位者為師。師者衆也。衆不能無爭。爭則亂。靖亂以武。孚之以德。所以比次於
師。師之群陰來而居下。載九五陽剛中正之君。有亂後得明主各安其堵之象」

大象曰。地上有水比。先王以建萬國。親諸侯。

水之性平。地之道順。水在地上。散則爲萬。合則爲一。先王見此象。而分對有功
之臣於各地。以爲王室之藩屏。親撫地。水師戰後之窮民。輕減其租稅率均其
法律。沛其恩澤。如水之潤物。無不浹洽。夫天下之大。可以一人統之不可以一
人治之。必建國置侯有朝聘往來之禮。以結其歡。有巡狩述職之典。以通其情。
天子猶大海朝宗之衆。水其親諸侯。猶身之使肱則諸侯服順君德之渥其於
民猶肱之使指。是封建之制雖與方今群縣之治異。其體。君主統治臣民之意。
無有差違。謂之先王以建萬國。親諸侯。內卦爲坤。萬國之象。初爻變則爲震。建
侯之象。

（占）問戰征。玩爻象。其軍威之盛。有如水就下。沛然莫禦之勢。一戰平定。即當列
土分封。建立屏藩。○問營商。水在地上。無處不流通。商業亦以流通爲利。比親
比也。得親比之人。以共事斯商業。可垂永遠矣。○問功名。建國封侯爲士生榮
顯之極品。比反師。師上六曰大君有命。開國承家此之謂也。○問家宅是宅必
低窪近水。亦比近貴人之宅。宅基大吉。○問婚姻。比比好也。地與水。本相親比。

占婚得此。必卜百年好合。且主貴。○問疾病。坤爲地。亦爲腹。坎爲水。亦爲心。恐
是心腹水腫之症。諸侯能治國。猶醫能治病。宜親近求治吉。○問六甲。生女。主
貴。

初六有孚比之。无咎有孚盈缶。終來有他吉。

象傳曰。比之初六。有他吉也。

有孚比之者。謂誠信充實於中。如物之盈滿於缶中。缶者。上古之土器。鄭云缶
汲器也。此卦以五陰比九五一陽爲義。與他卦應比之例不同。比之道以誠信
爲本。若中無信。雖欲親人。人誰與之。此爻居比之初。與九五猶遠。本非其應。
然比之道在初。初能積誠於中。率先三柔而從五。五比由初而始。故无咎也。譬
如以誠事神。神必來格。有酒盈缶。神必來享也。缶指六二中虛能受之象。之字
指九五而言。缶者質朴而無文飾。喻人之質朴正直。不事虛飾。以此交人。人亦
樂推誠相與。即素未識面者。亦將樂與比助。共得歡心。謂之終來有他吉。終來

者。謂將來也。他吉者。謂意外之吉。九五本不相比。此之應。而亦此之遯意外之吉也。

象傳一也字。示其心之不可疑。此爻變則爲屯。其辭曰磐桓利居貞利建侯磐

與盤通。有缶象。磐桓居貞。有他吉者建侯也。

(占)問戰征。有如禹征有苗干羽來格之象。故曰有孚比之无咎。○問營商商業

專以信實爲主。斯遠近商客皆親比而來貿易廣而獲利亦厚矣吉。○問功名。

有孚比之。即中孚卦所云信及豚魚之謂也。中孚九二曰我有好爵吾與爾靡

之靡共也。言我與爾願親比而共升榮也。故曰比之初六有孚比之无咎有他吉也。○問婚姻。

玩爻辭謂既得相孚。又復相比親之至也。以是訂婚吉无咎也。○問家宅比比

鄰也。近者既信義相孚。往來親密遠者亦聞風願來卜鄰。故曰終來有他吉。○

問六甲。生女。

(占例)某氏之子。多年留學英國。歸朝之後。奉職某省。一日來訪。請占氣運盤得

比之屯。

爻辭曰。初六有孚比之。无咎。有孚盈缶。終來有他吉。

斷曰此卦地上有水。水土和合。故曰比。比者親也。占得此卦可知足下家庭完好。和樂無間。且天性溫和。久游英國。而熟諳外交之道。比之為卦可謂適合足下焉。所謂比者。以親好為立身之本。持躬以誠而無偽。交友以信而無虞。則人亦將推心指腹。和好無尤。故曰有孚比之。无咎。蓋人必真誠積於中而後光輝發於外。猶缶之必有酒釀盈於中。而後芬香達於外。此謂之有孚盈缶。終來有它吉者。謂足下以孚信待人。斯上信下效。他日祿位升遷。不特得意中之吉。且更有望外之喜也。可為足下預賀之。

六二。比之自內貞吉。

象傳曰比之自內不自失也。

自內者。自心也。古稱中心曰內。書多其例。如大學誠於內必形乎外之類是也。此爻為內卦之主。柔順中正。與五為正應。能以中正之道相比者也。蓋其抱道在躬。而不願夫外。故曰比之自內貞吉。若急於用世。出而求君。雖有其道。已自

失矣。必其秉中正之德。貞固自守以待上之下求。而斯出而相輔。如商湯之三聘伊尹。劉先主之三顧諸葛。斯謂不自失也。此爻之辭為士之抱道者勸。即為士之失身者戒。

（占）問戰征。士卒同心上下一體。戰無不克。故曰。比之自內。貞吉。○問功名。內我也。以我有實學足以感孚於人所謂實至而名歸也。吉。○問營商。一店夥友性情比洽。自然百為順從以此出而貿易。人皆信服。無不獲利。故象曰比之自內。不自失也。○問疾病內謂心腹也。凡病總宜心平氣和中藏通利外邪自消。故吉。○問六甲。生女。○問婚姻必是內親重聯姻吉。

（占例）某縣知事將榮轉某省請占其氣運及升遷筮得比之坎。

爻辭曰。六二比之自內。貞吉。

斷曰。此爻以柔順中正之德。應九五剛健中正之主。陰陽相應。其吉可知。足下為某省次官貢任省中鉅細之政務。與某大臣相輔為理者也。是足下為某大臣素所親信。今又將轉任某省。可期而俟也。故爻辭曰。比之自內。貞吉。未幾某

知事果榮轉某省次官。

六三。比之匪人。

象傳曰比之匪人不亦傷乎。

此爻陰柔居坤之終。不中不正。承乘應皆陰。有遠君子而比小人之象所交非其友所事非其君不以正道相助而以私誼相親是巧言孔壬之小人也。初應四爲比比得其人二應五爲比比得其人皆正人也。三乃應上上處卦之終是爲後夫即匪人也上比无首无首有傷之象例如范增之從項羽不能展其才力憂辱而死。故象傳曰不亦傷乎謂其意之可憫也。此爻變則爲蹇蹇九三辭曰往蹇來反可以知比之匪人之凶也。

(占)問戰征觀軍而任用奄寺參謀而偏聽佞人爻辭所云比之匪人。是也安得不敗。○問營商商業之盛衰惟在其人其人而曰與市井無賴之輩徵逐往來。匪人曰親。正人曰遠。不特其業立敗。其人亦不堪問矣。○問功名交道不正。士

品曰。下不特聲名破裂。禍亦隨至。〇問婚姻。女貴貞潔。男效才良。人倫正道。苟

非其偶。致誤終身。不亦傷乎。

（占例）友人某來告曰。僕近與友某相謀。與一大商業。請占其成否。筮得比之蹇。

爻辭曰。六三。比之匪人。

斷曰。比者。地上有水。有往來親洽之意也。然依其所親。其中顯分利害。與善惡。

親則吉。與不善人親則凶。此爻曰匪人。顯見匪善人也。今足下共謀之友。象翅

不知其人。就爻辭而論。三與上爻既相應。三之所云匪人。即上爻所云无首者。

而无首恐難免禍。足下與之共企商業。凶莫甚焉。謂之比之匪人。故象傳曰。不

亦傷乎。友人聞而大驚。未幾而西國亂起。此友果處重罪云。

六四。外比之。貞吉。

象傳曰。外比於賢。以從上也。

四本應初。不內顧初。而外比五。謂之外比。二之應五。在卦之內。故曰比之自內。

四之承五。在卦之外。故曰外比之內外雖異。而皆得比於五。五剛陽中正賢也。

居尊位上也。親賢從上比之正也。故曰貞吉。如夫周公之吐哺握髮以下天下

之士。輔翼君德下親賢人此爻之義也。象傳曰外比於賢以從上也。此爻於九

五。象則爲外德則爲賢位則爲上也。變則全卦爲萃。九四之辭曰大吉无咎可

以見此爻之吉也。

（占）問戰征征爻曰外比之得外夷歸服之象。故曰貞吉。○問營商想是海外營業。

貨物流通。無遠不屆之象。故曰外比之貞吉。○問功名四外比五。五居尊位有

簡在帝心之象功名之顯赫可知也。○問家宅二居內卦四居外卦皆曰貞吉。

自得內外親比之家和睦。○問婚嫁。玩爻辭想在外地訂親吉。○問六甲生男」

（占例）明治二十一年占某貴顯之氣運筮得比之豫。

爻辭曰六四外比之貞吉。

斷曰比者地上有水。親和之象。今得四爻。此人在九五君側以盡精忠。大得君

寵上下親比之占也。某貴顯任宮內大臣之職。其爻辭適合。

九五。顯比。王用三驅。失前禽。邑人不誡吉。

象傳曰。顯比之吉。位正中也。舍逆取順。失前禽也。邑

人不誡。上使中也。

顯比者明親比和順之道於天下也。三驅者禮所謂天子不圍天子之畋合其

三面開其一面使之可去不忍盡傷物命即好生之德也。失前禽者以禽之前

去者失之不追也。商湯之祝綱即是此義。邑人不誡者謂王者田獵與民同樂。

不煩告誡。如歸市不止耕者不變之意。故吉諸爻之比。皆以陰比陽五爻則以

陽比陰以陽故曰顯。且九五陽剛正中為比之主。陽剛則光明而不暗中正則

公直而無私。此其所以為顯比也。比之至中而至正者也。故象傳曰位中正也。

位即九五之位。順逆以去就言。前去之禽。任其失之。不復窮追。來者撫之。去者

不追。謂之舍逆取順也。上使中也者言上之使下。中平不偏。是下民熙皥之象

也。比師二卦。五爻皆取困之象。然師喻除憂。比喻同樂。故雜卦傳曰比樂師憂

也父師自二至五比自五至二師曰三錫比曰三驅師比皆禽師之禽在內害

物為境內之寇故執之王者之義也比之禽在外而背己為化外之民故失之

王者之仁也。

按六十四卦中有坎者十五屯蒙需訟師比坎蹇解困井渙節既濟未濟是也。

其中雖有輕重大小之別皆不免艱難勞苦以坎有險難之義唯比之一卦獨

無艱難勞苦之象得為最上之吉卦全由九五為主爻其陽剛之盛德讀者玩

索其義可自得也。

（占）問戰征有降者不殺奔者不禁之恩威故曰王用三驅失前禽也。有耕者不

變歸市不止之德化故曰邑人不誡吉。○問營商玩爻辭不貪目前小利不圖

意外貲財舍逆取順雖前有耗後自得盈餘也。○問疾病症象已顯前服驅邪

之劑邪已若失不必警戒病自愈也吉。○問功名馳驅生事前功雖失後效自

必顯著吉。○問六甲生男。

（占例）明治二十四年三月十四日眾議院議長中島信行。前長崎縣知事曰下

義雄兩氏來訪談及橫濱每日新聞所譯美國勃斯頓府新聞所載美國獵船

一事言所雇美國人四人與日本人二十四人在亞細亞俄領海岸爲俄國人

所捕充當苦役數年內死幾人未明唯有美國二名最耐苦役已得無事歸國。

俄國者目下宇內強國也。美爲民主之國。亦稱強大。本邦介立兩國之間。政廳

不知將如何處置。請占之筮得比之坤。

爻辭曰九五顯比。王用三驅。失前禽。邑人不誠吉。

斷曰此卦地上有水之象。水與土兩相比輔。故曰比也。維新以來。我國與歐美

各國訂盟聯約通商往來。正兩相親比之時。今爲美國獵船被捕之事。占得此

卦。曰王用三驅。失前禽見俄國政府。未嘗有捕之之令。邑人不誠。或者出於俄

國土人所爲也。考俄國西比利亞地方曠遠萬里。只有督統御之。爲政府政令

所不及。前歐美各邦人民。每每滋事。雖各國政府責問俄國。俄政府答曰。彼地

有總督統理。我當諭令總督覈查。毆終至遷延幾月。迄無結局。今回之事。不過北

方邊陬之一瑣務。即今責問俄國。彼之所答。亦必如前所云。諭令該地總督查

黜而已。況此卦曰顯比是。明言光明正大。與萬國相親比我國亦何必以此一

小事傷國家大體之親睦也。唯今後須議定西比利亞海兩國人民互漁之規

則凡兩國人民非得其國政府免許勿論港內連絡其國所屬兩岬線內禁漁

業在線外。無論何國人任其漁獵。亦可謂之王用三驅。失前禽也。中島氏等爲

之感服易理之妙。

○占明治三十一年內務省之氣運筮得比之坤。

爻辭曰。九五顯比王用三驅失前禽邑人不誡吉。

斷曰比者地上有水之象。水得地而流行地得水而滋潤是兩相親比故名此

卦曰比比者親也。今占得五爻以奉戴九五之君意撫育萬民行公平之政五

陰之臣民順從陽剛之君也謂之顯比。在衆民中或有不從敎化者宜舉直錯

枉使之自化謂之王用三驅。失前禽邑人不誡吉。本年內務省之措置必得善

良之結果也。時板垣伯爲內務大臣旣而辭職。西鄉侯代之。當時內閣頗爲政

黨紛擾內務省之施政獨無一毫之障碍。

上六。比之无首凶。

象傳曰比之无首。无所終也。

此爻陰柔不才。居比之終。陰以陽爲首。諸陰皆比五。上居五上。不下從五。是无
陽也。无陽即无首也。胡氏云。无首者无君。是所謂後夫凶。至衆陰皆比五。比道已盛。
於是欲比於五。不可得矣。故曰无所終也。天下有其始而无其終者。往往有之。
无其始而有其終者。未之有也。是以比之无首。至終則凶也。

（占）問戰征。首軍中之首領。謂元帥也。无首者亡其主帥也。凶。○問營商。五爲卦
主。上不與比猶營商之黟。不與店主相親比。是无首也。凡有所謀。必无所終也。
凶。○問功名。凡求名以高等者爲首。曰榜首。曰魁首。无首則名於何有。凶。○問
家宅。恐喪家主。凶。○問婚姻。不知何以无主婚之人。婚家來歷不甚明白。凶。
問六甲。生女。恐有奇疾。

（占例）某縣人携友人某氏紹介狀來告曰。生今有志上京。某貴顯者爲生同縣

人素所相知。欲往求引援。請占諾否如何。筮得比之觀。

爻辭曰上六。比之无首凶。

斷曰比者地上有水。水土相親。顯見有同鄉之誼。今得上爻曰比之无首。想是未嘗謀面也。足下雖云與貴顯有舊誼平生之交際。恐不信實。或疎濶已久。今往請託未必見許。故爻辭曰比之无首凶。後聞往見果如此占。

○明治三十二年占我國與德國之交際。筮得比之觀。

爻辭曰上六比之无首凶。

斷曰比者地上有水。水之在地遍處流行。無遠不屆。有萬邦親睦之象。德國財力並臻富强。與各國素敦親好。此爻爻辭曰比之无首凶。殊為可疑。旣而思之。我國與德國交際所稱首領者。唯在該國駐在公使。或者此人近將易任乎。故曰无首。

䷈ 風天小畜

畜字从玄。从田。玄者。水也。田中蓄水。以養禾。兼有蘊藏含養等義。小者犬之威。謂物之微細者也。此卦六爻中。唯六四一陰。能畜五陽。爲成卦之義。陽大陰小。以陰畜陽。故謂小畜。體下乾上巽。乾者剛健。巽者柔順。乾下三剛。巽一柔二剛。巽以一柔爲主。蓄藏群剛。故謂之小畜。序卦傳曰。比必有所畜。故受之以小畜。

凡物相比附。則必聚積。是卦之所以次比也。

小畜。亨。密雲不雨。自我西郊。

畜者。止也。亨者。通也。其義相反。然此卦二五皆陽而得中。有健行之象。雖一時爲六四所止。終得亨通也。故曰小畜亨。猶屯曰元亨。密雲不雨。自我西郊。此二句專就六四成卦之主而言。乾者天也。巽者風也。內卦爲天。大陽熱氣照射大地。水氣感觸陽氣蒸騰爲雲。乾爲密。故曰密雲。天上有風。雲欲爲雨。爲風吹散。

故不雨。凡雲氣自東而西則雨自西而東則不雨。今雲氣雖密不自東而自西。

故不成雨。雲陰氣西陰方陰唱而陽不和。且自二至四互卦有兌。兌爲西。乾爲

郊。故曰密雲不雨自我西郊當時文王囚於羑里岐周在其西。故稱我西郊。是

小畜之象也。

象傳曰。小畜柔得位而上下應之曰小畜。健而巽。剛
中而志行。乃亨密雲不雨尙往也。自我西郊施未行
也。

六四者陰柔之正位。即爲陽爻之正應。此卦六四爲主。上下五陽皆應之以一
柔而畜五剛。故曰柔得位而上下應之曰小畜。是所以釋卦名也。內爻雖健。外
爻居巽。是以健而能巽。且二與五居內外卦之中。其志能行。故謂之剛中而志
行。乃亨。剛健者內卦之象。巽者外卦之象。五陽爲一陰所畜。故不成雨。然其前
進之氣豈能終已。至上九變爲坎水之雨。故曰密雲不雨。尙往也。此時密雲自

西而起。是陰先唱而陽不和。不能成雨。故曰自我西郊施未行也。往行施三者。

皆得陽剛之氣。乾之象也。未者陰柔之氣。巽之象也。蓋陰之畜陽。以柔剋剛。其

畜雖小。而牽制殊巨。譬如三寸之鍵。可以閉阨險之關。一絲之綸。可以掣吞舟

之魚。不可以其小而忽諸。且巽爲長女。象。婦。九三曰。妻反目。上九曰。婦貞厲。皆

以陽受制於陰。歷觀夏桀以妹喜亡。殷紂以妲己誅。幽王以褒姒滅。一婦爲累。

禍延宗社。陰之累陽。夫豈在多哉。

以此卦擬國家。六四居輔相之位。仰膺君寵。然秉性陰柔。器識不大。不能任用

賢才。唯以巽順畜陽。以致膏澤不下於民。謂之密雲不雨。小畜之象。國運如此。

然以一陰止五陽。畢竟不能持久。至上爻陽極則亢。雨變爲風。遂有旣雨旣處

之象。若其時猶未至。而強欲施行不能也。謂之自我西郊施未行也。蓋九二之

大臣。與九五之尊位。兩陽不相應。上九與九五。兩陽亦不相比。故意見不和。是

氣運使然。不復如之何。是以五陽並爲一陰所畜。謂之柔得位。而上下應之曰

小畜。凡君子之行事。小人得以擾之。大事之將成。小物得以阻之。皆小畜之義

也。國家然。即擬之人事。亦無不然。

通觀此卦。六四以柔虛孚於九五。專以優柔抑制羣陽。初九與六四。陰陽相應。

陽爲陰所畜。不宜躁動。是以自復於道。潛伏下位。故无咎而又吉也。九二以陽

居下體之中。能與初九牽連而復。亦吉道也。九三與六四相比。剛而不中。止於

陰而不得進。如車之說輻。而不可行也。始則相比。而終則相爭。則不和。如夫妻

反目。而不安於室也。六四處近君之位。以信實相孚。是能畜君者也。而衆陽亦

並受其畜。然以一陰敵衆陽。因循姑息。勢或攻擊致傷。於是六四逃避而去。故

有血去惕出之辭。九五在君位。任用六四。今見六四之去。憐其誠孚。有所賜與。

故有有孚攣如富以其隣之辭。至上九之時。處畜之終。六四之一陰巳退。巽風

變爲坎雨。是爲畜道之成也。

大象曰風行天上。小畜君子以懿文德。

宇宙之間。大陽熱氣。彭薄欝塞。充滿太虛不能復行冷氣來而塡其後其氣之

流動謂之風。此卦風在上而得位。故在下之氣。亦受大陽之熱。而欲上升然爲

上卦之風所畜止。不能復進謂之風行天上。小畜君子見此象。能於潛伏之時。

修文學勉德行以竢時命懿者修飾而示章美之意容儀之溫恭言辭之和婉

皆德之文飾也君子言語有章威儀有度。以風動天下。猶風之鼓動萬物。無所

遠而不屆。蓋文德之所化。無有窮極也。

（占）問時運。目下平平。有動作被人牽阻之患。○問商業。有外觀完美內多耗失

之象。○問出行。主有風波之患。○問家宅。主小康之家。防有口舌之禍○問戰

征雖有雷厲風行之勢。而恩澤不孚只可小捷難獲大勝。○問六甲。主女又防

小產。○問行人。恐舟行阻風遲日可歸无咎。○問婚姻。主得懿美淑女吉。○問

年成。主多風少雨收成平平。○問疾病主風火之症小兒吉大人凶。

初九。復自道。何其咎。吉。

象傳曰復自道。其義吉也。

復自道者。謂知時之不可退。而自復於道。此爻居乾卦之初。是君子隱於下位

者也。以陽居陽位得其正。才力俱強志欲上行。爲六四之正應所畜。故返於本

位而復守其正。雖爲彼所畜。而終不失其道。是不降其志。不辱其身乃吉之道

也。故曰復自道。何其咎。何者謂不復容疑之辭。歎美初九之能明道義。不咎

改過中途而復也曰。何其咎而後言吉者。謂不待其事之吉而其義自吉也。

(占)問時運。目下下常宜退守无咎。○問商業宜穩守舊業。不宜創立新基。○問

家宅。所謂士食舊德農服先疇。反而求己。不願夫外家道自亨。○問疾病宜靜

心自養。自可復元。○問六甲生男。○問行人即歸。○問年成佳。

(占例)某縣學務課長。常談論國事。意氣慷慨。以志士自任頃日懷一書來告曰

僕近日將面謁貴顯。爲國家述一意見。請占其成否如何。筮得小畜之巽。

爻辭曰。初九復自道。何其咎吉。

斷曰。小畜之卦。猶利刀切風。腕力雖強。無所見其効也。知足下往告必不能達

其意趣。故不若止。何則上卦爲政府當維新之際。執兵戎以定亂其後事務多

端。各守職任。斷不容下僚妄參末議。且上卦爲風。有進退不定之象。足下以剛
健之意氣。欲達其素志。風主散。散則不成。若强行之。不啻不得面謁貴顯。恐爲
門衛巡查所拒。激昂之餘。或反受警察之誥諭。至此而悔其事之不成。不若中
止。謂之復自道。何其咎吉。

某不信余占。乘氣往叩某大臣之門。强請不已。果受其辱悉如此占。

九二。牽復吉。

象傳曰牽復在中。亦不自失也。

牽復者。謂與初九牽連而復也。此爻亦秉乾體。具陽剛之性。上進而爲六四所
止。然以陽居陰位。不得正。故欲進而有障。見初九之復。亦即牽連而復本位。故
曰牽復。蓋以剛中從容之德。自審進退不失其宜。是以吉也。象傳曰。牽復在中。
亦不自失也。謂其有中正之德。能適進退出處之宜。自不失其節操也。亦字承
初爻象傳而言。

（占）問時運因人成事。自得獲利大吉。○問商業。宜創立公同社業。或舊業重振。皆得吉也。○問家宅主兄弟和睦。恢復先業。必致家道興隆大吉之象。○問疾病必主夙疾復發。小心調治無妨。○問行人即日偕伴同歸。○問戰征主連日得勝。○問六甲。生女。○問年成。豐收。

（占例）余有熟知商人某氏。以某局有購售羅紗之命。乃至橫濱外國商館。先取樣品進呈某局。時適有他商二名。亦進呈樣品某局員。以某氏所進爲良品。以他二名所進爲劣等。二商人憤憤不平。來告曰。同一物品。而局員妄以一心之愛憎漫評貨品之高低。其中不無賄囑。余將告發於長官。請占前途得失筮得

小畜之家人。

爻辭曰九二牽復吉。

斷曰此卦君子爲小人所止。有屈而不伸之象。今二爻與五爻雖同秉陽剛。本非正應。恐告於長官未必能達。以止爲可。夫商人販賣貨物同業相妬。亦事之常。在該局員以買主妄評貨品與之爭論。究亦無益。足下即使議論得直貨物

未必得售。不如中止。勸二商牽連而歸。復其本業。謂之牽復在中。亦不自失也。

不自失者。謂思後日之利益。忍而歸也。

〇明治二十四年郵船會社汽船東京丸。值朝霧昏迷。誤閣房州洋之淺洲。軍艦幷他汽船極力牽引。毫不能動。或來請占是船之利害。筮得小畜之家人。

爻辭曰九二牽復吉。

斷曰。依此占。今東京丸已得他汽船引出。其船體無所損。可安全而還也。象傳曰不自失也者。即無所損之謂也。

後果如此占。

九三。輿說輻。夫妻反目。

象傳曰。夫妻反目。不能正室也。

輿者人所乘以行遠也。輻者輪中之直木。或作輹。說者。脫也。夫妻反目者。謂妻瞋目而視夫。夫亦瞋目而視妻。故曰反目。此爻以陽居陽剛而不中。才强而志

剛其性躁妄而不能自守。先衆陽而銳進。爲六四所止。故比之車之運行。脫輻

而不能進曰輿說輻。九三之陽。比六四之陰。有夫妻之象。但夫爲妻所制陰陽

不和。致夫妻不睦。則其妻之不順不敬。固不竦論其夫。亦不爲無罪也。何則。夫

之素行尙能莊重篤實。閨門之內。相敬如賓。夫何反目之有。反目之來實由於

夫之素行有缺。始則溺於私愛。繼則踈於自防。終則爲妻所制陰致漸長。而陽

剛無權。此家之所以不齊也。故象傳曰不能正室也。蓋妻正位夫內夫正位夫

外。今以妻制夫出而在外。是閨門之不正也。九三至九五。互卦爲離。離爲目巽

爲多白眼皆反目之象。

(占)問時運。陰盛陽衰。內外不安。最宜愼守。○問商業。有積貨。急宜脫售。凡衆所

爭售者。切勿售衆所不售者。急進售之。此謂反其道而行之得利。○問家業。陰

陽顚倒。家室不和。○問疾病。防醫士不察。以寒作熱。以虛作實。藥不對症。是陰

陽相反也。宜急別覓良醫。病必脫體吉。○問戰征。軍心不和。防有轍亂旗靡。倒

戈相向之慮。○問行人。即日可返。○問出行。恐中途有險。○問六甲。生男。主有

目疾。〇問年成。不佳。〇問婚姻不利。

（占例）明治六年。岩倉右大臣。及木戸大久保伊藤山口諸君奉命使歐米各邦。

當派遣之初。使臣不得與各邦擅訂條約。在朝者爲三條太政大臣。西鄉副島

後藤板垣大隈江藤大木諸君。使臣未歸之先。不得創議新政後因海軍省所

轄雲揚艦。曾測量朝鮮仁川海岸。彼國砲臺突然砲擊我艦。廟議將發問罪之

師以雪國辱。歐米派遣諸君。亦遞相繼歸朝共參朝議遂分爲征韓非征韓二

派。某貴顯來請占朝議歸結。筮得小畜之中孚。

爻辭曰九三。與說輻夫妻反目。

斷曰此卦下卦三陽。欲牽連而進爲六四一陰所止而不能進。乃以大爲小所

畜。故名曰小畜。下卦三陽。有銳進之性。在主征韓者謂我國三百年來以鎖國

爲國是。故致文化後于歐米各邦。今模倣歐米之進化非力圖進取。恐難獨立

于東洋。其奮激銳進。殆有不可過之勢。在主非征韓者目擊歐米之文化與夫

陸海軍之全備。專畵遠大之策。戒輕舉之生事。辨征韓之不可。大反其議蓋謂

征韓之舉。雖一旦遂志。在朝鮮人或逃赴清國與清國政府謀恢復。或脫走于

露領浦潮斯德。乞露國之救援。又清露兩政府受朝鮮再興之依賴。不無責問

我政府至英法德各邦。坐視我東洋有事。亦將藉生口實。皆可豫料也。此番出

使諸臣歸而作是議者。洵有見而言之。後朝旨一從罷征之議。主征韓者慍其

言之不冊群相辭職。謂之輿說輻也。征韓非征韓二派。至相仇視。恰如夫妻不

睦謂之夫妻反目。後果主征韓者悉辭其職。

六四有孚。血去惕出无咎。

象傳曰。有孚惕出。上合志也。

血者恤也。恤字古文作血曰恤曰惕皆憂懼之甚也。血去者。遠傷害也。惕出者。

免危懼也。皆所以解脫憂患。此爻成卦之主以一陰之微弱。止五陽之剛强。蓋

畜得其時。又得其位。故能畜止衆陽。自全卦言爲以小人畜君子以一爻言爲

以孤柔敵群剛。五爲君位。四與五相比。是以臣而畜君者也。始如不足。終乃有

濟有因人之功。無償事之失。但在下三陽。爲柔所制。欲銳進以害柔。亦勢所不免。惟六四陰而中虛。能以中孚感君臣契合以至誠相畜。故五陽亦終服六四之制。非其力能止之。實本孚信有以感之也。且六四不以獲君爲榮轉以位高爲惕退避三陽。而不妨賢路如六四者。誠輔相之賢者也。謂之有孚血去惕出无咎象傳曰上合志也者。以六四之大臣。比於九五之君。盡心謀國上下交孚又以九五之君。愛庇六四之臣。恩遇優渥。始終無間。故曰上合志也。

（占）問時運。目下不免憂慮切忌與人爭鬥防有損傷宜出門遠避斯无咎也。○問仕途必得上官契合。即有升遷大吉。○問戰征。利於出軍進攻。可以獲勝○問家業。姬妾僕從。御之宜得其道。否則防反受其制。○問行商。利西北不利東南。○問疾病。是寒熱之症。治之宜寬解。不宜燥烈藥品。○問謀事有得鄰里相助之力。○占行人恐中途遇險。宜微服潛行忍而避難。○占六甲。此胎生女。後胎可連舉五男。

（占例）明治五年。占某貴顯氣運筮得小畜之中孚。

爻辭曰六四。有孚。血去惕出无咎。

斷曰此卦六四一陰。在九五之下。奉戴君德。制伏上下四陽之銳進。一陰之勢

力本孤。惟以眞誠相孚。能使群陽受畜。然陽亢則變生。不無可慮曰血去惕出。

其憂患也深矣故无咎。因呈此占於賞顯。貴顯唯首肯而已。後聞某貴顯駕過

赤坂果羅暴徒之難。被輕傷而免血去惕出之占可謂先示其兆也已。

九五。有孚攣如。富以其隣。

象傳曰。有孚攣如。不獨富也。

攣與戀通攣如者。相連之意富以其隣者。鄰指六四。謂九五之君。能信任六四。

與之合志而畜乾六四之臣。積誠以格其君。九五之君。推誠以待其下。上下相

孚。而畜道成九五之富皆六四之功也。此爻中正以陽居尊位。而密比六四之

宰相。唯其有孚則群陽亦牽連以相從也。九五居尊所謂貴爲天子。富有四海。

與上爻四爻同居巽體。并力畜乾以禦衆陽銳進之鋒方張之勢曰富以其隣。

是以同爻爲隣也。然九五之君當以大賚天下。澤被羣生。若第擧如六四之宰

相其富厚之澤。未免偏而不公故曰有孚擧如富以其隣指臣位而稱隣者司

見君德之不滿又爻辭不係吉凶者亦以君德之未美也象傳曰不獨富也者。

以爻辭以字讚爲助之義也。

此卦初九九二二爻雖復道不過獨善其身。九三與六四爲敵遂至反目獨九

五終始信任六四以共天下之富是小畜之所以亨也。

(占)問商業有百貨輻湊。羣商悅服之象大利也。○問時運一生氣運亨通無往

不利。○問仕途主連得升遷祿位雙全。○問家業主累代忠厚惠及鄰里不獨

富有且得貴顯。○問戰征主軍士同心有國境日闢之象。○問六甲有孿生之

象。○問疾病主麻痺不仁手足攣拘之症。○問失物宜從隣近尋覓自得。○問

出行宜結伴而行不宜獨往。

(占例)明治四年三月友人岡田平藏氏來曰余今將創一業請占其成否筮得

小畜之大畜。

爻辭曰九五有孚攣如富以其隣。

斷曰此卦有畜積貨財之象定可得商利之滿足也但必得一信實夥友以主

其事。獲利之後。當分肥及之。庶幾相與有成也。後果如此占。

上九。既雨既處。尚德載。婦貞厲。月幾望。君子征凶。

象傳曰既雨既處。德積載也。君子征凶有所疑也。

既者。事之既成也。既雨者。此爻外卦變坎。前之密雲不雨者。今則既雨矣。既處

者。止也。謂陰陽相利。各得其所陰之畜陽不和則不能止之。既和而止之。畜道成

也。尚德載者。尚即論語好仁者無以尚之之謂美六四之孚信充實。衆陽感孚。

明小畜全卦之成功也。九五上九同屬巽體。知乾難畜。故積德而共載之望者。

滿月也。月幾望者。喻陰德之盛。此爻以陽居陰。小畜之終。畜道已成之時也。象

辭曰亨。即指上爻而言。蓋此卦一陰。以巽順爲性。順者妾婦之道。且巽爲長女。

象婦。故以婦爲喻。六四陰象爲女。九五信任不疑。六四之威權已重。恰如月之

幾望滿盈而敵九五之尊。婦貞厲之貞謂以陰制陽。即以婦止夫。婦宜貞厲固自
守。若以此道爲常。則厲當此時雖有賢人君子不能復如之何。故曰君子征凶。
且陰之既勝固無可爲之道。方其將盛未盛之間君子所最宜致戒此爻月幾
望凶者陰之疑陽也。歸妹之六五月幾望吉者。陰之應陽也。中孚之六四月幾
望无咎者。陰之從陽也。婦貞厲者以理言之。戒小人也。月幾望二句。以勢言之。
戒君子也。象傳曰有所疑也者。蓋以陰敵陽則必消猶言小人抗君子則有害。
君子安得不疑之。一說疑者礙也謂於道義有所礙塞義亦通。雨與月皆有坎
象。此爻外卦變爲坎。故有此辭也。

(占)問時運有昔時希望不遂今得如願之意。○問家業。有前因後亨之象。○問
營商宜得利則止。若貪得無厭終恐盈滿致凶。○問戰征。既得戰勝宜即罷軍。
若復進攻不利。主帥。○問年成旱不爲災。○問六甲生女。○問行人即歸。○問
出行不利。

(占例)明治二十二年某月。某貴顯來訪談時事。請試占政黨首領某氏之氣運。

筮得小畜之需應其請而講小畜全卦之義。

爻辭曰上九既雨既處。尚德載。婦貞厲月幾望君子征凶。

斷曰此卦上爻乾天天氣上昇有雲隨之被風吹散不得爲雨謂之密雲不雨。

以風之小止天之大。故名此卦曰小畜以國家擬之四爻一陰得時得位上下

五陽牽連應之陽大陰小以一陰止五陽是小畜之義也故曰小畜柔得位而

上下應之曰小畜。

此占爲政黨首領所關其所從來者久矣。請推其原而說之。

明治之始。某縉紳爲衆所推奉勅令爲相奉侍九五之君。盡見信任。一時群傚

皆受其畜。誠千載一時之會也。就小畜之卦言之。以某貴顯當六四之位。下卦

三陽牽連被畜雖衆陽有健行之性。欲進而謀事。六四慮其躁動悉被抑止。獨

以孚信感君。巽順行權謂之健而巽剛中而志行也。明治元年三月雖有萬機

公論之勅命究未施行謂之密雲不雨。

初九復自道何其咎吉。

此爻以陽居陽雖有才力未得信用與六四之陰相應見六四專權難與共事。中途而返者也。

九二。牽復吉。

此爻亦雖欲進見初爻既復於道。是以牽連亦復。進退審詳不失其宜以中正也。

九三。輿說輻夫妻反目。

此爻與六四同居重職。先衆陽而銳進。爲六四所抑止。志不能行。辭職去官。謂之與說輻夫妻反目者以九三陽爻爲夫。六四陰爻爲婦。陽爲陰制。猶夫爲妻制。憤懣而爭。故曰反目。

六四。有孚血去惕出无咎。

此爻爲全卦之主。以一陰止五陽獨得權勢。然陰孤陽衆。抑亦可危。唯在六四能以孚信感君。故九五之君。愛護六四不使羣陽得以相犯。故曰血去惕出无咎。

九五有孚攣如富以其隣。

此爻居尊位。與六四之陰攣繫而御小畜之世。九五六四皆曰有孚是以積誠相感上下交孚也下卦三爻同爲巽體故曰攣如賞賜之厚如富人之以財產分賜隣里也今以某貴顯擬之朝廷錄維新之功恩賜優渥且政府以數萬圓買置其第宅即是也。

上九既雨既處尙德載婦貞厲月幾望君子征凶。

既雨既處者小畜之終風變雨爲水前之密雲不雨者今既雨也明治創業以來某首領有功于國家人所皆知但政令隨時更變惟在積德累仁勵精圖治。國家大權不容旁落亦不可偏任明治十四年請開國會至今二十三年有衆議院開設之議謂之尙德載也在大臣謀畫國計未免擅權以臣制君猶之以妻制夫謂之婦貞厲月幾望者月滿則虧幾望則將近於虧是即陰陽消長之機君子征凶者謂當戒其滿盈也。

天澤履

履者。冠履之履。篆書作履從尸從彳從舟從攵尸者。象人身。攵者足也。舟者載
也。彳者行也。即所謂步履而行可以運動人身者也。故此卦以此取名象辭曰。
履虎尾者是也。轉而為禮禮者人之所踐行也。故序卦傳曰。物畜然後有禮。故
受之以履大象曰。以辨上下。又轉為福之義詩曰福履綏之是也。人能守禮則
天賜之以福。此卦外乾內兌兌天兌澤天在上。澤居下。上下尊卑之分正。故有
禮之象。又乾為行兌為和語曰禮之用和為貴。象有履虎尾之辭。故即取其首
字以名卦也。

履虎尾。不咥人亨。

象曰。履柔履剛也。說而應乎乾。是以履虎尾。不咥人。
亨。剛中正。履帝位而不疚。光明也。

此卦乾上兌下乾爲老父前行兌爲小女追隨在後凡以剛健踐柔弱之後易。

以柔弱踐剛健之後難就卦面觀之以六三一陰之柔介五陽剛強之中有

欲行難行之象以至弱之質躐於至剛之後猶履虎尾最是危機文王就其難

行之道係其辭曰履虎尾危之也乾爲虎虎指剛健者人者對虎而言不咥人

亨者謂人能柔順和悅循理而行雖遇強暴不爲所害故象傳曰履柔履剛也。

說而應乎乾是以履虎尾不咥人亨此卦二五兩爻皆得陽剛之中正九五尊

位居至高至貴而能不疚于心必其有光明之德也謂之剛中正履帝位而不

疚光明也象傳三句專就五爻而言此爻上卦變則爲離離爲火爲日爲電有

光明之象。

以此卦擬人事內卦兌爲我外卦乾爲彼我柔弱而彼剛健例之古人如上杉

謙信織田信長等剛毅果敢爲其臣僕者一不順從每踏慘禍諺云伴君如伴

虎此之謂也嗟乎世路險阻無往而非危機虎之咥人不獨山林凡一切利害

所關即爲危機之所伏皆可作虎觀也唯以不敢先之心後天下之人以不敢

犯之心臨天下之事以不敢輕進之心處天下之憂患敬以持已和以接其以

此履虎虎雖剛猛必不見臣由是觀之人能行己卑遜待前不爭通哉䄄然

強暴則強暴服行於蠻貊則蠻貊化行于患難則患難弭皆相悅遜劾甜以舉

體言初爻爲虎尾至九五之時危險既去身安心泰自具光明之德哩遊體遊

時柔能制剛弱能勝強雖剛暴難制者皆可以柔和之道制之若欲與剛制剛

必有大咎此履卦所以貴和悅而應上也。

以此卦擬國家上卦爲政府下卦爲人民上剛強下卑屈名分懸隔剛強者進

於前卑屈者隨其後謂之履柔履剛也上下以和悅愛敬服從

夫上上亦樂其柔順不復以強暴相凌謂之說而應乎乾是以履虎尾不咥人

亨九五之君德稱其位乘拱而天下治上不愧祖崇之靈臨下不賣屈民之瞻

仰何疚之有於是功業顯著德性光明謂之剛中正履帝位而不疚光明也

通觀此卦無若天低者無若澤上下尊卑之分昭然若揭末巴以示體分

在五陽之間爲全卦之主才弱而志剛體暗而用明不自量力而敢於蕲進致

蹈危禍也。初九在下。素位而行不關榮譽。雖涉危險之世。行其固有之業。而自
得其安樂也。九二居內卦之中不縈情於名利之途坦然自樂不陷於危險也。
九四上事威猛之君下接奸佞之侶處危懼之地小心翼翼位尊而主不疑權
重而人不忌。終得遂其志也。九五居尊位。雄才大略獨斷獨行以剛猛而御下
者也。上爻熟練世故洞悉人情建大業奏偉功而克享元吉者也。是履之終也。

大象曰。上天下澤履君子以辨上下定民志。

此卦上天下澤。尊卑貴賤之等級分明。是不易之定理也。君子見此象辨上下。
定民志使之各居其所各安其分不相紊亂自無僭越禮制之要也。夫宇宙間
莫低於澤莫高於天譬諸在人莫尊於冠莫卑於履上下之分如此履者禮也。
君子體乾之強莊敬而日彊所以行禮也。兌之德悅也。悅者和也。禮以退爲謙。
履以下爲基。故曰履德之基也。天而不下交於澤則江河無潤澤而不上交於
天則雨露無滋惟天高而能下。故水土草木之氣蒸而爲雲雨而天益高惟君

尊而能卑。故億兆臣民之分辨。而爲禮讓。而君益尊若上下不辨。民志不定則
等威無別。民情騷動。天下紛然亂自此起。如之何其能治也。此卦正自天子下
至庶人安尊卑之分聯上下之情君懷明德。民無貳志矣革所由治也。韞乎君
子以辨上下定民志。

掩久後自出。

（占）問家業。有門庭肅穆。僕妾順從之象。○問任官有品級漸升之象。若攀援干
進反致不利。○問營商宜辨別貨品。審察商情。待時而集。必得高價。○問出行。
利於濱海之邊。○問六甲得女。○問疾病。宜疏通中焦。○問遺失。一時爲物所
掩久後自出。

初九。素履往无咎。

象傳曰素履之往。獨行願也。

素者生帛。取天然之色而無飾也。素履者。謂直行本分之性質。此爻以陽居陽。
雖得正位。上無正應。在下位。不援上。中庸所謂君子素其位而行。不願乎其外。

履

百八

者也。以居履之初去虎猶遠守當然之本業獨善其身不求聞達一旦得位。亦

不改其素履之守所謂窮不失志達不離道故曰素履往无咎象傳曰獨行願

也者謂己之所願不願乎外也此爻無正應故曰獨也。

（占）問功名宜安居樂道待時運亨通往無不利○問營商宜守舊業久後必獲

利○問謀事宜緩待不宜急迫○問戰征宜獨行潛往覘探敵情无咎○問家

宅福履綏之門庭吉祥○問六甲生男。

（占例）橫濱商人某氏來告曰近來商業不振得不償失欲移居於東京別創事

業請占前途吉凶筮得履之訟。

爻辭曰初九素履往无咎。

斷曰此卦兌之少女履乾父之後明明教人以謹守先業商務之通塞未可拘

一時而論。價高低隨時變換。前失後得。亦事之常。何必遽作改計不如守舊

久必亨通也。故曰素履往无咎某氏聞之隨絕改圖之念。仍在橫濱從事舊業。

未幾而商機一變大獲利益。

九二。履道坦坦。幽人貞吉。

象傳曰幽人貞吉。中不自亂也。

坦坦者。道之平也。幽人者。謂隱居山林之士也。此爻當履之辭。得剛中之位。樂則不偏。不偏則不危。履行其道。猶行平坦之道路也。故曰履道坦坦。夫行道者。履於旁則危險履其中則平坦必其中心淡泊忘情榮辱以道自守斯得幽人之貞也。故曰幽人貞吉若欲急進而從事。恐履六三之虎而招禍也。蓋此爻雖有才德以上無應爻之助。故未得出而用世唯其窮居樂道邁時養晦藏器。傳曰中不自亂也者。謂不降其志。不辱其身。是不以利達亂其心者也。一說幽人爲幽囚之人如文王之囚羑里而演周易文天祥之囚土室而作正氣歌之類雖在患難不亂其志也此爻內卦變爲震震爲大塗有道之象取以免禍幽谷之象。故曰幽人。

（占）問功名。有高尚其志之象。○問營商。一時物價平平。何得數利。○問戰征平

穩獲吉。○問終身有恭敬脩身之意。○問家宅有分析財產之意。○問失物有

意外損耗之慮。

(占例)一夕有盜入某貴顯邸宅竊去衣服若干貴顯請占盜之就捕與否筮得

履之无妄。

爻辭曰九二履道坦坦幽人貞吉。

斷曰此卦兌之少女履乾父之後老父為盜少女者改造其贓品或變其體裁

而轉賣之是父子共為盜者也一時不得顯露者盜中之最狡者也然互卦有

離火火之明即探索吏也互卦之主爻即六三之探索吏象傳所謂眇能視不

足以有明也故現時不能捕獲至上爻有視履考祥其旋元吉之辭自此爻至

上爻爻數五必在五月之後依贓品而暴露盜賊即可就縛後五月此盜就縛。

果如此占。

六三。眇能視。跛能履。履虎尾。咥人凶。武人為于大君。

象傳曰。眇能視不足以有明也。跛能履不足以與行

也。咥人之凶位不當也。武人爲于大君志剛也。

眇者。目之偏視也。跛者。足之偏廢也。武人者。文官之對。大君者。尊貴之稱。此

以陰居陽。不中不正。無才無德。以剛暴取辱者也。蓋於履爲成卦之主。欲恃其

勢而統轄羣剛。不自度才德之微。不足負擔大事。目之眇。自以爲能視。足之跛。

自以爲能履。不避危險。勇往直前。自蹈履虎之禍。故曰眇能視跛能履履

虎尾。咥人凶。曰跛者示六三之柔暗。能視履者謂恃九五。而罹險躓蹶矣

二者。虎也。虎之不咥我以我背後有乾也。六三見虎之畏乾。以爲與乾共轄

而自用。遂爲虎所咥矣。象曰不咥人爻曰咥人。其義相反。蓋象取咥之氣和

愛敬而立義。爻主中正以六三陰柔不中正。獨與上九之爻相應。正先虎之

首也。履尾而首應。故有咥人之象。六三不自知其量。放肆橫行。遂觸而干虎兇

五之大君。其強暴而無所忌憚如此。大凶之道也。象傳曰。眇能視。不足以跛。義則

也。跛能履。不足以與行也者。謂其識暗。故視不能明。謂其才弱。故行不能遠位

不當也者。謂以陰居陽。志剛也者。謂其陰柔而不中正。志剛而觸禍也者。兌為毀

折。互卦離為目巽為股。離目為兌所毀折有眇之象。巽股為兌所毀折有跛之

象。又兌為口有咥之象。武人巽之象。巽之初六利武人之貞可見也。武人武士

也。如詩所咏赳赳武夫是也。其職掌專主軍政。奉王命以討伐不庭。效忠於強

場者也。武人為于大君。剛強自用。干犯名分。孔子所謂暴虎馮河死而無悔之

徒。其甚者竊弄兵權。不奉朝命。如北條義時足利尊氏者也。我國維新以來軍

政嚴肅。海陸兩軍類皆桓桓武士。干城之選好謀而成。固不徒以志剛為武也。

易之垂戒。或不在當時而在後世。其慮遠矣。

（占問）家宅有暗昧不明以小凌大之象。○問商業有被人欺弄急切不能脫售

之慮。○問戰征宜退守不宜進攻。妄動者凶。○問行人。恐中途遇險。○問失物。

就近尋覓自得。○問六甲。生男。但嬰兒防有殘疾。

（占例）友人副田虎六氏。從佐賀縣來告曰某所鑛山王學士。最所稱賞。鑛質極

良余將請政府之認可着手採掘請占其利害筮得履之乾

爻辭曰六三。眇能視。跛能履。履虎尾咥人凶。武人爲于太君。

斷曰此卦剛健之乾父前進柔弱之少女隨後足下繼續先聲所開志鑛曠令

此爻以陰居陽。氣強而知昏其所計畫必有與實際相齟齬者也故謂之眇能

視不足以有明也凡商辦之業與官辦之局大異其趣如彼鑛山固鄉關無賴

人所集合能設其規則而統制得宜斯衆人服從且指揮衆役必用老成諳達

之人乃能成其業若指揮不得其人彼鑛夫紛擾匪易箝制懶惰虛喝百弊叢

生足下縱精明強幹而於鑛業究屬生手譬如行路此程非熟悉之途故差辭

又曰跛能履不足以與行也足下又謂不入虎穴焉得虎子是以決意擔當儻

恐入虎穴而爲虎所咥其危險實可寒心爻象如是足下宜斷念也氏不信余

占用某學士爲甲幹使之赴鑛山爲不熟諳實業部下不服將以不克成事而

罷。

按古人有言金銀鑛者。政府可直轄而採掘者也。何則。例如每年以五萬圓

費用。採掘二萬圓金銀。雖得失不相償。其所費消即在民間。其所採掘乃爲

新出。是所耗在政府。而獲利在人民也。所謂百姓足。君孰與不足。其益大矣。

銅鑛夫役衆多。指揮更難。非執生殺之權。寬猛兼施不可。故非政府不能開

採。

鐵山者利益平均。鐵價之高下。與米穀之高低相準。凶年而營開採。足使鑛

夫藉以糊口。鉛山者密賣之弊最多。必一村豪農與村民素相親信者。斯可

從事採掘。

外國人某曰。金銀鑛山。百人營業中。九十九人損失。得一人之獲大利。即足

償九十九人之損失。而有餘矣。故金銀山者。猶富鐵也。實可味之言也。

○貴族院議員某。福島縣多額納稅者也。自去年一三十年冬。至本年春蠶絲輸出

外國者。時價益騰。本年養蠶之成績頗好結果。預料他日蠶絲輻輳橫濱勢必

低價。乃於橫濱四品取引所期五月與六月。約賣蠶絲若干。與買者同納付保

證：金數萬圓於取引所。至期蠶絲之入橫濱者稀少。時價看漲不能交現買者。

知蠶絲之不足。數人聯合。益唱高價。於是有介賣買兩間。而謀爲仲裁者某來

曰。此仲裁適余意否。請爲一筮遂得履之乾筮得履〓〓〓〓〓〓○問彈劾可否得占

爻辭曰。六三。眇能視。跛能履。履虎尾。咥人凶。武人爲于大君〓〓〓〓〓〓〓〓

斷曰。此卦以兌之柔隨乾之剛。猶少女與暴夫同行。其危險如履虎尾。今占得

三爻。足下測度蠶絲出產與時價。是誠以管窺天。謂之眇能視。不足以覘輿進

横濱商人。自產地販集蠶絲。向以貸金收買。故轉運往往不遑顧之虞慮橫風本

足以有行也。買者乘其虛。而益唱高價殆將食沒足事定保證金謂之跛能履

哇人凶足下不自揣其不能。不知買家之不良。欲傳諸一時鍾高之利喪盡羞憲

猶以匹夫之勇。望爲武將者也。謂之武人爲于大君。令仲裁難符過忒胃讐商

可得協商。然大損不免也。

後果如此占。

九四。履虎尾。愬愬終吉。

象傳曰。愬愬終吉。志行也。

愬愬者。畏懼之貌。此爻以陽居陰。逼近九五尊位。才強志弱。以九五為虎。常懷危懼。故有履虎尾之戒。若以其危懼故。而退身遠引。亦非為臣之道。此爻處大臣之位。有可未嘗不獻。有否未嘗不替。亦非避其威而不履也。但小心謹懼嘗若愬愬。故曰履虎尾愬愬。是以位雖高而主不疑。權雖重而上不忌。終免憂危。而得保全之吉。故曰終吉。此卦全卦以柔為吉。終字對初而言。有始于危終于不危之義也。繫辭傳曰。履四。多懼。此爻多懼。唯其防患周密。終得免害。象辭曰不旲人亨者。謂此爻也。象傳曰志行也者。謂履行其道也。志者為平日期望之志也。

(占)問時運。以溫和接人以篤實當事。雖臨危險。終得免禍。是運氣平穩之時也。○問商業。不宜急切脫貨宜謹愼耐守。終獲利益。○問戰征。宜臨危固守遇敵得捷可轉敗爲勝。○問甲六平穩得男。

（占例）明治十七年十二月。朝鮮京城有政黨紛擾。時國王遺特使來我公使館。

請我辦理公使竹添君護衛王宮。公使因率兵前進。清國將官某氏。亦率部下

兵迫王城。遂抗我兵并屠殺我商民。此報達我國。朝野驣然。朝旨派往外務卿井

上伯。奉使朝鮮責問。是國家之重事也。某貴顯使余占其動靜筮得履之中孚」

爻辭曰。九四履虎尾。愬愬終吉。

斷曰。此卦上卦乾爲父。下卦兌爲少女。有少女隨父遠龜也。教名國履盡禮闈

之於朝鮮。本無他意。以我既行歐米之開化。欲使彼國速從時勢之變遷。藏導

其前。彼履其後以同行改革也。萬一朝鮮爲歐人所占領。不啻爲我國憂貴憂

實關亞細亞全洲之障碍。奈彼國冥頑不悟。妄以嫌忌外人逞趁今國之酷象

害我人民。是有目而不能見當前之形勢。有足而不能履奮進之地步也。象傳

謂之眇能視。不足以有明也。跛能履。不足以有行也。彼之殺害我國人猶覺童

之履虎尾。今外務卿井上伯奉使前往。責問其罪。彼必自知微弱恐闖我怒唯

有謹懼恭順。唯唯諾諾。惟命是從。四爻變而爲中孚。我悅彼從。結局終歸平和。

履

百十三

謂之履虎尾。愬愬終吉。于時十七年十二月二十五日也。

（附言）是月二十七日交詢社傳福澤諭吉氏之言。邀余演說朝鮮易占。余因趨

其席。社員滿室。幹事諸氏謂余曰今回朝鮮之事。甲論乙駁或和或戰群議紛

紛不知歸的。君玩易象。必獲先機。幸爲開陳爻辭余曰易道通天機而知未來

者也。與憑空議論者不同也。余憑易占已豫知結果。在外人或未之信也。遂應

其請詳述前說。在席自福澤氏以下。皆不解易陰如怪訝余歸後福地源一郎

氏寄書請示占象。因更記前說以自送之翌十八年一月一日揭之於東京日

日新聞。當時時事新報記者痛嘲余說。彼昏昏者不解易理。亦無足怪。彼聞井

上大使。與朝鮮政府開論。即在一月二日易理之定數不差分毫。余之易占不

失一語。不亦可畏敬哉。

九五。夬履貞厲。

象傳曰。夬履貞厲。位正當也。

夬者決也。夫履者謂其一任剛決以履行也。此爻剛健中正。體乾卦履尊位下

無應爻。自恃剛明。果於任事。多威武猛斷之政。未免有果敢而窒之弊。故曰夬

履。古聖人居天下之尊位。雖明足以照剛。剛足以決。勢足以專。未嘗不博取天下

之議以廣其見識。此聖人之所以為聖人也。此爻不患不剛明。而患在躁急。一

任己見。以剛行剛。不審時機。不察群情。遂致上下不通。內外阻隔。急切之甚。激

成禍變。是危殆之道也。故曰貞厲。貞者。貞固也。謂固執而不變也。厲者冤也。謂

當常存危懼之心也。易中用厲字之例皆然。噬嗑之九五。貞厲无咎。亦猶是也。

蓋履之道。尚柔不尚剛。九五以剛居剛是決於履也。以其中正之德。又能危厲

自惕。斯得動無過舉。書曰心之憂危。若蹈虎尾。國君能常思蹈虎之危。可謂履

帝位而不疚也。爻辭元吉者固見其屬也。象傳曰位正當也者。與兌之九五。及

中孚之九五。同義。蓋有不滿於君德之旨也。謂剛決之君。似於寬仁溫和之德

有闕。所宜反省而加勉也。

（占）問時運。前苦後甘。目下正當披雲見日之時。猶宜毋忘曩時苦境。兢兢業業。

斯能長保其富也。○問商業宜和衷共濟。有貨不宜急售。久後必得厚利。○問
失物有不待尋而自得之象。○問官途目下已得昇遷。唯宜謹愼斯可永保。○
問疾病危而後安。

(占例)某會社社長來占運命之吉凶筮得履之睽

爻辭曰。九五。夬履貞厲。

斷曰此卦以兌之少女繼乾父之後。今君之學識溫和。而長於交際。由株主選
舉而為社長。地位中正固無可疑。但既任職權不能不竭力謀事。一或剛決獨
行。凡事難保無失謂之夬履貞厲。在足下精明果敢勝任社長固余所深信也。
唯從占筮之意。尚宜時時警戒勸足下注意而已。

後果如此占。

上九。視履考祥。其旋元吉。

象傳曰。元吉在上。大有慶也。

視履考祥其旋者謂自視其履行之跡能考禍福之祥兆此爻居履之終即陸

行之終凡人之所踐行善則得福不善則得禍治亂禍福之所歧悉由於履符。

人之所履亦難保始終皆善不善而終善者有始善而終不善者必觀履

終然後見也若周旋无虧終始如一則其吉大矣故曰視履考祥其雄覓吉凶

傳曰元吉在上大有慶也謂君上能行此道則大有吉慶也元即大吉即慶也。

凡六十四卦之中上爻係元吉者不過二三卦此爻居其一盡上爻者極遠而

多危殆也。

(占)問時運目下正得安樂之時其人必素行無虧晚運亨通福壽雙全。

○問商業往返經營俱得大利。○問家宅禍福無門惟人自召若能積善有

餘慶。○問疾病恐天年有限。○問失物不零自得○問六甲必產貴乎。○問戰

征大獲勝捷奏凱而旋。

(占例)明治二十三年十月。東京府下第十五區選舉代議士高島補丑編輯之

人為某豪商也。一日友人某氏來請占其成否筮得履之兌。

爻辭曰。上九。視履考祥其旋元吉。

斷曰。此卦以兌柔弱之少女隨行乾剛之老父。其勢不相四敵固不待論履之

上九。履之終也。必其人經履幾多艱難危機漸奏事功以至今日之盛運也。然

應不中不正之六三。依偏視之眇者。與偏廢之跛者。與剛猛之武人。共相競爭。

孫子所謂下駟與上駟其不能必勝可知矣。上爻處位之極。無可復進悟前非

而鑒既往翻然回顧。可得大吉也。若謀不出此。欲強遂初志其凶有不可言也。

後依所聞。某豪商果察機自退不復與爭云。

○明治三十年。占我國與德國交際筮得履之兌象辭曰。履虎尾不咥人亨。

爻辭曰上九視履考祥其旋元吉。

斷曰。履者以柔順而履剛健之跡。有周旋无齮之象。故名此卦曰履曰履虎尾

不咥人亨以柔躡剛恭順而不失其正故不見咥而反見亨也。見之本年我國

與德國交際彼國誇其武威非無虎視耽耽之意然我國當路之重臣處置得

宜且彼國駐劄公使得人。能兩得平和。故彼此無事。從戰勝清國以來博強國

之稱。比之從前交際。自然不同。在彼具猛虎之性。搏噬之志。固未嘗一日忘也。

且因我之強。亦不無嫉妬。在我惟宜以柔剋剛。隨時應變。斯得矣。

增補高島易斷

泰字篆書作夳从大。从廾从水尐者左手尐者右手之象形以兩手決水。取水
從中分流通無滯水去而民得安居也自昔中土大禹治水疏通九河剗土壤。
敎稼穡奠厥民居斯地平天成。而萬民得生活於其間。永享泰平之福。是泰之
義也此卦坤上乾下。坤陰也。乾陽也。是天地合氣陰陽交和資生資始。而民物
咸亨。故名此卦曰泰。

泰。小往大來吉亨。

象傳曰。泰。小往大來吉亨。則是天地交而萬物通也。
上下交而其志同也。內陽而外陰。內健而外順。內君
子而外小人。君子道長小人道消也。

此卦乾天在下。坤地在上。就天地之形體言之。上下顛倒。如不得其義。然此卦

所取不在形而在氣。乾為天之氣。坤為地之精。天地之形。高卑隔絕以氣相交。

乾氣上騰。坤氣下降。二氣來往。能成雨澤。雨澤成而萬物生育。因名此卦曰泰。

泰者通也。又安也。寬也。故象傳曰天地交而萬物通。易例下卦為內。上卦為外。

乾為大。坤為小。此卦在下之坤往上。在上之乾居下。故曰小往大來。其所以吉

而亨之理。如象傳所言也。

以此卦擬人事。乾為天。坤為妻。陰陽交和。定然家室和平安樂。乾陽坤陰。陰陽

二氣包括甚廣。天地間一物一事。莫不各有陰陽。就人身體而言。氣為陽。血為

陰。陰陽齊則血氣自平。就人起居而言。靜為陰動為陽。陰陽交則動靜自定。此

卦以乾下坤。似乎陰陽倒置。然象辭曰內陽而外陰。蓋以退陰進陽。重君子而

抑小人也。易理於陰陽消長防維甚嚴。人生涉世。是宜推崇陽剛。抑止陰柔。斯

二氣各得其正。而萬事泰然矣。

以此卦擬國家。政府體天地造化之原理。公明正大以布人民化育之政。乾者。

君也。坤者。臣也。君禮其臣。推誠以任之。臣忠其君。盡誠以事之。聖主得賢臣以

弘功業賢士得明主以展才猷於是萬民感其德化和親康樂。一道同風。是誠
天地交泰之世也。謂之上下交而其志同也。上下二體言之。陽爲君子。陰爲小
人君子在內。布政施令。小人在外。安分服教。謂之內君子而外小人。蓋天地之
間有陽即有陰。有君子即有小人。泰和極盛之世。不能無小人。但君子能善化
夫小人。小人亦樂從夫君子。兩不相害。而其情相通。自我出去陰之小。自彼入
來者陽之大。小人往而各安其生。大人來而樂行其道。是泰道之成也。道有消
長。即時有否泰。總括天地陰陽之交。可見世運升降之會。君子道長。小人道消。
消長之機。正國家治亂之大防也。此卦下三爻爲天下治平之時。上三爻爲自
泰趨否之時。君子當玩味爻辭。深察氣運之變遷。維持泰運於不替也。
聖人之序易也。以乾坤爲始。乾之後凡十有一卦。而後始得泰。蓋君子之以屯教
之以蒙。養之以需。理之以訟。正之以師。和之以比。約之以小畜。禮之以履。而後
始泰。故乾以下十卦。奇數之爻。凡三十。坤以下九卦。偶數之爻。亦三十。而後始
得乾坤相交。開泰之運。其難如是。聖人之所以垂戒於後者深矣。

通觀此卦。天氣下降。地精上升。天地之氣相交。始開造化之功。初九君子得位。

拔擢同氣之賢者。共立朝廷。以勤勞國事。謂之拔茅茹以其彙征吉彙類也。蓋

以同類而並進也。九二有剛健中正之德。爲濟泰之大臣。包荒謂能包容群才。

即所謂尊賢而容衆是也。然亦一於包荒。又必濟以果決用馮河取其勇敢足

以任事。不遐遺謂其思慮之誠實不唯留心於目前且遠及僻陬之域不唯顧

慮於方今。且遠圖長久之謀。至爲國家選擇人才。不涉私情。其可進者雖仇怨

而不棄。其不可用者雖親近而不舉謂之朋亡。九二之行爲公明正大中正以

應尊位宜六五之信任不疑也謂之得尙于中行。九三居陽之極其位不中正。

且值盛極將衰之時以卦體見之天氣不能久居下地氣不能久居上有各將

復其本位之象謂之无平不陂无往不復夫陰陽之消長如寒暑之往來時運

使然無如之何。然天定勝人人定亦足勝天將陂而預防其陂將復而預慮其

復克艱其心貞固其守盡其人事以挽天運是保泰之道也如此則可永食其

福矣。六四以陽居陰逼近尊位。上三爻皆以虛謙接下。下三爻皆以剛直事上。

四當上下之交。故翩翩相從。樂與共進。是以不待富而從隣。不持戒而相孚也。

志同道合正象辭所謂上下交而其志同也。六五溫順之君。虛己而信任九二。

降其尊而從臣。有帝乙歸妹之象焉。用此道而獲福祉。則大吉而盡善矣。上六。

泰之終。泰極而變。有城復于隍之象當九二九三之時。盡人事之孚可以維持

泰運。然忽其道以至于是。雖天運循環之自然。亦人事之所自招。上六之時失

泰之道上下睽隔。民情離散以兵爭之。蓋之亂耳。故曰勿用師。自邑告命焉。蓋

將守其城邑明其政教以挽天心。撥亂而反正。亦足以保泰之終也。平陂城隍。

其機甚捷。其象甚危。垂戒深哉。

爻辭。初曰茅。地之象。二曰荒曰河亦地之象。三曰陂。地之形也。以內卦皆陰。爲

主坤而容乾也。四曰富曰實。五曰帝乙上曰城。皆陽之象外卦皆陽爲主乾而

客坤也。客遷而主常住其義可見矣。

大象曰。天地交泰。后以裁成天地之道。輔相天地之

宜以左右民。

此卦天地二氣交通之活象。萬物即受天地之化育也。聖人見此象以贊天地之化育。爲天地之所不能爲。蓋天地之生萬物。儱侗無別。聖人能歷象日月星辰。分別分至啓閉成歲功。相度東西南北山川道路。以定城邑。察天之時辨地之利。春夏耕耘。秋冬收穫。無非盡致泰之道也。謂之裁成天地之道。輔相天地之宜以左右民也。人民之生。必賴君上斯得遂其生成。裁成所以制其過。輔相所以補其不及也。

（附言）近年衛生之道普及。醫學之研究日益進步。種痘之法盛行。生民免夭折之患。皆足以燮理陰陽。參贊化育也。歐羅巴諸國。以土地之磽瘠。人口之繁殖。衆民生活之艱難。創舉移民於南北亞米利加。亞弗利加濠斯太剌利亞及亞細亞諸島。維日不足。即如我國以土地與人口比較。統計前後數年。每年得四十萬口之增加。生活不告不足者。抑有故也。我國之土地膏腴。

全國中得米麥兩作之暖地。殆居其半。維新以前兩作之地不滿十分之三。今漸增加。既居十分之七。是以人口雖見增加。而生活有資。故不憂其不足。然由今以往兩作之地。所餘僅居十分之三。人口增加。歲多一歲。朝野賢士。晏然猶未知預籌。不亦可憂。現今開鐵路於北海道。漸次移住凡一千萬人口得減內地人民增加之半數。五十年間猶可保國家之安泰也。其間當設植民之地於海外各邦以計國家永遠之策。謂之左右民。

〔占〕問國家氣運。正當君明臣良。黎民於變。是全盛之時也。然盛之極即衰之漸。否泰在天。回挽在人所當深慮。家道亦然。○問謀事。事必可成。後敗須防。○問婚嫁。陰陽合體。大吉之象。○問商業。賣買均吉。然賣出利微買入者利大其象。於小往大來見之。○問年成。雨水調和豐登之象。○問六甲。有男女孿生之象。○問失物。須就左右近處。尋覓自見。

初九。拔茅茹。以其彙征吉。

象傳曰。拔茅征吉志在外也。

茹者。草根牽連之貌。拔茅茹者。謂拔茅之一根。其牽連者。與之皆拔也。此爻具

剛明之才德而居下。六四之大臣。陰陽相應。是在野之賢材爲大臣所薦舉者

也。以三陽同體。一陽進而衆陽共進。猶拔一茅而其茹連類而起也。故設其象

曰拔茅茹。自古君子得位。則賢士萃於朝廷。同心恊力。以成天下之泰。小人在

位則不肖者竝進以啓天下之亂。是各從其類也。今初九之拔茅。能引薦九二

九三之賢士。相共竝進。故曰以其彙。彙者類也。初九爲泰之始。得其正位克履

讓德之道。是以吉也。故曰征吉。象曰來者。謂天氣之下降。爻曰征者。謂君子之

上進。卦以氣交。自上而降。爻以位升。自下而升。凡君子之學道也。修之於身以

待其時。居天下之廣居。立天下之正位。行天下之大道。欲使其君爲堯舜之君。

使其民爲堯舜之民。是學者之素願也。然天命不祐。不得其志。曲肱飲水獨居

陋巷。是獨善其身也。然其心要未嘗一日忘天下也。象傳志在外也者。謂初九

賢士。身雖在下。志在澤民。外者指天下國家也。此爻變則全卦爲升。升初六之

辭曰。允升大吉。可以卜賢者之升進也。

(占)問時運。有因人成事之象。○問家宅。有家室團圓。人口平安之吉。○問營商。

得主夥合志。貨財彙萃之象。○問功名。有逐漸升遷之喜。○問戰征。以進攻獲

勝。○問失物。宜於叢草處尋覓。○問六甲。初胎者生女。三四胎則男。

(占例)明治二年。某藩士某氏來請占從事商業之可否。筮得泰之升。

爻辭曰。初九拔茅茹以其彙征吉。

斷曰。此卦其象爲天氣透徹地下。地氣升騰天上。以人事言之。是彼我相合。上

下相通之會也。故謂之泰。今得初爻其辭曰拔茅茹。夫茅之爲物。其莖雖分生。

其根則相連。想足下舊交。必有奉職官途者。就其人而謀仕途。事可必成。余觀

足下之貌。適於爲官。不適於爲商。余據易理斷之。知足下之人品才力宜從友

人而謀進身也。

後此人果從事仕官。漸得升遷。

九二。包荒。用馮河。不遐遺。朋亡。得尚于中行。

象傳曰。包荒。得尚于中行以光大也。

荒。如洪荒之荒。又兼荒野之義。包者容也。馮河者。徒涉也。不遐遺者。不忘遠也。

朋亡者猶坤爲地之喪朋也。中行猶曰中道也。此爻具剛明之才秉中正之德。

與六五之君。陰陽正應匡王佐霸。是有猷有爲之蠱臣也。蓋其雍容大度能包

容荒遠之細民撫育敎誨使無一夫不得其所。且有馮河之果斷不流文弱。故

曰包荒用馮河自來聖賢之心。無棄物非包荒不足示天地之慈祥非馮河不

能發天地之威怒雨露雷霆寬兼濟。而又不棄幽遐不私暱近。九二能體此

剛中之德光明正大符合中道。故曰不遐遺朋亡。得尚于中行治泰之道有此

四者所謂寬則得衆信則民任敏則有功公則說誠不失中行之德也。而其要

首在於寬。故象傳舉包荒二字以括之。謂其得配中行以光大也旨深哉。

爲活用占筮。姑就開拓之事而言之。包荒者。謂荒野也。用馮河者。謂開墾荒地。

誘導無業貧民開道。架橋以從公役。不遺遺者。謂極至深山幽僻之地。越險犯
阻。而開拓之也。朋亡得尚于中行者。謂無朋比之私牽衆而舉事得天下之愛
敬者是也。蓋包荒仁也。馮河勇也。不遺遺智也。朋亡公也。備此四德治天下尚
有餘力若夫有包容而無斷制則非剛柔相濟之才也。不遺遺遠而或阿私黨
類則偏重而失公正之體。故必包容荒穢而又果斷剛決不遺遺遠而又不私
昵朋比則不忘遠不狃邇是合于中道者也。象傳以光大也者謂賢次寬闊有
容人之量光則其明足以有照也。大則其器足以有容也。

（占）問時運。目下正當功名顯達之時。可以遠游海外創興事業。○問仕途有奉
使遠行或從事軍征之兆。均獲吉也。○問商業利在行商販運外物。○問失物。
定墮落水中恐難尋得。○問疾病不吉。○問家宅用人宜寬處事宜決不可專
信僕從致損家業。○問戰征有懷柔遠人征伐不庭。疆宇日闢之勢。○問六甲。
生男。

（占例）東京友人某氏。在常陸欲開墾沼地。請占吉凶筮得泰之明夷。

爻辭曰。九二包荒用馮河。不退遺朋亡得尚于中行。

斷曰泰古字态象人以左右手決大水之形凡洲澤之地。由大雨驟降山岳砂

土冲激崩墮。隨流壅積而成。其中低所。或爲湖水。或爲沼陂足下今欲開墾沼

地其有利益於社會以助國家之經濟可知也。爻辭拔茅茹者。謂芟除蕪草播

種五穀開墾之好結果也。又包荒謂買荒地之象。用馮河謂盡力乎溝洫也。蓋

人有鉅多之財產。往往以安樂送世爲的目使子孫可永享素餐以爲上策。而

不知此眞失策之大者何則凡世間富者。不計公益貧者。無由得衣食貧者不

得衣食必至不顧禮義敗壞廉耻其極至犯禁令而罹法網謂之國家亂民亂

民之起皆由遊手坐食而來也。足下能包容此輩奮發而抛貲財欲爲衆人開

墾沼地藉以賑濟飢寒其志氣操行光明正大誠有超絕於朋儕者也。故謂朋

亡。足下之爲此事業利己利人謂之尚于中行必光大也友人曰謹奉命然余

年老不能親至其地。監督工業目今緊要事務欲余所信任某氏爲代理委以

此事。請筮以決之筮得坤之豫。

爻辭曰六四括囊无咎无譽。

斷曰此卦全卦純陰。无一陽爻易之道陽爲尊陰爲賤今筮得此卦恐其人爲卑賤之小人也世之皮相者皆就人之階級以別貴賤余則專論心術第一不爲己謀而爲人謀衆人之所喜己亦喜之衆人之所惡己亦無之其性情之所發公正而無絲毫之私是爲上第二己之所欲望人亦有之萬事以和衷相濟不任己之自由是爲其次第三專顧利欲不顧親戚朋友苟所得利遑知廉恥是爲最下此余之平素所持論也自來上智之人生性完善不見異而思遷謂之貴人下愚之人其心殘忍卑鄙偏於不善謂之賤人坤之初爻曰履霜堅冰至謂爭利而至犯上作亂上爻曰龍戰于野謀利而至相爭兩家俱傷如委此人以任事猶貸盜以鍵也宜括財囊之口而戒心焉謂之括囊无咎无譽。此事必當自任未可委人也。

友人乃從予言。

九三无平不陂无往不復艱貞无咎勿恤其孚于食

象傳曰。无往不復。天地際也。

无平不陂。无往不復者。時運變遷之常。猶月滿則虧花開則落。此爻以全卦見之正當泰運全盛之時。然玩占爻位。為陽窮陰遍。泰之時將終。否之將至也。凡物中則平過中必傾。天數人事皆然。泰至九三。天道復其上。地道歸其下。君子撫泰運之極。唯當盡人事以挽回天運。是以思患預防常惕艱危。如是則可以无咎此爻過剛不中。互卦有震。居健動不止之體。健進一步即為陂復之象。是乾本上也。坤本下也。故乾居內而坤在外。乾苟不安於下必上而迫坤。坤苟不得安於上。必下而奪乾。故曰无平不陂。无往不復。天地自然之道也。雖非人力所可及。然陂復而不聽其復。持其平守其往。防微在漸用保厥終。凡小人欲乘息而入者。君子則彌思其難。小人欲伺隙而攻之道也。雖非人力所可及。然陂復而不聽其復。持其平守其往。防者。君子則必保其貞。其操心之危如此。則舉動措置必无有過咎也。故曰艱貞

无咎夫天下之事。未有不戒懼而能保其終者也。易之垂戒。於始終消長之機。

最爲深切。世運之陂復猶日月之食也。當食之曀時晦冥過時而復光明。故日勿

恤其孚于食有福食即蝕也。以日月之食。喻禍而以食終而光明。喻福。

按六十四卦中不拘爻之階級專以內外卦分時運之轉遷者。四卦。泰否既濟

未濟是也。此卦以內卦三陽爲泰中之泰。以外卦三陰爲泰中之否。蓋以陽爲

有餘爲實爲富陰爲不足爲虛爲貧九三居內卦之極遇六四而當乾坤二體

之會爲泰中之泰。將終六四居外卦之始。爲泰中之否將來。故於三四兩爻示

時運之轉變象傳曰天地際也者。際即交際之際是陰陽之兩交接也。

（占）問時運。謹愼者昌逸欲者敗最宜留意。○問商業現雖失意後必大利。○問

戰征須防敵兵埋伏宜固守不宜進攻。○問失物不久即得。○問生產雖危無

咎必生福澤之兒。○問家業宜謹守先業可以永保富也。○問疾病少者无咎。

老者大限有阻。

（占例）明治十八年。奉故三條相公之命占公氣運於濱離宮。筮得泰之大壯。此

地神高島易斷

時陪從者，爲武者，小路君，福澤重香君兩氏。

爻辭曰，九三无平不陂，无往不復，艱貞无咎勿恤其孚于食有福。

斷曰，此卦大陽之火氣，透徹地下，地精爲之蒸發，天地之精氣相交，萬物發育。國家安泰之象也，擬之國家政府之恩惠，透徹下民，下民之情志，上達政府，君能信任臣，臣能服從君，故曰泰。然泰之極變，而爲否，是陰陽消長，自然推移之運也，故有自泰赴否之時，又有自否赴泰之時，此卦內卦三陽，泰平最盛，外卦三陰，自泰赴否，今筮得三爻，第三爻內卦之極，泰中之泰既去，將移外卦之陰，將轉入泰中之否也，故爻辭曰，平者無不陂，往者無不復，喩時運變遷之義，在時運使然，原非人力所能爭，然保其固然，防其未然，惕以艱危，矢以貞誠，人定亦可勝天，故謂之艱貞无咎，勿恤其孚于食，有福，閣下聲名顯赫，勳業崇隆，可邊尹周，小心翼翼，持盈保泰，自有鬼神默相呵護也，故象傳曰，天地際也。

後相公解顯職，就內大臣之間位，永矢蓋誠克光輔翼之業。

六四翩翩不富以其鄰不戒以孚。

象傳曰。翩翩不富皆失實也不戒以孚中心願也。

翩翩者。鳥刷羽之貌。隣者。指六五上六而言。此爻在泰之時。上與二陰。在外卦。

皆與下應。陰柔之質。宜在下位。今居上體。志不自安。故上三爻相連。同欲下行。

是上者以謙虛接下。不待告戒而自信孚。謂之翩翩。不富以其隣不戒以孚不

富者。陰虛之象。此爻時運過中。泰將轉否。爲小人合志謀害正道之時君子所

當戒也。五上皆陰。不富識量。故象傳曰翩翩不富皆失實也。皆者指坤之三陰。

實者指陽爻陰之從陽猶貧之依富今三陰在外失所依也。然當泰之時。陰氣

上升陽氣下降上下不相疑。與國利植民福謂之不戒以孚中心願也。

（占）問時運喜得朋友同心相孚諸事可謀。○問商業。外則塲面甚好。內實空虛。

全賴同業相助可以成事。○問戰征糧餉缺乏當劫掠敵糧以供軍實衆心堅

固有勝無敗。○問家業本一富家目下外強內弱幸親戚隣里。皆得有無相通

不憂匱乏。○問失物。主遺落比隣之家問之即得。

（占例）東京豪商某氏。甲幹某來。告曰維新以來。商況大變。主家遂赴衰運。欲建

維持之策。不得方向。如何而可。請筮一卦。筮得泰之大壯。

爻辭曰六四翩翩不富以其隣。不戒以孚。

斷曰此卦天氣下降地精上升。上下安泰共守舊規。耽安樂。希無事之時也。足

下今所占問無論主人及經理夥友皆唯知株守舊法。依向來之規則。不知隨

時而變遷。近令宇內各國通商商業亦隨而更新。彼家信用舊人。不諳新法。又

不雇用能材於是商業日居人後。將數代之積產。遂至艱于接續。泰之四爻泰

既過半將漸入衰運。正合彼家之運也。此時欲謀立維持之策。想舊時夥友不

富於經驗。宜代以適任之人委之事權。使衆人投票推薦。以定其人悉從其指

揮舊時夥友亦不宜戀戀舊態。勤勉從事新業也。謂之翩翩不富以其隣不戒

以孚。如此則彼家之衰運。尚可得而維持也。

某氏從余言奮然改革其家風。至倉監輩。使之投票推薦果得適任之人其家

至今益致繁盛。

六五。帝乙歸妹。以祉元吉。

象傳曰。以祉元吉。中以行願也。

帝乙者。殷紂之父也。此爻陰柔而居尊位。下與九二之剛。陰陽正應。恭己無為。虛心下賢。是定位之君。開太平之治者也。九二成卦之主。輔弼六五之君。以成乃治。故引帝乙歸妹。下嫁從夫。以喻聖君虛己。下禮賢臣。開國承家。永保之福祉故曰帝乙歸妹。以祉元吉。元吉者謂大吉而盡善者。即所以成治泰之功也。夫帝女之歸也。非求勝其夫。將以祉元吉。下也。非欲侵乾。將以輔之。象傳曰上下交而其志同者是也。又互卦有歸妹。故與歸妹之六五爻辭相同。象傳曰中以行願也者。當泰之時。君慮泰極變否。謹慎恐懼所願保持之終。永享有至治之福。是所謂中以行願也。

（占）問時運。目下亨通。宜謙虛柔順。萬事皆吉。○問商業。宜貿遷海外。吉。○問家宅得內助之賢。○問婚嫁。宜遠嫁遠娶吉。○問六甲。主生貴女。○問疾病。必得

神佑吉。○問失物拾者必自來歸還。

(占例)有相識豪富某來請占家政氣運筮得泰之需。

爻辭曰六五。帝乙歸妹。以祉元吉。

斷曰此卦上下通氣之象。主從相應。家政安泰之時也。今筮得第五爻尊府之
財產。相承舊業。足下性質良善。家敎完全。但於方今之時勢。未免碍於通達。今
得第二爻爲之經理。能負擔一切事務。忠實可靠。故家政整理。商運益盛。然舊
時羣友。不免有陰相嫉妬。潛生讒毀者。好在二爻經理。人能如新婚之婦。柔順
相從。讒毀自消得以十分盡力克保其家。謂之帝乙歸妹。以祉元吉。

上六。城復于隍。勿用師。自邑告命貞吝。

象傳曰。城復于隍。其命亂也。

隍者城壕也。無水爲隍。有水爲池。城者築土所成。隍者闢土所成。城復于隍。謂
其高城崩而復舊隍也。自邑告命謂從下邑發命令。而告上國也。此爻泰之終。

將轉而爲否。其象取陰弱之君。不能制陽剛之臣。而以時運之變革爲辭以示

盛衰消長之幾日。城復于隍。當時運旣衰。天命將革。君倦於政。臣工於讒。取民

無制賄賂公行。其極必起逆亂。且軍旅之要以人和爲主。上六之時。世運方否。

人心不和猶冰炭之不相容也。若以兵爭之。成敗難知。且城已壞而不修。豈可

據此以戰鬪乎。故戒之日勿用師。至是而君德旣衰。威權盡廢。武功不可用。惟

返而修文。遠略不可圖。惟退而治近。故日自邑告命。蓋固守城邑明示政教。如

孟子所謂效死勿去。冀得民心以挽天運也。貞吝者。聖人謂其不告命於未否

之前而告命於將否之際。惜已晚矣。雖正猶可羞也。故日貞吝。象傳曰。其命亂

也者。是上下俱亂也。彼守成之君。生長深宮之中。與婦寺爲伍。雖有師傅多非

正士。君則驕泰淫佚。臣則阿諛逢迎。無所不至。於是下情抑欝不通于上。君澤

涸滯不流于下。鬼蜮姦賊。惑亂其間。終至人心離散。國家傾覆。是之謂其命亂

也。

（占）問時運。目下氣運顚倒。宜謹愼自守。須防小人播弄。○問商業。宜就小做以

待時運。○問戰征。攻奪城地。必勝。○問家宅。防有顛覆破敗。宜牢穩守舊。○問生產。生女。○問失物。恐難復得。

天地否

否字篆書作否。从不。从口。不者弗也。弗與茀通。茀者車後之蔽障以茀蔽口呼吸蔽塞之會意。醫書心下痞硬之痞。亦同。即取此義也。

否之匪人不利君子貞大往小來。

象傳曰。否之匪人不利君子貞。大往小來。則是天地不交而萬物不通也。上下不交而天下无邦也。內陰而外陽。內柔而外剛。內小人而外君子。小人道長。君子道消也。

此卦乾天在上。坤地在下。自天地實體見之。在上在下。位置自然得宜。然此卦所取。不在形而在氣。謂天氣不降。地精不升。陰陽呼吸。否塞不通之象。名之曰

否。蓋天地陰陽之氣不相交通。雖造化亦無能作用。其交通不正以致上下否塞。數十百年中時或有之。常聞天明年中夏大旱大陽之色亦如丹砂五穀不登天下飢饉即天氣不降地精不升否之時也否字分之爲不口即謂凶荒萬民不得口食也。象傳曰天地不交而萬物不通也。泰否二卦象傳始用則是二字猶曰其故不過如是。非有他故也。

以此卦擬人事。凡一家之中上卦爲父兄下卦爲子弟。父兄過於剛猛子弟過於愚柔。上下性情不合以致動輒相左。百事乖張往來悉是奸邪僕姜敢形背逆或憑空而啓獄訟或無故而陷飛災。錢財耗損聲名破裂家道之日替實由時運之否而來也。推否運之極年時則風雨不調疾病則胸膈不通。經商則有貨難消求名則歷試被黜。雖有善者亦無如何也。故曰不利君子貞君子亦唯順守其變。以避患而已。故當初爻。君子唯連類而退彙守其貞。二爻唯以道自處不肯屈己從人。三爻則以尸位素餐爲羞。四爻則否極泰來方可乘時而動。五爻否已將止。又惕其亡之戒。上爻則否傾矣。故曰後喜處否之難如此。苟一不愼禍必隨之。是所謂小人道長君子道消之時也。凡人值此否運。終當守道

増補高島易斷

安命以俟時運之亨。斯不失爲君子也。

以此卦擬國家。乾在上坤在下陽氣上浮而不降陰氣下沈而不升上下二氣

隔絕。是君臣之志不通也。小人柄政而在內君子退居而在外。一時乘時得勢

者皆非君子人也。故曰匪人也國家值此否運君驕臣諂國事日非正道日壞內

則權臣擅政外則強敵壓境歲時不登而饑饉荐臻兵役不息而疆土日蹙。故

曰天地不交而萬物不通。上下不交而天下无邦國家將冕由得治哉此時君

子唯居易俟命獨善其身所謂邦無道則隱故曰不利君子貞小人則洋洋得

意。猾計百出其巧者或將內挾姦邪外託正眞掩其不善以著其善謂之內陰

而外陽內柔而外剛又或收羅君子以張羽翼。如王莽之禮賢下士藉以文奸。

即初爻之包承是也。是以小人日進君子日退謂之小人道長君子道消也。道

字中包括天之陰陽地之剛柔國家之治亂內外之處置進退得失其義甚廣。

所以明否之運皆由陰陽不交和而來易之繫辭泰則歸之於天否則責之於

人。故泰之大象曰財成輔相不敢貪天功否之大象曰君子以儉德辟難不可

榮以祿。聖人垂誡之意。可謂深也。

通觀此卦下三爻者。否之時。爲小人用事。上三爻者否。運已極。爲趨泰之漸。初

六雖小人並進之時。亦未嘗無君子君上亦未嘗不求士也。在下之君子不忍

忘君見可進而進。故曰貞吉。六二當否之時。君子固當退避。然或有枉道行權。

屈身濟世。如漢陳平之於諸呂唐狄仁傑之於諸武亦足以救否也。故曰包承。

又包者苞也。包承者。受苞苴也。君子處濁世。往往獨立廉介之節爲小人所畏忌。不嘗不能保身。且不利于國家。故有姑受小人之苞苴。以晦清節也。是隨流揚波之士謂之包承。又有痛恨小人而欲去之因勢有不可。姑以利啗之有潛銷其凶燄。即枉道行權之計亦謂之包承。在小人而能包承君子。是小人中之君子也。君子受小人所包是君子中之小人也。大人當否。必不受其包故亨。六二。

小人之尤者。本欲傷害君子。尚蓄而未發。今感君子之德。內省而羞恥。故曰包

羞。蓋君子遇凶頑。使之畏之耻。九四當陽來之初。爲轉泰之漸。上近九

五君子見泰機之已動。方將出而濟否。故曰有命无咎志行也。九五明君在上。

從容而休否。即中興之君也。故曰休否。上九。否運傾銷已及泰來之時。故曰傾

否。休否之後。又恐其正之復陷於邪治之復入於亂。故有繫于苞桑之戒。夫天

地以好生爲德聖人以思治爲心。人君而知此必思所以杜禍患之端。人臣而

知此必思所以嚴邪正之辨。小人而知所以變也。

此卦泰之反。而次於泰。蓋人情安樂則生驕惰。驕惰則生凶咎。是自然之勢也。

故序卦傳曰。泰者通也。物不可以終通故受之以否。然人能畏天命應時而守

中庸之道。縱令時運之否。可使轉而赴泰故否而泰。保泰而期其不否者。君子

之心也。泰而否任否而不期復泰者。小人之心也。此卦天氣歸天地氣歸地隔

塞而為否。蓋為天運之來。雖為天運之使然。而君子不敢委之於天。必欲盡其道以

濟其否。蓋泰卦先言往來以時而言。否卦先言匪人屬人而言泰者時為之否

者人為之。益知天道未嘗不欲長泰。人實為之謂之何哉。唯君子為能以人定

勝天。故天與人常相因者也。

大象曰。天地不交。否。君子以儉德辟難。不可榮以祿。

天地不交。即陰陽二氣閉息之會也。此時君臣乖暌。上下離畔。內政不修。外亂

交迫。是无道之極也。所謂天地閉而賢人隱。君子於此惟當潛身修德。隱居避

禍而已。若猶縈情利祿。恐祿之所在。禍即隨之。至此而始欲避難。已不及也。是
以君子必韜光匿彩。窮約自守。避之維恐不遠。即有以祿來包承者。君子亦不
受其包。蓋唯知以德爲榮。而不知以祿爲榮也。

(占)問時運。目下諸事不利。宜愼守。不宜妄動。○問營商。宜買入。不宜賣出。韞藏
待價後可獲利。○問戰征不利攻。宜退守。○問家業。惟宜克儉克勤。方可免禍。
○問疾病。是痞隔之症。宜節飲食。○問生產。恐生男不育。○問失物。恐不可復
得。○問婚嫁。有分離之象。○問謀事不成。

初六。拔茅茹。以其彙。貞吉。亨。
象傳曰。拔茅貞吉。志在君也。

拔茅茹其彙。解見泰初九下。此卦與泰卦雖同。而別分內外。以氣運變遷言之。
下卦坤爲否中之否。上卦乾爲否中之泰。此內卦之三陰相連。猶泰內卦之三
陽相連。故初爻之辭。與泰初爻同。唯此爻以陰柔之小人。三陰相連。一陰起則

衆陰竝起。例如大奸得志。群奸競進。謂之拔茅茹以其彙。初之時。小人惡跡未

形。且與四相應。尚有改而爲君子之意。故聖人不遽絶之。而教之以貞。如能黜

邪從正以道匡時。固可得吉而亨也。象傳曰拔茅貞吉。志在君也。謂小人初時

得位亦未嘗無忠君愛國之心。苟與君子竝進。能從君子之道。即可爲君子也

較之祗知有身。而不知有君異矣。

（占）問時運吉宜以合夥謀事。○問營商於新立商業。用人宜愼。○問戰征。當率

左右營合隊竝進吉。○問家宅主有親戚同居吉。○問疾病恐患傳染之症。然

無害也。○問六甲生女。○問失物可得。

六二。包承。小人吉。大人否亨。

象傳曰。大人否亨。不亂群也。

包承者。謂承順于上下順上臣承君。陰爲陽所包之義。小人大人皆指占者德

位及事之大小而言。夫爲臣者不一。有事君人者有安社稷臣者有天民者有

增補高島易斷

大人者。如六二則事其君而爲容悅者也。此爻柔順中正。上應九五小人之巧

者。包承容悅。以得其君之寵。幸爵祿之崇賜予之豐。可爲吉矣。然陰柔不才當

否之時。無開通閉塞撥除騷亂之力。但與上下二陰爲陽所包。以其能包容君

子禮賢下士。藉作攀援較與嫉正妬賢殘害君子者。固有間焉。故曰包承小人

吉。而在大人則唯固守其否。窮居樂道。必不肯委曲以效其承其身雖否道自

亨也。蓋志高品潔。斷不隨流揚波。混入於小人之群。故象傳曰不亂群也。蓋可

見君子處否。不失其道也。

（占）問時運。日下順適。能以寬容待人。萬事皆吉。○問商業。賣買皆利。○問訟事。

防有賄賂僞造等弊。始審或不利上控則吉。○問家宅。家口平安。年老家長或

恐有疾。亦無害也。○問戰征。必可獲勝。主將或有小災。○問失物。須就包裹內

覓之。必得○問生產得女。產母有疾。無妨。

（占例）明治二十二年春。親友某氏。訪余山莊。某氏係賣繭絲爲業。曰今年橫濱

絲價大昂。勢必遂日騰貴。欲歸吾鄉奧州多購辨之占一大利。請占其得失筮

六三。包羞。

信此占斯不虧本。且得微利。

從事生絲賣買。一時絲市騰貴。人皆爭購。未幾價忽低落。買者均多損失。氏獨

絲販集貨多價跌。恐後日價亦未必再騰也。謂之大人否。後某氏趨福島地方。

者蓋明言小利則吉也。若必以鉅萬購買。恐貨方買入。而時價低落。且各處蠶

即今日賣之獲利雖微。保無虧耗。萬不可作一擲萬金之想。所謂包承小人吉

承小人吉。大人否亨。吾勸足下歸于奧州賣生絲。可效牙保之行。今日所買。

以生絲爲商業。際此時機。固未可袖手傍觀。當籌一有盈無虧之計。爻辭曰。包

小來。明明言支出之金大。而收入之利小也。據此占則有損無利必矣。在足下

斷曰。此卦天昇而在上。地降而在下。擬之物價有高低懸隔之象。彖辭曰。大往

爻辭曰。六二包承小人吉。大人否亨。

得否之訟。

象傳曰包羞位不當也。

羞者耻其非之謂也。包羞者。掩蔽羞辱也。此爻居內卦陰之極。爲惡既深。既昧

于審時又短于量己。今否中之否既去否中之泰將來。有爲之士出而圖治。施

其才力正宜撥亂反正以濟國家之否也。乃六三陰柔無才不中正而在陽位。

較六二更爲凶險六二尚欲包承君子六三則已有傷害善人之意。但當否運

當轉。惡勢已衰。欲傷不能見得君子反覺自形羞耻是以曲意掩飾謂之包羞。

內羞而外包。其中心之凶險。未可測矣。不言凶者其既知羞當必自知其凶也。

象傳曰位不當者謂其不中不正柔居陽位不得其當也。

(占)問時運目下正當好運將來之際宜謹慎自守以避羞辱。○問商業防內中

暗有耗失外面仍然瞞蓋以用人不當也。○問家室恐內行不修有牆茨之羞。

又不宜以妾作妻。○問戰征防爲敵軍所困。○問疾病防以寒包熱之症恐藥

不對症宜急覓良醫。○問訟事恐辨護士不得其當。○問失物防竊者含羞自

盡。反致多事。〇問行人防其人貪戀女色。一時未歸。

(占例)明治中興以來。迄今二十有餘年矣。文運大興。學者彬彬輩出。而其學實

漢歐。識徹古今。受博士之寵稱爲一世士君子之模楷者獨有我敬宇先生而

已。先生諱正直。幼字曰敬助。姓中村。父某。豆州宇佐美村人。以農爲業。弱冠好

學。來江戶。其後納貨得列根來同心組娶武州幸手驛農某之女居數年患無

子祈小石川牛天神祠遂舉一男即先生也。先生天資慧敏甫三歲能作字七

歲善賦詩當時賢太守德川齊昭。水戶藩主島津齊彬。鹿島藩主鍋島齊正。佐賀藩主皆聞其

早慧奇之召見使之賦詩詩成聲律整齊句意俱佳三侯感歎不措或疑其父

豫所教。留之旬日復試以他題。愈出愈佳三侯益奇之稱以神童稍長入昌平

黌勤勉超越儕輩學業益進未幾爲助教。年二十二幕府命列布衣格諸老輩

無不欽羨者及幕府與外國締結條約置蕃書調所以先生爲其頭取既而先

生奉命率生徒雋秀者數十人趣歐洲未及歸國勢一變。王室中興。先生既歸。

卜居於靜岡縣下著西國立志編公之于世。蓋先生口自翻譯夫人某氏筆之

云凡先生所翻譯之書世人爭購讀之紙價爲貴先生因是得巨利先生謂此

貲由學而所獲復宜用之於學事乃設同人社大聚後進延師教授受其薰陶

而輩出者不可指數初余聞先生名渴思一見明治十二年由栗本鋤雲向山

黃村兩氏爲介始得相識先生溫粹端嚴一見而知爲德行之君子也余旣締

交先生意氣投合恍如舊識與之談易數日不倦余竊重先生以爲益友每相

見歡然莫逆十數年如一日明治二十四年余漫遊京攝留數十日而歸時旣

夜有忽齎急信者受而見之爲先生之息一吉氏書翰報先生之疾篤余驚歡

心動一夕不能寐翌日早起直訪其廬時先生患中風困臥蓐中見余之至欣

然目迎如有欲言然舌端澁縮不能出口仰出右手書卜字而示余知其意筮

得否之遯。

爻辭曰六三。包羞。

斷曰此卦內卦爲地沈下外卦爲天騰上是心魂歸天形體歸地即心身相離

之象且否之爲字從不從口爲口不能言是氣息將絕之時也今六三在上下

之境變則爲遯是先生逝將避俗世而超升仙界也。九四爲翌日之未來者其

辭曰有命无咎疇離祉有命者即所謂死生有命也曰无咎疇離祉者行將逝

遙極樂永享天神之福祉矣變而爲觀觀者祭祀之卦也先生沒後世人追慕

其德而祭祀之據占已知先生翌日將沒。

乃書否之六三示之先生固知易理一見首肯而瞑目其狀蓋自知天命慎受

其正翌日果溘然仙逝乃以神祭葬之云嗚呼君子視死如歸余於先生見之」

九四。有命无咎。疇離祉。

象傳曰。有命无咎。志行也。

命者。天命也。疇者。類也。疇離祉者謂三陽同類而共受福也。此爻上近至尊。有

濟否之才。居濟否之位若不待君命乘釁舉事。急於圖功雖濟亦不能无咎。要

必奉五之命令。斯名正言順才力足以除奸威權一歸於上故曰有命无咎迫

事平論賞固不獨爲一己之功凡與謀諸賢皆得並受福祉。故曰疇離祉離者。

麗也。疇者。謂同類濟否之三陽也。夙具濟否之志。向以未得其時。故未行也。今

則上奉君命。進而舉事。乃得行其夙志。而克奏濟否之功也。

（占）問時運。目下已得盛運。隨意謀事。必獲利益。○問商業。大得轉機。但須立定

志意。審度市面。從前所失。今可復得。且獲盈餘。○問家宅。宅運已轉吉。○問戰

征。命將出征。大吉。○問疾病。命根牢固無害。○問失物。必夾入在用品物中尋

之即得。

（占例）秋田縣人根本通明氏。近世之鴻儒。長於經學。尤精易義。博學洽聞有名

當世。余素相親密。嘗者余欲著易斷。相與商確曰。君邃古易。於先聖古哲之說。

無不究其精奧。請君著易義。余述自得之活斷。共公示世。氏大喜。奈氏雖有此

意。懶於執筆。余屢促之。未嘗從事。余乃轉計曰。君精易學。世人所共知。好易者

必叩君之門。當今有精易學而長文才者。請紹介之。氏乃以齋藤眞男告此人

舊佐倉藩士。久奉職於滋賀縣。後轉任元老院書記官。近時閑散。余擬延請齋

藤氏。先占其編述可否。筮得否之觀。

爻辭曰。九四。有命无咎疇離祉。

斷曰。否者。塞也。故夙無面之識。今得友人介命。得以相睎。共事著作。余雖通易

理長活斷。文章非吾所能。幸逢齋藤氏得以成。余素志齋藤氏得亦藉顯其長

技則疇離祉之占也。

因訪齋藤氏告以余之意。中氏欣然應諾。遂得從事易斷之編纂。易斷十卷。脫

稿之後。氏任島根縣某郡長。頗有良宰之稱。不幸罹肺患。以二十二年五月沒

于神戶。今余不堪悲愴。余永訣良友。追懷往事特記之。

九五。休否。大人吉。其亡其亡。繫于苞桑。

象傳曰。大人之吉。位正當也。

休否者。謂能休止其否運。苞桑者。謂桑之叢生者也。繫維繫也。謂繫之而堅牢

也。此爻剛健中正而居尊位。其才德威望。足以休否而開泰。是有德有位之大

人也。故曰休否。大人吉。六二大人否。以六二之時。大人有德無位。時會未來祉

増補高島易斷

得守其否。至居九五。則德位兼備。適當休否之會也。然否之方休而泰未全復。

譬如病之新愈。痛痒雖除。元氣未充。苟不愼起居。不節飲食。則舊患再作。其禍

更烈危亡立見。是以休否之後。內懷敬畏之心。外盡保護之計。常恐天命之難

諶。人心之難保。夙夜深慮。凜凜滅亡。其慮患深。操心危。正不容一刻偸安也。庶

幾長治久安可得保也。故形容其危曰其亡其亡。不嫌反復重迸。垂戒深矣。曰

繫于苞桑。象旨以二在巽下爲桑。初三與二同類繫之。令桑止於其下。无復向

上而長則根本不搖。三陽得併力休否而啓泰運也。无道之君。自謂不亡。故必

亡。有道之君。常懼其亡。故不亡。係辭傳引伸其辭曰安而不忘危。存而不忘亡。

治而不亂。是以身安而國家可保也。象傳曰位正當也。六二曰位不當。屬之

匪人。九五曰位正當。謂之大人。故六二曰大人否。此則曰大人吉也。

(占)問時運。目下漸入佳境。惟安而不忘危。百事皆吉。○問商業。恰當絕好機會。

但須改用夥友。謹愼做去。必獲利益。○問家宅。祖業深厚吉。○問戰征暫宜休

戰。○問疾病有碍。○問訟事和。○問失物。防難復得。○問行人不利。○問生產。

大人無碍。小人難保。

（占例）明治十八年五月。出雲大社敎正千家尊福君枉過余莊。叙寒暄旣而曰。頃日傳聞政府爲籌人民之歸嚮有定國敎之議。所謂國敎者。我國固有之神敎乎。或佛敎乎抑耶蘇敎乎。未悉廟議何屬是雖非我儕所敢議。然欲豫知其歸着。請勞一筮。余乃先筮神道之氣運筮得否之晉。

爻辭曰九五休否大人吉其亡其亡繫于苞桑。

斷曰此卦陰進陽退。智術盛行道德漸衰之象。又泰爲通否爲塞。占神道氣運。得此卦即爲神道閉塞之時也。卦象陽在上陰在下顯見上下隔絕威靈不通之象。陰陽消長之理。非人所能爲力序卦傳曰物不可以終否且否自遯來。一陰進則爲觀爻辭曰觀國之光可知觀神靈顯赫大觀在上。將復光大我國敎也。爻辭所云能繫神道氣運於將亡者。唯有苞桑一縷而已苞桑叢生一根數。莖殆可充撲蓍之神草乎復興我國上古卜部所掌太卜之道。有事占問神意。以感動天神地祇守護國家。其靈妙有不可思議者以此神卜可傳神道於悠

久使人民永仰神威也。是我國諸神靈特假卦象以示世。且我國古稱扶桑維

繫扶桑之神致而永存也。故謂之神道。近時各國創興理學。獨吾國崇奉太卜

神事使彼理學者驚服。因更示實驗。俾世人敬畏神明。知神致繫留而不亡者

有在也。

致正大感此言。

○明治十五年某月日某貴顯來談曰方今我國有四十萬之士族。皆以解舊

祿陷貧困。夫衣食足而知禮義。古今之常則。今此輩遭此窮厄。或轉而起不良

之事。未可知也。欲代謀安置之策請爲一筮。予曰予亦向爲此輩憂之謹筮之。

筮得否之晋。

爻辭曰。九五。休否。大人吉。其亡其亡。繫于苞桑。

斷曰方今我國士族貧寠。甚于都鄙窮民之慘者。無地無之。昔者乞丐之徒。其

生來本貧固其常。至於士族本非貧者也。襲祖先之功績。得膺俸祿。生平不

知經營爲何事。衣租食稅習慣爲常。維新一變。俄解世祿。於是百方計畫。或從

事商業。或勞力農務。雙刀紙袴之餘習未去。諸務向不習諳。凡所謀畫有耗無
贏。衣食乏資室家交謫其困苦殆不可言狀天下四十萬之士族。照此窮厄者
居多。在往時守世祿之常以一死報君爲本分其臨事也。以有進無退爲榮譽。
零落至今。猶凜凜乎不失其勇氣其從來行爲固與農商輩大異是以不能爲
農商之事也。惟當與應分產業。使之盡其所長是當道之責也。此爻辭曰其亡
其亡者。蓋謂士族生計之困難。始將瀕死繫于苞桑者。謂足維繫其將亡。唯有
苞桑而已。爻象將令此輩士族開墾新地種藝桑樹使之專營養蠶製絲之術。
維持其家計也。今試論其方法。關東地方。多荒蕪之原野。關西地方多坦夷之
山郊。其原野之雜草可供肥料。山郊之荊榛可供薪柴例如其肥料南亞米利
加有鳥糞。其價甚廉。今政府貸與資本及一艦。輸載我國產交換彼鳥糞沽買
之於各土人民購入雜草叢出之原野使舊士族開拓之可種之以桑也。爲此
舉也。布設鐵道於全國使兵士實地演習爲兵營多造設家屋如一村落使彼
士族移住於此以男子依常備兵之年限爲屯田兵以練習軍事使女子勤牧

畜養蠱之業是其大略也若夫詳細處置一任當局畫策而已如是施政今日

貧苦士族得以安居樂業國家之盛業無復加於此者也

上九傾否先否後喜

象傳曰否終則傾何可長也

傾否者謂傾毀否運而漸復泰運也此爻以陽剛之才居否之極能傾毀其否

者也九五之君旣有休否之力上九居其後而輔佐之鞠躬盡瘁能恢復旣墮

之國運故曰傾否蓋否泰本有循環之機處否之極其勢必傾否塞已盡泰運

將至然當否之時要不可委之天運終當盡其人事故九五不曰否休而曰休

否此爻不曰否傾而曰傾否見運會之轉人力居多夫天道開導人事人事贊

輔天道撥亂者貴夫德成治者在夫時上九陽剛而具有爲之才居否之極又

值可爲之機故能撥亂反正從前憂苦于否塞之亂今乃復遇康泰之盛安寧

喜樂謂之先否後喜蓋往者無不還終者無不始是天運循環之定理假令否

之時。天地閉塞。陰陽不交。天下無道。而小人得時。一旦否傾則泰來。即天地生

生之道也。象傳曰何可長也。是之謂也。

（占）問時運。亨通。○問商業。上春不利。秋冬大吉。○問家宅。遷居大吉。老宅不利。

○問訟事。即日可結。○問戰征。小敗大勝。○問六甲。生男。○問失物。即得。○問

疾病。即愈。但防復發可慮。

（占例）橫濱商人某來告曰。目下商業上有一大事欲謀之於東京友人。請占其

成否如何。筮得否之萃。

爻辭曰上九傾否。先否後喜。

斷曰。此卦天地之氣塞而不通之時也。足下欲與人謀事。其人必因事疏遠心

氣不通。非知己之友也。今得上爻否之終。是將釋其前嫌。重尋舊好。傾談之下。

彼此懽悅。謀必可就。謂之傾否。先否後喜。

其後某來謝曰。東京之談。果如貴占。

三 天火同人

三 同人一卦離下乾上。離三改作火。乾三改作天。故合爲炎字。有光明上際溥見
之象。乾天也。離火也。天氣上升。火性炎上。與天同也。故爲同人。按同人之卦上
承否。天地不交爲否。上下相同爲同人。蓋與否相反。而足以相濟。故雖同道相
與。乃能濟否也。是卦之所以次否也。

同人于野亨利涉大川利君子貞。

同人之道。要在廣遠無間。中外如一。斯謂之大同。野謂曠野。取遠與外之義。于
野則上天下地。空闊無際。無所容其私心。斯物無不應。人無不助。故亨。心無私
欲。則地無險阻。無往不利。雖大川亦可涉。但同亦分公私。合我者同。不合者異。
是小人之黨也。非同也。要必公正無私。渾然天心。雖千里之遙。千載之後。志無
不合。道無不同。故曰利君子貞。

象傳曰同人柔得位得中而應乎乾曰同人同人于
野亨利涉大川乾行也文明以健中正而應君子正
也惟君子爲能通天下之志。

象以卦體釋卦義柔謂六二乾爲九五六二以柔居柔得位得中以應九五故
曰應乎乾。乾者健也健而能行足以濟險故曰利涉大川乾行也文明者離之
象剛健者乾之德二五皆中正得以相應君子之道也故曰君子正也君子心
公公則天下感之君子道正正則天下化之退邇一體上下同德則天下之志
皆通矣唯君子能之故曰唯君子爲能通天下之志。

以此卦擬人事全卦五陽一陰六二一爻以陰居陰得位中正爲內卦之主應
上九五全卦之象恰如以一女居五男之中以一女對五男寬裕溫柔周而不
比衆陽和悅而同心合意天下皆通曰同人柔得位得中而應乎乾不曰應九
五而曰應乾可知不專應九五一爻而偏應衆陽爲能通天下之志也凡天下

之事以一人獨成則難與人共成則易而與人之道有公有私公則道合私則
道離且以私同者其道小以公同者其道大譬如平原一望無垠絶無隱蔽是
即同人于野之象也內卦離爲明爲智外卦乾爲正爲健人能得夫離之明離
之智以應乎乾之爲正爲健以此而謀事則事無不利以此而涉險則險皆可
涉即以此而交天下之人則天下之人志無不通是率天下而大同也。
以此卦擬國家。上卦爲君至健威權赫赫卦中之九五也。下卦爲臣得位
得中文明有象卦中之六二也。二與五爲正應君臣合志正明良際會之時也。
同人之卦。次於否後否則天地不交萬物不通其要在於不能通天下之志惟
同人爲能通之通則爲泰是國家所以濟否開泰者實賴同人之力也。序卦曰。
物不可以終否。故受之以同人。可知天地不交爲否上下相通爲同人是故有
國家者君得其位又當得其剛之中。臣得其位又當得其柔之中。庶幾剛柔相
應。上下合志雖大川之險而可涉天下之志而能通且六二之臣不特上應九
五。又必比合初三四上諸陽。一心一德同朝共濟。體離之明法乾之行。出以至

正不涉偏私。斯天下之人正者感而通。不正者亦化而通。安往而不通。即安往

而不同哉。

通觀此卦。上卦爲乾。下卦爲離。離本乾也。坤交于中而生離。其象爲火。蓋乾本

元陽火者陽之眞氣與乾同體。故曰同天之生人耳。同聽目同視口同味。心同

覺一人之所是。萬人同以爲是。一人之所非。萬人同以爲非。親者同愛。長者同

敬。人雖至愚此心此志。無不同也。故孟子曰。聖人先得我心之所同然者也。天

之所與于我者。不異也。蓋公則無不同。一涉私欲。遂致支離乖僻。不可復同然

其秉彝之良卒不可昧也。是天之所與于我。而其不可昧者離也。不可異者乾

也。故人秉離之明。行乾之健。至公無私自然亨通。險阻化而爲平地。雖涉大川

亦無不利是同人之所以亨也。觀諸爻無同之象。蓋凡人有意求同。便涉於私

私則不同。蓋同者不言同而自同也。初九日于門謂出外无所私昵也。故无咎

六二日于宗雖中且正。未免涉宗黨之私爲可吝也。九三以剛強居二五之間。

强欲求同雖伏藏三年。終不敢與知懼故不凶也。九四近五。如隔墻耳。知義弗

直弗敢强攻則為吉也九五剛健應二爻明當其未通不勝憤懣一旦貫通自

覺喜悅故曰先號咷而後笑也上九遯居郊外无意求同故无悔合而言之同

人一卦初上二爻于門于郊皆在外也故无咎悔二有于宗之吝三有戎莽之

禍五有大師之患是皆同於内故无吉者蓋于宗不若于門于門不若于郊于

郊不若于野總之出外則無黨援亦無阿好地愈遠而心愈公公則平平則通

故聖人以四海一家中國一人為心斯謂之大同矣若求同於近雖同亦私是

以象辭首曰于野可知同人之道當以天下為量者也

大象曰天與火同人君子以類族辨物。

此卦乾上離下象傳不曰火在天下而曰天與火蓋以乾為日離亦為日象相

同也故曰天與火取其同也乾陽上升離火上炎性相同也猶人生性無不相

同故曰同人君子法乾之健以類其族用離之明以辨其物於異中求同故族

必類之於同中求異故物必辨之凡異之不可不明辨益知同之不容以相混

也。即此而推之。知人有善惡邪正之分。心有是非公私之判。君子亦必當類而

觀之。辨而別之。如周之與比。黨之與羣。其貌若相似。其心則自別。要必明析嚴

辨。不稍假借。是異其所不得不異。乃能同其所不得不同。此所以爲同之大有

也。

(占)問時運。目下大有升騰之象。且得朋友扶助。大吉。○問商業。宜於合資會社

等業。大利。○問家宅。得合家和悅之象吉。○問戰征。主軍士同心。即宜調兵進

攻大利。○問疾病。是火症也。恐醫藥有誤。宜別求良醫。○問訟事。防有同黨私

庇。一時未可審結了案。○問六甲。生女。○問失物。須細細於物類中尋覓乃得。

○問行人。即日可歸。必與友偕來。

初九。同人于門。无咎。

象傳曰。出門同人。又誰咎也。

初九。居一卦之始。爲同人之首也。此卦以二爻爲主。初與二相近。則相同。二居

上爻之中。象門。初爻曰于門。亦不願獨同于二。故欲出門以廣交也。門以外無

所私昵。故无咎。象傳則顚倒其辭曰出門同人顯言一出門外天地萬物孰不

吾同。不曰无咎。而曰又誰咎也。蓋无咎第屬已言又誰咎則見門外之人皆樂

與之同誰復得咎之者。易以人名卦者。一家之人宜位

正夫內同人者。天下之人也。宜志通夫外易言出門者。隨與同人兩卦隨曰出

門有功同人曰出門无咎。皆以門內爲易溺於私門外則廓然大公矣。

（占）問時運目下平順宜經營出外利。○問家宅。一門之內雍雍和睦无咎。○問

商業利行商不利坐賈。○問疾病宜避地調養。無碍。○問訟事。防有懲役之患。

宜豫出躱避可以免咎。○問失物。須於門外尋覓。○問六甲。即時可產得男。

（占例）一日友人某氏來請占運氣筮得同人之遯。

爻辭曰初九同人于門无咎

斷曰此卦爲出門求友之象也。交際之道宜與善人同不宜與不善人同爻辭

曰于門象傳曰出門言出外自得同人之助。蓋在內則相與者皆親好不能无

私私則有咎出門則往來者皆同胞同與。故无咎也。今占得同人初爻。知君必

初次出門者也。君可放膽做去。他日必得高位。博眾望可預決也。某用之後果

大得人望如占所云。

六二同人于宗吝。

象傳曰同人于宗吝道也。

此爻以陰居陰文明中正。而爲全卦之主卦中諸陽。皆求應二。二與九五爲正

應。九五爲君居一卦之尊位。二爻曰同人于宗宗尊也。言二得同於至尊在二

與五剛柔中正時位相應可謂盡善但兩相款密。未免偏私有失至公大同之

量且三四兩爻求同不得。見二與五同意親密。致生嫉妬即所以取吝也。故曰

同人于宗吝。象傳曰吝道也。道字最宜玩味謂一時即未見吝。而已有取吝之

道也。象辭以六二得位得中曰亨爻義以同人于宗曰吝。蓋卦體主大同。爻義

戒阿黨也。

（占）問時運。目下未佳。雖有相助。而相忌者多。未能百事遂意。〇問商業利于大

宗買賣。惟出納宜留意得利。〇問訟事不利。〇問家宅以勤儉起家得長子之

力。〇問疾病有魂歸宗廟之象凶。〇問行人即返。〇問六甲生女。〇問失物被

拾者藏匿不見還也。

（占例）明治三年。占自氣運與將來之方向如何。

我國維新之初明治元年有奧羽北越之役。二年有箱館之征討天下之形

勢未寧三年干戈旣熄天下拭目以望昇平當是時余大有所感。自以生長

商家唯汲汲謀與家業。未遑計及國事。玆幸遭遇塈代得與貴顯諸公朝夕

面晤深荷欵遇在諸公毀家紓難勤勞王事。皆維新之功臣也。如余者得生

長今日際盛運而於國家毫無建樹實可恥之甚也。玆願稍展寸長勉力從

公冀圖深厚之報爲此自占現時氣運與進步之方向筮得同人。

斷曰幕府末路昇平日久政綱廢弛加以外交事起當時君子不得其位小人

得逞其奸上下閉塞秩序紊亂於是豪傑之士所在與起天下翕然應之撥亂

反正一變否極之世。得啟今日泰平之盛。是即同人之卦也。今筮得此卦。象辭

曰同人柔得位得中。而應乎乾曰同人。以六二一柔得位中正。應上卦九五之

中正是余居民間中正之地位。上與政府之政略相應同其目的。柔者謂余本

無爵位。才力柔弱曰同人于野謂余本是野草莽之臣也。亨者謂余之氣運與

天下之大勢悉當亨通。凡爲國家創興事業。無不成功也。按同人一卦卦體則

主大同爻義則戒偏私獨于野曰亨。蓋宜遠取於外不宜近取於內也。且象辭

曰乾行。乾行者自強也曰利涉大川利涉者興造舟楫也曰文明以健文明者

創修文學也卦象所言皆一一示余著手之方向。且致余取法海外之造作通

行於天下。故曰爲能通天下之志。余既得此卦象。唯冀有補政府劇務之萬一。

區區家資遑足惜乎明治三年決志抛資產。先設飛脚船便內國之運輸次創

謀鐵道次建設洋學校聘敎師於外國以振起敎育之業。布設瓦斯燈於橫濱

港內。至七年之冬得成此四大創始工業。此四大工業當時邦人實未嘗著手。

余爲之嚆矢也。明治七年。瓦斯燈建成之日榮邀

天皇陛下臨幸。蒙

賜謁見。余當時懷藏先考靈牌。冀得同觀

天顏。又荷

寵頒進步首唱

勅語。拜受之下。榮何如之。

此卦以第五爻爲同人之主。以年計之。初爻至五爻。恰是五年。今自明治三年。

至七年。其間九三之伏莽。九四之乘墉。多有障礙余之事業者。然余公平無私。

百折不屈。果得奏効。然物盛必衰。勢極必變。是天理之常。余雖乘同人之運。得

成厥事。若昧人事窮通之理。知進而不知退。恐有亢龍之悔。即同人上九。戒之

曰同人于郊无悔。是易理之妙用也。其旨深矣。迨八年。余居神奈川郊外望欣

臺。優游逍遙。間玩易理。以至今日。爰述同人之卦義。追懷往事。附記數語。

九三。伏戎于莽升其高陵。三歲不興。

象傳曰。伏戎于莽。敵剛也。三歲不興。安行也。

戎者兵戎也。莽者草深處也。此卦六二。一陰居中卦中諸陽皆欲與同。三爻接

二。最近欲同之意尤切。然二爻中正爲九五正應。不與三同。三爻過剛不中性

情剛暴位居二五之間。欲用強而同之。然懼二五之剛健不敢顯發。

伏戎於莽以俟其機上升高陵以窺其隙至三歲之久終不敢興。亦可見小人

之情狀矣。其不言凶者以久而不興。故未至凶矣。然曰伏日升其凶已露矣。象

傳曰。敵剛也者謂其所敵九五剛健自知不能勝也。安行也者。三歲不興。亦安

行乎。離爲甲兵戎之象。互卦巽爲隱伏之象。此卦九三九四不言同人者。兩爻

共有爭奪之象。非同人者也。此爻變爲无妄。其六三之辭曰。无妄之災。或繫之

牛。行人之得邑人之災。可以見其有凶咎也。

(占)問時運目下宜潛伏三歲後方可出而謀事。○問商業宜開刊山林三年後

大可獲利。○問家宅防有盜賊窺伺。○問戰征須防敵軍埋伏。○問訟事慮有

意外葛籐。一時不了。○問失物須於叢草中尋之或山上草中。○問行人。俟三年後可歸。

（占例）明治二十四年某貴顯來請占當年氣運。筮得同人之无妄。

爻辭曰。九三伏戎于莽升其高陵三歲不興。

斷曰。此卦有公同謀事之象。故曰同人。在世間智者少而愚者多。古今皆然今人往往採取朝野大衆之論說。謂之公議所云謀野則獲者是也。故象曰同人于野。亨及三爻剛而不中。强欲求同不曰于野。而曰伏戎于莽。又自知畏懼終久而不敢與其象如是。氣運可知請俟三年後而謀之可也。

後果如此占。

九四。乘其墉。弗克攻。吉。

象傳曰乘其墉義弗克也。其吉則困而反則也。

墉者。城垣也。此爻以剛居柔。而不中正。四與二非應。亦非比而欲强同於二。且

中間隔以九三之墉並忌二五之欵密故欲乘其墉而攻焉既思九五剛健中

正攻之於義不直於勢亦不敵必弗能克故不攻也即此轉念間悔過而改善

乃得變凶而爲吉謂之乘其墉弗克攻吉象傳曰義弗克也者謂不自逞其強

而能反省夫義是以吉也困而反則也者謂不義之舉必陷困厄止其邪念而

反於法則也此卦名同人三四兩爻均有乖象人情同極則必異異極則復同

猶國家之治極而亂亂極復治也是人事分合之端即易道循環之理也凡易

曰不克皆以陽居陰之爻唯其陽故有訟有攻惟其陰故弗克也此爻及訟之

九二九四如不克訟皆是也

（占）問時運目下宜退守弗動吉○問商業宜壟斷貨物待價弗售後必獲利○

問家宅宜修葺墻垣吉○問戰征宜堅築營壘防敵襲擊○問訟事今雖不直

後反得勝○問失物久後可得○問疾病雖凶無害

（占例）友人來告曰今有一業可興請占其成敗筮得同人之家人

爻辭曰九四乘其墉弗克攻吉

斷曰。此卦有合衆與事之象。其事必關公共利益可知也。九五乾之有金力者。
與六二離之聰明者。陰陽相應而成事其間有九三九四兩爻嫉妬其利益於
中阻撓以謀占取之象足下爲占事業以爻辭觀之知足下或羨彼之事業謀
彼之權利將奪取而代之乎足下一時不露聲色唯陰使同意九三爲之計畫。
即爻辭所云乘墉。如乘垣而伺敵潛伏而謀事之謂也。然此事必難遂志不如
中止。謂之不克攻吉。故象傳曰困而反則也。
後有所聞果如此占。

九五。同人先號咷而後笑。大師克相遇。

象傳曰。同人之先。以中直也。大師相遇。言相克也。

號咷者。謂悲憂之甚而啼哭也。此爻君位不取人君之義者。謂五在君位當與
天下同應乃獨與二親密。非人君之道即非大同之道也。是以爲九三九四所
嫉妬隔絕阻撓使不得與六二相遇遂致與師攻克。始得相遇。蓋其初以不遇

而號咷今得相遇而笑樂謂之同人先號咷而後笑大師克相遇在五與二剛

柔相應上下相洽其情似私其理本正故象傳明其中直象傳稱其中正是師

壯而得克也豈得以私睚病之哉。

又一說長國家而欲和同眾人其間有猜疑而離間者使之隔絕而不相遇極

之號咷悲泣使離間者亦服其德復得和同而笑樂也。

(占)問時運目下正當歡樂之時從前苦志今得遂願。○問商業雖小有挫折終

獲大利。○問家宅防有驚惶之慮然終得平和也。○問疾病先危後安。○問訟

事須請大好辨護士方能得直。○問行人防中途有阻須緩得歸。○問六甲生

男。

(占例)明治二十五年三月余漫遊駿州與津閱新聞紙知北海道炭礦鐵道會

社長堀基氏免職余爲是社評議員遂速歸京與同事澀澤榮一湯地定基田

中平八等共爲會社周旋數回方得協議評議委員定以湯地與余兩名中充

任社長請願于該官廳同事諸君豫問余之諾否余先取決于筮筮得同人之

離。

爻辭曰。九五同人先號咷而後笑。大師克相遇。

斷曰此卦六二一陰得時。又得中正之地位上下五陽應之。余之就任社長也。

九五之政府。九三之北海道廳長官。九四之大臣。初九之社員。上九遠方之株

主不特不唱異議定必同心喜悦可知也。謂之同人柔得位得中應乎乾曰同

人至處之之道。如平原廣野。無所隱蔽。一以光明正大爲主也。謂之于野亨。余

雖不才於此等事業久經歷驗加之以六百五十萬圓之金力與政府補給之

利子。余唯公明正大。毫無私曲可得勝此責任謂之文明以健中正而應君子

正也。此會社在人跡稀絕之區。凡執工業者。故多非常勞働。亦不免暗生情弊。

此亦勢所必有也。一爲革除其弊必生讒謗然既任其事自當任怨任勞謗曰

一功能服百論得快整理則疑謗自滅謂之君子爲能通天下之志。即有如九

三九四以不得與事。生出意外枝節。百計窺伺相謀窃奪。余當豫定目的之終不

受其害也。謂之同人先號咷而後笑。大師克相遇也。

余得此占。承諾社長之任後果如此占。在任五百四十日間。會社之整理。幸博

同人之信用價格四十四圓之株忽騰貴至八十四圓。其十三萬株。合計五百

二十萬圓足見會社之盛運也。以在任之日數除之平均一日。大凡一萬圓。是

可謂全以道德得之者也。嗚呼。誰謂爲仁不富乎。謂道德與經濟相反者。此乃

愚而無知者之言也。夫道德之功效優於區區之經濟不知其幾千百倍也。世

之好誇大言內無實學者。宜知所猛省矣。

○明治二十八年四月我國與清國講和約成。將遣大使於清國芝罘交換條

約。時法德俄三國聯合告我。以不可久占遼東。且聚戰艦於芝罘。有動輒起事

之勢。上下心頗不安。各大臣及樞密顧問官等。皆趨西京。余亦聞之。至西京會

土方宮內大臣。渡邊大藏大臣。於木屋町柏亭兩大臣謂曰。今日之勢。三國聯

合迫我。其意有不可測者。我軍艦勞數月之海戰。且有許多損傷。不復適戰鬪

之用實危急存亡之秋也。占筮決疑。其在此時乎。余曰曾已占之。筮得同人之

離。請陳其義。

象傳曰同人柔得位得中而應于乾曰同人同人于野亨利涉大川乾行也文

明以健中正而應君子正也唯君子爲能通天下之志。

爻辭曰。九五同人先號咷而後笑大師克相遇。

同人一卦二爻一陰得中正在五陽之間輝離明於宇內之象卦德有文明與

剛健。通志於天下時也。今得五爻則知大事必逐也。法德俄三國聯合妨我行

爲且欲逞谿壑之願聚合軍艦於芝罘又在各要港悉整戎備有不惥時期而

舉事之意又有奪我所得淸國償金之胸算其狡計炳如見火就爻象推究其

中妨阻二五之交者三四兩爻三爻之辭不云乎伏戎於莽升其高陵三歲不

興。伏戎於莽者。謂自航海之要路突然襲擊之備升其高陵者。謂從旁窺伺其

隙也三歲不興者謂待機而動不遽發也四爻之辭不云乎乘其墉義弗克也。

其吉則困而反則也四與三同意欲乘釁而起者此謂之乘其墉然以義有不

直故日義不克也是亦不能舉事而止故日其吉則困而反則也三國之非望

如此天命不許不足介意也今得五爻之占雖憂三國之支障然必得淸帝批

准條約喜可知也。謂之同人先號咷而後笑。日後不為宇內各國所輕侮。終得
戰勝之譽宜揚國光於萬里謂之大師克相遇占筮如此。我元老何須憂慮於
是兩大臣揚眉不堪欣喜。

後果廟議一如此占直以商船遣伊東已代治氏於芝罘交換條約而歸當時
三國雖伺我釁隙無舉事之辭非常之備無所復用。如易辭所示也。

○明治二十九年。一月余避寒於熱海偶得神奈川縣吉田書記官報日前農
商務大臣白根專一君罹大患入大學病院內外名醫無所施治束手待死而
已。吾辱君之知遇久矣。不堪憂苦希其萬死一生。敢煩一筮。筮得同人之離。

爻辭日九五同人先號咷而後笑大師克相遇。

斷曰。白根君疾革。一時國醫束手謂症必不治待死而已。據此占料君不特不
死且即日愈快謂之同人先號咷而後笑其病或必得大汗大瀉而愈故日大
師克相遇但此卦上爻為歸魂今得五爻則上爻正當明年明年恐或難保然

上爻之辭曰同人于郊。无悔此番愈快之後宜移徙近郊閒散之地遠于世累。

休息靜養。盡我人事。亦足挽回天命。或得无悔。乃記以報之。

後果大患徐徐而愈。德人白耳都氏以下諸名醫不知其快復之理。後余亦訪

君于病院。面渠夫人勸以出院之後。宜就間地休息靜養。然君以得復健康。不

復應余之勸。翌年果復得疾不治不堪痛惜。

上九。同人于郊。无悔。

象傳曰同人于郊。志未得也。

郊者。國都之外。曠遠之地。此爻在五爻之上。爲无位之地。同人一卦。卦中五陽。

皆欲同於六二一陰。三爻與二相比。其欲同之意尤切。四爻非應非比。然以介

在二五之間。亦欲强同於六二五爻與二爲正應。唯此爻居上。與二非應非比。

孤介特立。置身荒郊之外。較初之于門更遠。無私暱之情。免爭奪之患。在六爻

中最爲完善。謂之同人于郊。无悔。蓋同人之量。愈遠則愈大。國外曰郊郊外曰

野于郊較野殊近。故于野則亨。于郊則第曰无悔。象傳曰志未得也。志即爲能

通天下之志而言其僅曰于郊猶未能通天下之志也故曰未得志也。

(占)問時運。目下順適。諸事無所障碍。但宜在間散之地。○問商業宜立業於市

塵之外無憂耗損一時亦未能獲大利益。○問戰征。宜在荒地屯營。○問失物。

於郊外覓之。○問訟事恐難得直。○問家宅平順無災。

此卦爲歸魂之卦。若占命數而得此卦至上爻必死師之上爻可參看也。

(占例)有相識會社役員某氏來告曰近來我會社頭取與大株主之間頗生紛

議。株主欲開總會改選社員又有一派賛成當時之社員者競爭頗甚。余不自

知免職與否請占前途之運氣筮得同人之革。

爻辭曰上九同人于郊无悔。

斷曰同人者與人相同也。勿論社員株主皆思其社之利益非各謀私利者唯

其所爲有左右之差而遂生紛議也。蓋此紛議之來。由五爻之頭取與二爻之

支配人其間過相親密致啓他人之疑。然其疑可不久而解也。如足下不偏不

黨無所關係亦無免職之憂。故曰于郊无悔。郊者田舍之謂而離市街煩雜之

地也。
後果如此占。

同人

百五十

䷍ 火天大有

按大字篆書作从一从人。一者天也。以人貫天。天人一致。所以謂大也。有字
篆書作。从又从月。又手也。持也。月漸漸生光滿則光大。大有之象焉。此卦
三上三下。三作炊。三合作竺字。卦位六五一陰居尊五剛之大。皆爲尊位
所有。故曰大有。遂以大有名卦。陰小陽大。陽爲陰所有。宜曰小有不知爻雖陰。
位則居陽。五剛爲九五主陽位者所有。故不曰小有。曰大有。

大有元亨。

正義曰柔處尊位。羣陽竝應。能大所有。故稱大有。元爲善之長。大有得乾之元。
以流行成化。故以元亨歸之程子曰。諸卦元亨利貞。象皆釋爲大亨。恐與乾坤
同也。凡卦有元亨者四。大有蠱升鼎也。

象傳曰。大有柔得尊位。大中而上下應之曰大有。其

德剛健而文明。應乎天而時行。是以元亨。

此卦下乾上離。乾者天也。離者日也。是日在天上。徧照萬物。庶類繁昌君心下

交賢才輩出。物之大者。人之大者皆歸我所有之象也。以其所有之大名此卦

曰大有。大有者包括宇宙之大而有之也。卦中一陰五陽。五陽皆服六五柔中

之德化。故曰大有。柔得尊位大中而上下應之曰大有。大中者猶曰正中也從

容中道。見天子建中和之極。啓天下大順之化。柔能應天。故上下皆應之也。六

五之君虛以容人。中以服人。明以知人。是以得獨擅大有之尊稱。無論諸爻得

位或失位。並无凶咎者以其皆應六五也。且內卦乾剛健外卦離文明。六五之

君應於乾之九二。應乎乾。即應乎天也。應天而時行。其德如是。是以元亨也謂

之其德剛健而文明。應乎天而時行。是以元亨。大有之元亨。不在上下五陽。而

在六五一陰。夫健而不明。則不能辨明而不健。則不能決。唯健而明。乃足以保

其大有也。蓋剛健而文明者。德之體。存其德於身也。應乎天而時行者。德之用。

施其德於政也。應天乃所時行。時行必本於應天。德本一貫。人君有如此之德。

天下雖大可運于掌上也。元亨者元即從乾元來。亨者通也。乾健離明居尊應

天。是得元亨之道也。

以此卦擬人事。凡人處世貴賤尊卑各從分限。有所宜有。故各宜保其所有。然

求有之道。又宜出於公而不宜溺於私也。又宜取諸遠。而不宜拘於近也。私則

情意係戀。而有必不正。近則見識狹隘。而有必不廣。譬如求學當擴其識於上

下古今。而識斯大也。譬如求財當搜其利於山川海陸。而利斯大也。然必健以

行之。而無或自怠。明以察之。而無為所蔽。德則應乎天行則合乎時。如是以求

有則我之所有可包括夫天下之有。皆統歸於我之所有。庶幾所有

者皆公而非私。亦可即近而及遠矣。此之謂大有元亨。人能玩味易象凡其作

事順天而無違出於公不溺於私取諸遠不拘於近是即大有之道也。

以此卦擬國家。六五一陰在天位。而撫有五陽乾為富。為正大。離為福。為公明。

具此公明正大之德。即未嘗富有天下。而其量已足包天下矣。繫辭傳所謂富

有之謂大業是也。周易六十四卦中。一陰五陽之卦。凡六。而一陰占君位者唯

此一卦是所以得大有之名也。故大有之世。六五之君虛已而撫育萬民集臣

民之賢者使之從大中之政。當是九四爲近侍之臣。明哲而有爲。九二爲正應

之臣。剛健而多才。六五能信任不疑。凡臣下之有爲有才。皆得收用其效。而若

已有之者也。制作盡善者元也。治化四達者亨也。是以其政公明正大德被四

海。天下之事。各得其理天下之民。各得其所。國富民裕。上熙下安。世日進者文

明。治堪追者康樂撫此殷庶之人民。大啓富強之國勢納四海之廣於利用厚

生之中圍天下之大歸一道同風之俗。凡下民身家衣食皆得被其澤。使民不

敢自私其有咸欲以所有奉之於上也。是之謂大有。是之謂元亨謂之上下應

之也。

同人之卦文明之化行于下。庶民皆有君子之風而無乖戾之俗大有之卦文

明之德備于上天下咸被聖人之澤。而無缺陷之遺比卦以一陽居尊下應五

陰。其應者皆係民庶大有以陰居尊下應五陽。其應者皆係賢人得天下賢人

而應之其德之所有豈不大乎。

通觀此卦以五陽函一陰。一陰具離明之德。升五爻之天位。諸陽崇之天子富
有四海之象也。此卦以一陽統五陰受師之後宜繼亂用剛。此卦一陰統五陽。
受同人之後宜繼治用柔。離火爲陽精與天同體天本高而火炎上。高明無極。
上九自天祐之吉无不利者爲君同于天之象。六爻皆以貢上爲義。初爲民。二
爲臣。三爲諸侯。四爲首輔之大臣。五爲天子。上爲天人。天子富有天下。天下百
物之利。九壤之賦。皆天之所生。王者天之子也。以天之物養天之子造化之定
理誰得而干之。士君子涉世飲啄皆天也。況其大者乎。此大有之占也。

大象曰。火在天上。大有。君子以遏惡揚善。順天休命。

離爲日。乾爲天日在天上。照見物之繁多。故曰大有。夫日在天上。明之至也。明
至則公明正大。而善惡無所逃君子體天善則舉之。惡則抑之。慶賞威罰各得
其當即福善禍淫之道也。故曰遏惡揚善順天休命。其遏惡使之有所懲也。其
揚善使之有所勸也。民能懲惡勸善。天下豈有不治哉。夫天命之性。有善而无

惡遏惡揚善。亦不過順天命之本然。推之討有罪。奉天之休命而遏之也。命有

德奉天之休命而揚之也。五刑五用怒非有私。五服五章喜非有私於是惡無

不化。善無不勸大有之治長保永久也。

(占)問時運。目下亨通。如日在天上有光明遍照之象。○問商業。可於膽大做。有

富有日新之象。○問家宅。必是祖基素封積善之家。宜戒勸子弟。培埴善根。家

業可永保也。○問戰征。主將星明耀賞罰得中萬軍用命之象。○問行人必滿

載而歸大利。○問六甲生男。○問疾病不利。○問訟事。主公明斷結否則亦必

和息。

初九。无交害。匪咎。艱則无咎。

象傳曰。大有初九。无交害也。

交害者涉害也。九居一卦之初。雖卦屬富有。初陽在下。未與物交。所以未涉於

害也。何咎之有。凡處富有之時。易致自滿。滿則驕生。驕生則害即隨之。有害即

有咎惟時。時克思厥艱。斯小心敬懼。有而不自以爲有。即出而無相交。必矢刻

苦自勵之心。不敢稍存驕盈之念。故曰艱則无咎。蓋富有本匪有咎。在初時未

交於害。以爲匪咎則一交而遂得咎者。仍自取之耳。能思其艱難則可以保

其有。即可以免其咎。象傳曰。大有初九。言當大有初爻。无所交涉。不關災害也」

一說訓无交害三字。爲國无交而害者。蓋以初九之應在九四。兩剛相遇。其情

不相得。此意亦可備一解。

（占）問時運。目下尚未交盛運。須刻苦自勉。待好運到來。自然得利。○問商業。想

是基業初創。百貨未曾交辦。須要謹守其初。自得无害而有利也。○問戰征。必

是初次動衆。尚未交鋒。須要愼始。自無後患。○問家宅。必是新富之家。艱難創

業。自得後福。○問訟事。尚未投告。還宜和息爲善。○問行人。尚未有歸志也。○

問六甲。生男。產期尚遠。○問失物。一時難以即得。待久可有。

（占例）佐賀縣士族深江某。余之親友也。明治四年從事紙石灰等商業來橫濱

爲奸商所敗。此人雖有才學不慣商業。請余占後來運氣。筮得大有之鼎。

爻辭曰初九无交害匪咎艱則无咎。

斷曰此卦大有足見後運昌盛今九居初爻是將近運來之時故不免為小人

所害雖近來有意外之損失元來足下於商業本未慣習雖有小害未足咎也。

今謀出仕官途將來必得升遷但一值盛運不思厭艱咎必難免惟持盈保泰。

雖有而不忘其艱時時刻苦自勉以今日之苦期他日之亨即得他日之亨又

仍慮今日之苦不忘其艱則无咎也。如是則可長保其有矣願足下勉之。後果

如此占。

○相識某縣人。永井某來。請占運氣。筮得大有之鼎。

爻辭曰初九无交害匪咎艱則无咎。

斷曰卦曰大有已兆資產豐足之象可欣可喜今得初爻知為一時之初運未

得大利若不思經營之難稍涉驕盈便干災害尤宜戒慎就尊府論之尊大人

性情篤實平生拮据勉勵未能擴充家計足下意猶未滿欲發一攫千金之念。

幸此盛運初交得此利益是正大有之初爻也。其辭曰初九无交害匪咎艱則

無咎。此艱字。最宜審慎。蓋謂爻居初九。未與物交。是以匪咎。一經交際害即伏之若不思克艱咎必難免矣愼之勉之。

某氏一時雖面從我言。然年少意氣不能自抑漸耽驕奢。卒致敗事。遂即非行。而陷圉圄。爻象乖戒不爽如此豈不可畏哉。

九二。大車以載。有攸往。无咎。

象傳曰大車以載積中不敗也。

此爻以陽居二陰。陽剛柔適得其宜當大有之時居臣下之定位上應六五之君是具大有爲之才遇大有爲之時以一身而任國家之重者也。二陰柔是以能容。九陽剛是以能行象車。初三兩剛比輔於左右爲大車。故曰大車以載謂其才之足以任重而行遠也。二以剛中之德。恢有容之量能以天下之人才薦之於君量材器使俾得各效厥職。而無有叢脞。故曰有攸往无咎占者如此則位足以酬其志德足以堪其任上不負君之所托下不失民之所望何咎之有。

象傳曰積中不敗也者言大車得初三左右兩剛比輔車體完厚雖積重於中。

行遠而不敗猶九二材力剛強能肩當天下之重往斷無敗事之虞也此爻變

則爲離。離六二辭曰黃離元吉可以參考也。

(占)問時運。目下正交好運一路順風無往不利。○問商業。販運貨物貿遷有無。

極之域外通商無不獲利。○問戰征。利於陸戰率軍直進攻取皆捷。○問家宅。

平安無咎若謀喬遷更吉。○問疾病宜出外就醫吉。○問行人因在外謀事諸

多利益一時未歸。○問訟事得勝。○問六甲生男踰月則生女。

(占例)明治二年友人來請占某貴顯運氣筮得大有之離。

爻辭曰九二大車以載有攸往无咎。

斷曰此卦六五一陰居君位統御五陽內卦爲乾。乾綱獨攬正大之象。外卦爲

離。離明普照光明之象光明正大而有天下謂之大有二爻具剛中之德與六

五之君陰陽相應能積載天下之大任輔佐天下之大業恰如大車運轉自在。

謂之大車以載有攸往无咎據此爻辭知某貴顯後必當大任奏大功也後果

如此占。

〇占明治三十二年德國之氣運筮得大有之離。

爻辭曰。九二大車以載有攸往无咎。

斷曰。此卦五爻一陰得中統御五剛。恰如德帝統御普國眾民悅服。國中兵食完備戰守咸宜正國軍盛大之象。今得二爻。其辭曰大車以載有攸往无咎可以見矣。

九三。公用亨于天子。小人弗克。

象傳曰。公用亨于天子。小人害也。

亨與亨同。公用亨于天子者。謂天子設筵宴會公侯也。九三與之此爻居下卦之上公侯之象。六五之君。虛己下賢一時四方公侯感化來賓。如詩所咏嘉賓宴樂蓼莪湛露之義是也。故曰公用亨于天子。蓋諸侯之於天子藩屏王家天子嘉其功宴享而勞之。此爻以陽居陽具純正之才德可得與此寵榮。若使小

人當此。挾富有。擅威福。慢上凌下。必招禍患。安得與享禮之優待乎。上無比應。

君上必不信任。故曰小人弗克。象傳亦曰小人害也。

一說亨于天子者。謂能以所有貢奉于君上。凡土地之富。人民之衆。皆天子之

有也。諸侯謹守臣節。忠順奉上。撫育黎庶。以效屏藩。豐殖貨財。以資貢獻亨之

天子。以其有爲天子之有也。若小人而居此位。則私有其富。不復知奉公之道。

故曰小人弗克。此義亦通。

凡易辭曰先王者。以乖統言曰帝者。以主宰言曰天子者。以正位言。又后者。天

子諸侯之通稱。大君者。天子之尊稱也。

(占)問時運。目下正當顯榮。爲公不利營私。○問仕途。恰得寵任榮賞之

象。若取賂必敗。宜愼。○問商業。不特得利。且可得名。○問戰征。有犒賞三軍之

象。得獲勝仗。恐於兵衆有損。○問家宅。有喜慶燕會之象。家食豐富。但使用婢

僕中。須當留意。○問訟事。若爲飲食乾餱起釁。恐難得直。○問六甲。生男主貴。

但幼小時。防多疾厄。

（占例）大阪友人某來。請占某豪商時運。筮得大有之暌。

爻辭曰。九三。公用亨于天子。小人不克。

斷曰。此卦大有可知爲富豪之家。公用亨于天子者。爲大臣寵荷君恩也。在商人處涉王事。得官家優待。其象亦同商人而獲此寵遇宜愼守其常。切勿恃勢怙寵不然。挾富有假威權恃寵而驕。必損資產。吉凶悔吝。唯在其人自取而已。其後某豪富管理某省用途金。與貴顯交往。自負富有頗招人怨。偶罹病死不能辨償官金致破其產。

○明治五年。土州人渡邊小一郎。來請占運氣。筮得大有之暌。

爻辭曰。九三。公用亨于天子。小人弗克。

斷曰。大有之世。天子虛已用賢。金帛之出納委之臣下。大臣爲能謹愼任事。小人則必失奉上之道。故辭曰。公用亨于天子。小人弗克。足下今頁擔鐵道局神戶出張所事務出納金錢。最宜注意昔封建之世。士民共有義氣往往有監守自盜者。則屠腹而謝其罪。維新以來。刑法寬緩。人少廉恥。不可不深留意也後

在神戶某屬員爲私買米市偸用官金若干渡邊氏亦不免其責且爲救護屬
員借入某商人之金若干以辨償官金後事發覺與屬員某共處其罪云。

○東京虎之門琴平神社宮司鴻雪瓜者。余之知己也二十九年某月來告曰。
頃日淺野侯爵羅大患以其危篤。不堪憂慮請筮一卦以占休咎筮得大有之
睽。

爻辭曰。九三王用亨于天子小人弗克。

斷曰大有者以示生命之有在也。上爻爲有之終恰值歸魂今占得三爻病之
用亨利在藥餌知必得良醫奏功也。貧賤輩請良醫難得良藥尤難克者愈也。
故在小人或防弗克。在侯之家。良醫易招即貴重藥品亦易購覓。故謂之王用
亨于天子如得天子之賞賜良藥也。病必無碍後果快愈今猶無恙也。

九四。匪其彭。无咎。

象傳曰匪其彭。无咎明辨晢也。

彭者。盛多貌。詩曰行人彭彭。彭曰出車彭彭。彭曰驖驖彭彭。彭曰四牡彭彭。皆形容人
馬之強盛也。此爻以剛居柔當大有之時在執政之位有剛明之才德立衆賢
之上。與六五之君。陰陽親比君上之眷顧至渥寵遇殊盛所謂立極人臣。威權
富貴。萃于一身。是處過盛之勢者也。過盛則可危唯能體離之明居柔善遜見
幾而避雖處其盛以爲匪已之盛也。故曰匪其彭。无咎象傳釋無咎曰明辨皙
也皙者明之體也。明辨者得外卦離日之象。

一說以匪爲篚此爻威權之盛。天下之人。輻輳其門。非無贈賄之嫌。身居大臣
之地。運值大有之時。瑣瑣贈賄何足動其心乎是謂匪其彭无咎易之取象廣
大不容偏執一義也。

（占）問時運。六爻已值其四。是目下已到極盛之會。當持盈保泰。知止不辱。○問
商業已得利益毋過貪求。斯無害。○問家宅必苟完苟美。如衛公子荊之居室。
則善矣否則未免盈滿有損。○問疾病防有膨脹之患。○問六甲生男。○問訟
事得明決之才。判斷得直。○問失物。在竹筐內尋之。

（占例）親友某氏以商業旅行托余代襄其事。一夜深更。其夥友某突來哀訴曰。
有一疑事而不知所施。請一占爲解。僕窮厄。今朝有一商來。領受金三百圓。藏
之箪笥。忘施鎖鑰。至夕檢取不見其金。或疑遺忘他所。搜索不得。於是檢查朝
來出入及在家者。其人皆夙所信任。無可疑者。遺失所由。實不可知。筮得大有
之家人。

爻辭曰。九四。匪其彭。无咎。

斷曰。卦名曰大有。知未出外。而在家中可知也。又以卦擬全家。上卦者爲二階。
爻辭曰。匪其彭。无咎。匪者。盛玉帛之竹器。子宜速還檢二階之竹器。必可得之
也

某謝而去。少頃來報曰。果發見之於二階之竹器中也。

六五。厥孚交如。威如。吉。

象傳曰。厥孚交如。信以發志也。威如之吉。易而无備。

也。

孚者。所以通上下之情威者。所以嚴上下之分也。情不通則離。分不嚴則褻。交

如者。交接之義威如者。威嚴之義孔子曰。正其衣冠尊其瞻視。儼然人望而畏

之。此之謂也。此爻以柔中居尊位虛心禮賢下應九二上下五陽皆歸其德。故

曰厥孚明良一德朝野傾心。如良友之善交。故曰交如。然君心貴和而君體貴

尊所謂有儀可象有威可畏故曰威如蓋大有之世。在下者有協助之志。在上

者又能誠信接下足以感發之故象傳曰信以發志也。又象傳曰易而无備也

者六五居群剛之間獨用柔道。未免爲人所易慢。而无畏怖之心也。

（占）問時運必其平生爲人所信服。且有威望。晚運亨佳之會也。○問商業。一時

眾商信服貨物通行可永保其富有也。○問戰征眾軍踴躍威令遠揚尤宜警

備以防敵軍。○問家宅主一家和睦恐有盜竊。宜備防也。○問失物所竊者即

信用之人以威逼之。必交還也。但恐得而復失。○問六甲。生男。○問訟事被告

者。必畏威而和。○問行人。如期而歸。

(占例)一日親友某來。請占運氣。筮得大有之乾。

爻辭曰六五。厥孚交如威如吉。

斷曰此卦擬之於國家。六五柔中之君備公明正大威信溫和之德。與九二陰陽相應。與九四陰陽相比。統御衆陽以保大有之治。以一個人觀之。亦同足下信用忠實之夥友處已而容人以衆之喜爲已之喜以衆之憂爲已之憂。主僕相和家政克行然有不可無威。無威則命令不行國政然。家政亦然。今當大有之時。豫體此意。可注意于恩威並行也。某氏守之。家業益臻繁昌。

上九。自天祐之。吉无不利。

象傳曰大有上吉。自天祐也。

此爻居大有之極。不居其有者也。以剛在六五國君之後。可謂盡人事而待天命者也。是賢師傅也。爲能則天道以計畫國政。使大有之君應天時。統萬機積

德行亨。有全盛之福。此非自天祐之豈能享其有哉。所謂不期而自致者。當此

時得天助之。凡百事業。無不吉利。故曰自天祐之。吉无不利。夫聖人之作易其

要在天助人歸。如繫辭所云。天之所助者順也。人之所助者信也。此爻之辭。可

謂一言足以蔽三百八十四爻也。

（占）問時運。目下一路好運。萬事皆吉。〇問商業。百貨皆獲利。〇問家宅。一門福

慶。〇問戰征。即此一戰軍功大捷。可罷師也。〇問行人。即歸。〇問疾病。默得神

祐。吉。〇問六甲。生男。〇問失物。就高處尋覓可得。

（占例）明治十五年。占某貴顯運氣筮得大有之大壯。

爻辭曰上九。自天祐之。吉无不利。

斷曰此卦如日之輝天。五陽之眾賢輔翼之得見大有之治。今占得此爻。積善

積德。得自天祐之天下之事業。無不吉利。謂之自天祐之。吉无不利。然此年某

貴顯薨去。以卦大有之終。爲歸魂。即謂之歸天也。

地神高島易斷

䷎

謙字从言从秉。謂心所念。常收斂向在氐下也。取心念常在下。而不自滿兑。故

屈己下物曰謙。貶己從人亦曰謙。後人改秉爲言秉爲兼合爲謙子夏傳作嗛。

嗛與謙同。此卦艮下坤上。艮☶坤☷後人改☷作自改☶作山合作㠯㠯即㟅

字釋名曰皋土山也。是即山在地下之象或曰山各有脉其形起於地上其根

發於地下。故山從地而止蓋山本高也伏於地下。而不自以爲高是爲謙之義

也遂以謙爲卦名序卦曰有大者不可盈。故受之以謙此謙之所以次乎大有

也。

謙亨君子有終。

謙者。卑退爲義。屈己下物也。止內而順外。謙之意也。屈高而居卑謙之象也。守

之以虛行之以遜故亨也。小人亡而爲有約而爲泰。是自滿也。滿者故難保其

絡。君子則尊而能卑。高而能下。心愈小而道愈宏。志彌晦而德彌顯。坤曰大終。
民曰厚終。故曰君子有終。今文曰。終下當有吉字。蓋本劉向說苑。象辭曰君子
有終也。亦不言吉。蓋不言吉而吉自在也。

象傳曰。謙亨。天道下濟而光明。地道卑而上行。天道
虧盈而益謙。地道變盈而流謙。鬼神害盈而福謙。人
道惡盈而好謙。謙尊而光。卑而不可踰。君子之終也。

此卦下艮爲山。上坤爲地。山本在上退而居於地下。如人去高位而降下位。能
以謙退而居下也。故名此卦曰謙濟助也。天道高明其氣下降而助乎地地道
卑俯其氣上騰而交乎天。是天地自然之道也。天道下濟。地道卑所以成謙也。
天氣光明。地氣上行所以爲亨也。盈者謙之反。所謂謙受益滿招損滿則盈也。
天之虧盈者。日月晦明是也。地之變盈者。山川河嶽是也。鬼神之害盈者。奸雄
末路。每爲鬼神挪揄人道之惡盈者。暴富起家。多爲群情怨府。蓋虧變害惡自

從益流福好中而出循環自然毫無偏私謙則不自尊而人愈尊之故其道光

也卑則不自高而其道彌高故不可踰也君子戒其盈而守其謙體造化之功

察陰陽之理萬事咸亨而終身可行此所以為君子之終也

以此卦擬人事有遜讓卑退之義為德之基也即禮義所由生也唯君子能之

若小人有位而自恃其顯有才而自誇其能有功而自矜其勞視人之有位有

才有功者則嫉妬之讒毀之唯期其顛覆傾敗而後快絕無相扶相助之情偏

多相軋相傾之意何怪夫吉凶利害之相尋於無窮也哉鮮克有終此小人之

所以為小人也君子守謙遜退讓之道其心愈小其德愈光其志益虛其道益

高人雖欲踰之而卒不可踰也故曰謙亨君子有終夫天下之事始而亨者十

得八九終而亨者十不過一二而已是終之難也故其終為君子之終也

以此卦擬國家上卦者地也下卦者山也即以山之高入于地中之象是謙之

義也六五之君虛己禮賢不敢自作威福一以委任臣隣或用其吉以濟險或

善其鳴以作樂或取其撝以制禮或尚其勞以興師有文德又有武功愈卑下

乃念念高大。堯之克明克讓。舜之舍己從人。禹之拜昌言。所謂恭己無爲而天下

治者也。其皆同行謙之道者乎。後世不察。君耽暴慢。臣溺驕盈。擅權而虐下窃

位。而蔽賢。品尊而德益晦。名高而行益污。君不能終其位。臣不能終其祿。凶莫

大焉。無他。在不知持謙之道也。故易惟謙一卦。六爻皆吉。反此則凶。易之垂誡

深遠矣。

通觀此卦。謙者。兼也。卑而能尊。故曰。彖。六爻之象。下艮上坤。艮止坤順。能止而

不上。所以謙也。夫造化之理。不足者常益。有餘者常損。君子以不足留有餘以

有餘待不足。故有餘者終不至過盈。不足者終不至大損。此兩兼之道。稱平之

權也。諸卦以第三爻爲凶地。唯謙能保終。諸卦以第五爻爲尊地。惟謙獨用武。

蓋以謙爲主則卑者尊。以无爲盈則高者危。以平爲福則盈者菑。是裒多益寡

之理也。下卦三爻皆吉。而無凶。上卦三爻皆利。而無害。爲君而利爲臣而亦利。

處常而吉。涉險而亦吉。平治利即裁亂而亦利。爻象。初六謙之始。卑以自牧也。

六二謙之中。積中以發也。九三謙之至。以功下人也。六四謙之過。不失其則也。

六五謙之尊。以武服柔也。上六謙之極反而自治也。蓋自初至三。自謙而進之。
自四至上。自謙而反之。進至三而止能濟險能揚善能立功。一以謙行之有以
進爲退之象反至六而止能順則能服人能克己自上反下之象。蓋其謙也非
以不足而謙。正以有餘而用謙也。故君子之謙非委靡也器大而識遠基厚而
養定震世之事功處之以虛懷及其當大任決大疑戡大亂翦大慝世之退諉
所不敢任者君子未嘗不兼任之也。有可爲之才而不敢爲象山之止不得不
爲而後爲象地之順謂之君子有終也。

大象曰。地中有山謙。君子以裒多益寡稱物平施。

山本高聳地上。今入地中。有謙退在下之義。故曰地中有山。謙夫地至卑也百
步而上丘陵人以爲高此咫尺之見而已四隅八紘。相距萬里。高山峻坂。不知
其幾也。千仞之山自百里之外而視之已沒而爲平地豈其山之不高哉以地
之能謙也。蓋上卦居夫多。多則裒下卦居夫寡。寡則益聖人設象最有深意君

子見此象稱量品物宜酌量貧富使人各得其平。謙之道在此。謂之裒多益寡。

稱物平施。

(占)問時運。目下平順有步步漸高之象。○問商業。物價均平利益順適。此業可

保永遠。○問家宅。此宅想近山麓。家道平順大利。○問戰征。營屯宜近山須整

齊隊伍嚴明賞罰至五爻進師。六爻可以攻取城邑大勝。○問訟事。宜平和不

宜紛爭。○問疾病是內欝之症。宜寬懷調治。○問行人舟行而歸吉。○問失物。

須於積土中尋覓。○問年成。風雨調順。在不豐不歉之間平平。

初六。謙謙君子用涉大川。吉。

象傳曰謙謙君子。卑以自牧也。

此爻柔而居謙卦之初。是謙中之謙者爲篤行之君子而在下位者也。克善其

始。知必克全其終也。故曰謙謙君子。大凡涉江海之險。輕率急進則多失寬容

緩濟則無患。故曰用涉大川吉。用涉與利涉不同。用涉者謂用謙道以涉之不

言期其利而要無不利者也。故吉。象傳曰。卑以自牧也者。正以釋用涉大川之

義。牧者。馴養六畜之名。夫牧牛馬守之。不使奔逸。君子之牧心。亦猶此也。能安

其卑。不與人爭先。此爻變則爲明夷。明夷之初九。有垂翼之辭。君子涉難之象。

但卑以自牧。不求聞達。則大難可以涉所以吉也。又互卦(二三四)有坎大川之

象。一說牧爲郊外之地。大川在郊外。故曰用涉大川。

(占)問時運。利君子。不利小人。君子攸往咸宜。○問商業。宜販運洋貨。販賣牛馬

六畜皆利。○問家宅。一門和順吉。○問疾病。宜安靜自養吉。○問失物。須向舟

中尋之。○問六甲。生女。

(占例)某縣勸業課長某。以上京順途。過余山莊。自云奉職某縣。意欲舉行勸業

實際。購種牛於米國。改良品質。獎勵牧畜。並大開桑園。擴張蠶業。及蒐集米麥

等良種。勉勸農業。某縣知事。亦樂爲贊成。初着進步。後日功効。尙難豫知。煩爲

一筮。筮得謙之明夷。

爻辭曰。初六。謙謙君子。用涉大川吉。

斷曰此卦以山之高下地之低即以尊下卑之義故曰謙是上而為下謀貴而

為賤謀皆得謙退之道也足下所占務適合此卦義象辭曰謙亨君子有終吉

謂謙則事無不通終必成就爻辭曰用涉大川吉謂此絕大事業勉而行之不

患不成也象傳曰卑以自牧卑者卑下之事牧者牧畜也自牧者謂自願從事

於牧畜也或謂郊外為牧郊外者郊野也農桑之事皆屬之矣某氏感謝而歸

後據所聞某就居農塲近傍朝夕勞苦卑以自牧屬僚下吏相與共事果得創

興厥功悉如此占。

六二鳴謙。貞吉。

象傳曰。鳴謙貞吉。中心得也。

此爻柔順中正。與三相比。與五相應。服三之剛。從五之柔。並用謙退之道。故得

令聞傳于遠近。世人盛稱其德。謂之鳴謙貞吉。鳴謙者。非自鳴其謙。謂謙德積

中必聞于外。名譽彰著。而人皆知其謙。稱為謙德之君子也。譽稱其情。非自我

而干譽。名符其實。非向人以沽名。謙者德之本。六二者臣位也。人臣而過謙。恐

流佞媚之嫌。惟其貞而正。故吉也。象傳中心得也。中心者。謂積中而發也。

（占）問時運。目下名稱藉藉。定多得意。○問商業。得利。○問家宅。家中積產富足。

外面名聲亦好。○問戰征。可鳴鼓直前攻取中營大捷。○問疾病。是用心過勞

之症。○問功名。有必得之喜。○問訟事。鳴寃得伸。○問失物。即得。○問六甲。生

女。

（占例）明治二十二年。聞舊友元老院議員井田氏病篤。馳往訪之。時楠田三浦

兩議官。亦相會。兩氏謂余曰。井田氏有功勞于維新前後。人所共知。明治四年

任陸軍少將。後又任外國公使。今與余輩同在元老院。維新功臣。各有爵賞。氏

獨不與余輩甚憾之。故余輩欲謀代請俾氏生存得拜恩命也。請為一占以卜

成否。筮得謙之升。

爻辭曰。六二。鳴謙。貞吉。

斷曰。此卦以山之高下地之低。故曰謙以人擬之。有功高而居卑下之象。恰與

井田氏有功未賞相合今諸君朋友之情代謀申請謂之鳴謙貞吉又此爻變而爲升即升聞上達之謂也三爻變則爲地是山崩也料身斃之時恩命可下」

○一書生携友人千葉縣人某介書來曰自今將就學事請占其運氣筮得謙之升。

爻辭曰六二鳴謙貞吉。

斷曰此卦以山之高就地之低以人比之有高尚君子不顯于世之象子臨就學得此卦子將就高尚君子以求學也近從鄉里來尚不知世間之廣大一到東京得良師之敎誨日夜勤學心愈虛而業愈進積中發外必得廣聞令譽也謂之鳴謙貞吉中心得也。

九三。勞謙君子有終吉。

象傳曰勞謙君子萬民服也。

此爻以一陽居衆陰之中衆陰皆順之有一人信任萬民歸服之象蓋三爻爲

成卦之主。大公無我。人好其德。未嘗期人之服。而人自服之。且民爲身。互卦二

三四爲坎。坎爲險難。三四五爲震。震爲動。爲知懼。身在險難。動而知懼。所謂有

勞而不自居其勞者。故曰勞謙爻以一陽居下卦之上位。高而責重。處己而求

賢。有吐哺握髮之風。繫辭所云。勞而不伐。有功而不德者也。其器度之大。識量

之高。是足令天下衆民畏服。如此則天下無與爭功者。其位可終保矣。故曰君

子有終。吉以乾九三之君子入坤而爲謙。故謙之三。亦曰君子民者萬物成終

之象。故曰有終。變而之坤。坤六三曰。或從王事无成有終。是可見其謙之德也」

（占）問時運。一生勞苦。目下萬事亨通。老運更佳。〇問商業。經營之始。百般勤勞。

今基業已成。可以永遠獲利。〇問家宅必是辛苦起家。積資成富。能復持盈保

泰。家業可長保也。〇問疾病。恐病成勞。弱天命有終。〇問失物。後可復得。〇問

六甲。生男。〇問訟事。枉者自服。即可了結。〇問功名。得此勞績自必升用。

六四。无不利撝謙。

象傳曰无不利撝謙不違則也。

此爻居大臣之位。上戴柔順謙德之君。下有勞謙大功之君子。已處其中位。得其正。故上無所疑。下無所忌謙之善者也。故曰无不利。然以陰居陰德不及五。功不及三不敢自安。動作施爲。無在而不撝謙。按撝謙撝字。注作揮撝本義作發揮撝與揮本通。即文言六爻發揮之揮。謂發越揮發也。象傳釋之曰不違則也則者。法則也。謂其發揮謙德能合夫法則。尙書秦誓曰如有一个臣斷斷兮無他技。其心休休焉。其如有容焉。人之有技。若己有之。人之彥聖其心好之。不啻如自其口出寔能容之以保我子孫黎民尙亦有利哉。亦可見其發揮休休有容之度也。若無功而受其祿。無實而竊其名。是失其則矣。

一說此爻在大臣之位。初六謙謙如一味謙虚。未免反失權勢。恐開輕蔑之漸。故戒之曰撝謙。蓋謂謙而違其則必招輕侮。唯不違其則。而斯爲之撝謙也。

(占)問時運。目下正當好運。萬事吉利。○問商業。任從指揮。無不獲利。凡賣買但

宜留些餘步。為好。〇問家宅。闔家以謙和作事。事事吉利。〇問戰征。指揮如意。
必得大捷。〇問疾病。宜表散之。吉。〇問六甲生女。

（占例）明治二十二年某貴顯來請占某院運氣。筮得謙之小過。

爻辭曰六四无不利撝謙。

斷曰此卦全卦中唯九三一陽為上所任。為衆所崇。有功而在下位者也。某院
衆賢所集。今以陰居陰。運氣委靡不振。有望登用九三之象。故曰无不利撝謙。
撝謙者。謂應心以求賢。進而信任之也。

後未幾果如此占。

六五。不富以其鄰。利用侵伐。无不利。

象傳曰。利用侵伐。征不服也。

不富者。謂不以己之爵位為富。即謙遜之意。本虞書臣哉鄰哉。鄰即臣也。以其
鄰者。謂願與臣鄰同心圖治。亦即德必有鄰之義也。此爻居尊位。有柔中之德

以爲溫恭克讓之君。爲君而能謙順。不以崇高自滿。則天下之人。莫不歸心焉。

是謙德之至也。然謙雖美德。專尚柔和。或致有輕慢而不服者。故柔宜濟以剛。

則利用侵伐威德並著。然後能懷服天下。安往而不利哉。故曰不富以其鄰利

用侵伐无不利。謙柔之過。或失威武也。聖人故發此義防其過。一說九三一爻。

以全卦言。爲勞謙之君子。自六五而言。爲過剛不服之臣。易之取象變動而不

拘一義如此。

大有六五以不自有而能有人。謙之六五以不自用而能用人。謙之用可謂大

也。

(占)問時運。目下卻處正運。然或有齟齬。宜自振作。不可一味姑息也。○問商業。

所獲利益。防爲他人分取。致生事端。○問家宅。能以擇鄰而處。自得守望相助

之義。○問婚姻。得隣近之女議婚大利。○問疾病。利用消伐之劑吉。○問訟事。

宜取隣人作證得直。○問失物。於鄰家覓之得。

(附言)山入地中地變也。有地脉陷落之兆。余十七歲時。與靜岡藩士早川和

右衛門氏相知時氏已八十餘歲語余以少時之事天明年間該氏修文武之業。經歷諸國時或賣卜以充旅費。一年夏偶至羽州象潟湊船舶輻湊風景奇絕爲北海之大湊氏留此數旬。一日午後結髮於旅店樓上見室內船虫蝟聚。初疑爲此地常有問旅店主答曰未嘗有也轉顧左右壁上天井悉皆船虫。因益駭異筮之得謙之蹇此卦山入地中有地陷之象易爻經驗未嘗或爽然如此大數未可妄言告人唯中心畏懼急切收拾行李而行時已將暮主人勸留明朝不聽提燈直發山路險惡至夜半漸行四里許猛聞山谷震響。神魂驚駭伏地傍徨既而震息燈火已滅昏黑不能行躊躇無計遠遠聞有人馬之聲往前問之答以因驚受地震駄倒貨覆也於是謂馬丁曰。黑夜難以前往。不如焚火以待天明衆皆爲然迨曉見有齎飛信過者問之曰昨夜地大震象潟湊變陷成海其他山谷顚倒頓改舊形聞之毛髮悚然。易爻之昭示未來。靈應如此益爲驚服至今追思心猶凜凜推之古老傳言。洪水之年獺鑿穴於高處。大風之年鳥不巢於喬木之梢昔江戸有大火災。

前數夜。鼠連綿結隊轉渡橋欄之外避就他處。他如老狐能知未來。鵲知前

吉鴉知前凶皆有令人所不可解。蠢然動物。尚感天地。預知禍福。人爲萬物

之靈不克前知可謂人而不如禽獸者也。

(占例)明治二十七年。占國家運氣筮得謙之蹇。

爻辭曰六五。不富以其鄰利用侵伐无不利。

斷曰此卦以山之高入地之卑擬之國運。在維新之際天下牧伯懸命於軍門。

脫萬死而得一生漸得平定奉還數百年管領之封土復古郡縣之制。非盡心

力於國家者不能也盖其勞而不伐有功而不德厚之至也爾後政府創行歐

米文化。撫育人民政令寬裕世人名之曰自由。一時多誤解自由之義爲可以

放縱自由不受朝廷節制此誠盛世之頑民也。今占國運得謙之五爻其辭曰

不富以其鄰利用侵伐无不利。盖謂人居國中往往有不事生產。徒羨他人之

資財窃傚歐州社會黨所爲政府雖寬厚待民此中有不得不懲罰者猛以濟

寬亦勢之不得不然也。

○明治十年。某貴顯囑余占本年國運。筮得謙之蹇。

爻辭曰六五。不富以其鄰利用侵伐无不利。

斷曰此卦以山之高屈而入地之象。故名曰謙。今聖明天子治世。又得賢明之臣輔弼四海靜謐。太平有象當維新之初。諸侯奉命勤勞王事以奏復古之大業。各藩奉還封土改置郡縣。一時贊襄諸臣皆可謂勞謙之君子也。然其間亦有功勞卓著。偶因意見不合辭朝歸隱者。朝野屬望以爲此公謙退避位有高山入地之象。羣情惜之。朝廷因以人望所歸勢不得不復徵召之。此公以勞謙自居不應徵辟。於是平日不平之徒。乘機啓釁相傳而煽惑人心。朝廷見之以爲不廷之臣不得不用侵伐。是九三過謙而敗于謙之象也。當時任侵伐之權者。上六之臣也。上六與九三。陰陽相應。易謂之敵應。是以曰利行師征邑國也。既而此年果有西南之亂征討之議某貴顯所專任戰經數月賊軍撲滅王師凱旋即爻辭所云利用侵伐无不利至明年五月某貴顯過東京紀尾井坂猝罹暴徒之毒迄今西海有九三之塚東京有上六之塚占爻早隱示其兆愈知天

命之不可誣也。

○明治二十九年冬至占三十年臺灣之施政筮得謙之蹇。

爻辭曰六五不富以其鄰利用侵伐无不利。

斷曰此卦以山之高下地之卑故名曰謙在人則以貴下賤使眾人服其德望也然謙之道可行于君子而不可行于小人以謙行于小人反長倨傲之氣大害于事夫臺灣之地當明季爲鄭成功所據後爲清人戰而取之故島民常不馴服清國清廷苦其難馭使滿洲人監之滿人不通南方風俗人情駕馭不奏其績唯以多得蠻人首級受清廷賞譽爲功往往臺灣知縣聚廣東福州等剿悍無賴之徒有蠻人不服者則使之伐之竊爲得施治之方是以剽悍之徒常施詐謀奇計或設陷穽伐蠻人猶獵禽獸積年之久蠻人復讐之念不能復已。爭鬥殆無虗日馴致以逞虎狼之行今歸我版圖務鎮撫其民專施恩惠以得該地之輿情然彼固凩具虎狼之性一時不知戴德亦無可如何在我官吏亦苦於風俗之不同言語之不通每於施政行惠終相隔膜是以撫恤島民格外

寬柔恬有以山之高下地之卑之象。蓋蠻民之凶悍。及屬劉永福者。多清國山
賊土匪之類。或廣東福州無賴之徒。故屢起騷亂。抗拒官吏。此臺灣總督府所
深患也。加之爲之魁首者。清國陰爲輸送銃器彈藥。煽動匪徒。藉事起亂。我若
以武力鎭壓之。外國宣敎師等譏將謂我處置之殘酷。故總督府亦不能不躊
躇也。今占得五爻。知本年尙有匪從未靖之象。撫此狼子野心之徒。以姑息
養之。非特不知感懷。且益張橫暴勢不得不一奮兵威也。欲平其亂。我兵士之
出征軍用甚巨。區區臺灣之勢。有必不數歲入不得不以國帑償之。謂之不富
以其鄰化外之民。有狂暴之行。非以武力壓之。不能奏治安之功也。謂之利用
侵伐无不利就此五爻推之。明年値上爻又有鳴謙利用行師征邑國之象。不
如今年剪伐殆盡毋使餘孽復滋也。

上六。鳴謙。利用行師征邑國。

象傳曰。鳴謙。志未得也。可用行師。征邑國也。

此爻不中而在上卦之極。即處謙之極處。極謙之地。而未得其志所謂不得其

平則鳴。故曰鳴謙。與六二之鳴謙。誠中而發者。辭同而義異。六以柔處柔柔而

未得其志。不能不濟之以剛。故曰利用行師征邑國。象傳換利字以可字可者。

謂當其時之可。可則用不可則已。上六之用師豈得已乎。故斷曰可然邑國屬

己之小國上六才柔未足克大敵力柔不足與王師是以有不能昭神武於天

下振王威於華夷之意象傳曰志未得也中心未得之意亦可見也豫之利行

師。用其順而動也。謙之利行師用其順而止也。

(占)問時運。盛運已過。目下未見得意。○問商業有名無實。宜整頓舊業。○問家

宅。防有怪祟時作響動用法鎮壓治之。○問戰征利可獲城邑。○問疾病宜自

調養心志。○問六甲。生女。

(占例)明治九年。應某貴顯之囑。爲占一事。筮得謙之艮。

爻辭曰上六。鳴謙。利用行師。征邑國。

斷曰此卦有以山之高入地之卑之象。恰如有功大臣。去高位而就下位。辭俸

禄而隱山林。使天下之人。皆頌揚其謙德也。是以衆望益歸之。君上亦屢徵召

之。其人終謙遜而不應。迨至有可疑之迹。於是朝廷不得不聲其罪。而用侵伐。

上六爲九三之應。雖惜九三之爲人廟議命討。不得已也。嗚謙志未得利用

師。征邑國之辭。可玩味也。上爻變而爲艮。見內外兩卦顯現二塚之象。當時苦

不得其解。至翌十年。西海起一塚。十一年東京又起一塚。遙見東西相對。余一

日。與某貴顯談往事而及此。感天命之可畏相與悚然者久之。

䷏ 雷地豫

按豫字從象。從牙。左旁之牙乖地。象之大者也。豫性柔緩。進退多疑以其外行安舒。一俯一仰而不抑藏。故以安舒不抑藏爲豫遂以豫名卦。卦體坤下震上。坤三下順而載乎上。震三上動而振乎下。蓋謂揚舒于外而不抑藏於內。是以爲豫也。豫與謙對序卦曰有大而能謙必豫。故受之以豫。此豫所以次於謙也。

豫利建侯行師。

豫和悅也。震動也坤順也。上動而下順。故利。坤爲國。震爲侯。是以利於建侯坤爲衆震爲行是以利於行師。夫不動則不威。不順則不利。以順而動。所以君立而民順。師出而有功。利莫大焉。故傳曰主萬邦。集大衆。非豫不能也。

象傳曰豫剛應而志行順以動豫。豫順以動。故天地

如之。而況建侯行師乎。天地以順動。故曰月不過。而

四時不忒。聖人以順動。則刑罰清而民服。豫之時義

大矣哉。

卦體下坤上震。震雷坤地。有雷出地奮之象。坤地靜也。純陰主閉。閉極則欝結
而不暢震動也。陽氣動而萬物出。故悅。九四一陽當坤之交。靜極而始動閉極
而始宣。不先不後應時順動。故曰豫。夫天下之事逆理而動者。其心常勞。其事
多難。唯以順動從容不迫。此心安和。故剛應而志行。全在順以動之也。順而動。
在天則四時不忒。在人則動止和順。其建侯也。屏藩五國。其行師也。弔伐民罪。
皆出于豫樂之義謂之剛應而志行順以動豫也。蓋順以動三字。爲此卦之德
性。故天地如之況建侯行師乎。天地順動以下言豫之功用無比日月不過者。
謂日月之行度無過差。刑罰清而民服者。謂聖代至治之準則。獄訟衰息民志
大畏。協中而民服也。蓋聖人無心。唯順物而動。彼善則順其善而賞之。彼惡則

順其惡而罰之。不敢稍存偏私刑無過刑罰無過罰而刑罰自清。如此皆出于
順以動之德。三才之道萬物之理皆不過。此故曰豫之時義大矣哉象傳前曰
順以動後曰天地以順動順以動者。就卦象之自然釋之以順動者。就人事之作用
而說曰天地日聖人相對而言也。後則字對上文當用故字今日則字大有意
味天地以順動者。即互萬古而無有退轉必然之定理也。故以故字承之易中
單稱聖人者。即指天子。蓋必有聖人之德者。而後富有四海尊爲天子。是謂順
命。在我國固聖聖相繼歷觀支那古今聖人而在天位者。僅不過屈指其他賢
愚不肖柔弱殘暴之君相錯也。文王周公孔子之聖皆不得其時不得其位。是
則聖人之在天位。有不可必然者。故後文以則字承之。是此篇之主眼易教之
本意也。故以天地日月四時爲賓以聖人爲主。重在聖人一句。讀者勿勿看
過。

凡象傳用大矣哉。共有十二卦。其上有日時義有日時用或單言時。其中日時
義大矣哉五卦。豫隨遯姤旅是也。皆旨淺言深。欲人熟思之也。曰時用大矣哉

三卦。坎睽蹇是也。雖皆非美事。聖人有時而用之。曰時大矣哉。四卦頤大過解

革是也。皆因大事大變而警誡之。要之其義有各取也。

以此卦擬人事。此卦五柔一剛。其人必多柔少剛。柔主順。剛主動。柔必應剛而

能行。故曰應。夫剛而志行順以動豫。天地之動日月往來。而四時乃定。聖人則

之以定刑罰。而萬民乃服。人處天地之中沐聖人之化。人而在下。無所謂建侯

凡求友親師者類是。無所謂行師。凡祛邪嫉惡者類是。凡有所動。皆當法天地

之順斯動無過則也。能順天地則天地亦順之。使得永保其安豫。若過豫而不

省則必將為初六之凶。六二之悔。六五之疾。上六之冥。是自失其豫矣。其為豫

乃其所為憂也。必如六二之介。九四之勿疑。斯得焉。人固當順理而動。動順夫

理動乃无咎。所以豫也。

以此卦擬國家。震為動而在上。坤為順而居下。上動下順。是上行威令。而下皆

順從也。故傳曰。主萬邦聚大眾。非豫不能也。夫天下之人不同。其心同也。天下

之心不同。其理同也。已能順理而動。則人莫不順之。九四一陽居執政之位。有

剛明之德。威權赫灼以統治國家。故卦中眾陰皆和順而悅服震爲侯爲建坤
爲國爲臣民爲順即爲臣民服從之象。四爲成卦之主。與六五之君。陰陽相比。
而輔佐之使萬民豫和順至其行政一法天道如寒極則溫風至。暑極則涼
風至。民之所好好之。民之所惡惡之賞罰公明。毫無私意是豫之時也。但執政
貪國家之重威權獨攬未免近逼或致動群僚之疑啓君心之疾尾大不掉。亦
可懼也。唯當盡其至誠勿有疑慮乃能合眾力以安其上。庶幾上之信任愈隆。
將賞其功勞。而封建爲侯有不服王命者即命之以征伐上卦震之爲伯勤而
俱進。下卦坤之眾民悅而順從謂之利建侯行師。四體震震爲長子故曰建侯。
以一陽統眾陰故曰行師。此卦五爻以下有比之眾。比爲建國親侯故曰建侯。
三爻以上有師之象故曰行師利字括建侯行師兩行豫之時勢如此上下悅
樂之餘豫之極。危之基也所當反之以謙。一轉移而天下治亂安危係焉唯其
善則歸君過則歸己利公而不專害審而不避。是爲大臣處豫之道而上下交
泰矣。

通觀此卦其要旨不出順以動三字。凡順之至者不動則不悅。動而順應。故悅。

未順則不先。既順則不後。由氣機之自然而已。豫之時心勞意足。其樂已極。處

樂之極。遂至縱情佚欲流連忘返。亦恒情所不免也。聖人憂之故未豫而先者

為鳴豫不動者為介豫。坐而觀者為盱當豫而順者為由。過豫而不忘者為疾。在

極豫而忘反者為冥。在初爻則戒其窮。在六三則警其悔。在六五則防其疾。在

上六之渝則危不可長幸其終改。鳴盱疾冥四者居豫之咎。所謂失豫者也。唯

六二之介于石為能熟察憂樂治亂之機。故順莫善於貞動莫善於由貞以待

順由以行動則未豫而豫必至。既豫而豫不憂天地聖人之悅豫無疆者惟其

能處乎豫也。讀此卦而聖人惓惓憂世之意可見矣。

按六爻言豫不同。初六上六之豫。逸豫也。六二之豫。幾先之豫也。六三之豫。

猶豫也。九四之豫和豫也。六五之疾。弗豫也。象之言豫衆人和同之豫也。爻

之言豫。各人一己之豫也。要之示悅豫之必與衆同非可自私之意也。蓋人

事不可無豫。人心不可有豫也。

大象曰雷出地奮。豫。先王以作樂崇德。殷薦之上帝。
以配祖考。

雷者得時而奮出地上。陽氣宣發。震動有聲。足以鼓動天地之和。發越陰陽之
氣。通達和暢。豫之象也。故先王法震之動以作樂爲象其聲以鳴盛也。先王法
坤之順以崇德爲明其體以報功也。蓋樂之作也。近而閨門遠而邦國顯而人
事。幽而鬼神。無不用之。至於薦上帝配祖考則樂之大者也。殷盛也。體此順動
之法。通乎神明。乃得薦上帝而上帝來格配祖考來享。幽感明孚豫之
所以爲豫也。故履爲易中之禮豫爲易中之樂。人君克體此意。以使萬民樂和。
豫之至也。

（占）問時運。目下如春雷發動。正得時會萬事皆吉。○問商業。時當新貨初到市
價飛騰。絕好機會。必得大利。○問家宅防有變動。宜祀神祭祖以祈福佑得安。
○問疾病宜禱。○問戰征。雷屬風行必勝之兆。○問功名。所謂平地一聲雷指

初六。鳴豫。凶。

象傳曰。初六鳴豫。志窮凶也。

鳴豫者。自鳴得意之謂。悅豫之情。動於心。而發於聲者也。初爻陰柔不才居最下之位。與四相應。恃其愛眷。心滿意溢。不勝其悅應。而自鳴其凶可知也。故曰鳴豫凶。象傳曰志窮凶也。窮謂滿極。初纔得志。便爲滿極。蓋時方來而志已先窮矣。故凶。一說凶在窮下謂志凶窮也。

按豫初六與謙上六相反。謙上曰鳴謙。應九三而鳴也。豫初曰鳴豫。應九四而鳴也。鳴人之謙。可鳴也。豫初曰鳴豫。不可鳴也。故曰鳴豫。不可鳴也。

(占)問時運。初運頗佳。但一經得意便爾誇張。以致窮也。○問商業。初次必得利。不可過貪。○問家宅。恐烏啼猿嘯致有怪異之驚凶。○問疾病不利。○問訟事。鳴冤不直。宜自罷訟。○問失物不得。

日高陞之象。○問失物自然出見。○問六甲生男。

（占例）余一日赴橫濱訪親友某氏客有先在者求余一占筮得豫之震。

爻辭曰初六鳴豫凶。

斷曰此卦九四一陽得時與位威權赫赫上下五陰皆從之今足下得初爻四爻陰陽相應有大受愛顧之象足下得其愛顧藉其權勢頗有揚揚自得之意。

謂之鳴豫凶占筮如此勸足下宜顧身愼行客怫然而去。

客歸後主人告余曰彼以其女爲某貴顯之妾時時出入其邸卑鄙諂諛無所不至時或假貴顯手書歷赴諸外縣以營私利又臨豪商等集會宴席舉動傲如貴顯親族誑惑俗人今君占斷道破小人心事使彼不堪慚愧而去

六二。介于石。不終日貞吉。

象傳曰不終日貞吉以中正也。

介于石者謂操守堅固而不可移動也夫逸豫之道恣則失正故豫之諸爻多不得正唯此爻以中正居陰其與九四之剛非應非比有自守獨立之操其節

增補高島易斷

之介。猶石之堅也。夫人之處豫也。或洋洋而自得。或戀戀而不舍。或昏迷而不

悟。是皆失其正中矣。遂致豫方來而禍即隨之。世之不知自守者。往往如此。六

二獨簡操堅固。不爲外物所動。知豫樂之不可戀。而去之不待終日。其察理甚

明。其操身甚固。其審幾甚決。其避患甚速。故曰介于石不終日。貞吉。介者堅確

不拔之謂。所謂不以三公易其介者是也。惟其能，介是以中正也。象傳曰以中

正也。惟以中正。故能辨之明。知之速也。按此爻互卦爲艮。艮爲石。故有介于石

之象。

(占)問時運。其人品行高尚。不隨世爲隆汙。吉。○問商業。能決定己志。不爲奸商

搖惑。販運快速獲利。○問家宅。主家者宜嚴正持之。凡匪人來往。速宜斥絕。吉。

○問戰征所謂守之如山。發之如火。能審機也。○問疾病。新疾即愈。夙疾即亡。

終日間也。○問六甲。生女即產。

(占例)明治二十二年。某局屬官某氏來訪曰。余自明治四年創局之始。奉職一

等。屬爾來十八年。日夜黽勉。當事務多端之衝。未嘗少怠。足下之所知也。部下

新任者。多陞奏任。今日居我上者。大概昔日之部下也。凡所陞遷。亦非有過人之學問。余甚不慊於意。本欲辭職。猶恐刖無位置。是以欝欝居此。請爲一筮以占後來運氣筮得豫之解。

爻辭曰六二介于石不終日貞吉。

斷曰此卦九四一陽專擅威權五陰不得不應之今占得二爻與九四非應非比。故於足下眷顧獨薄在足下品行中正。不事謟媚唯以堅守職務爲事確乎不拔。如石之介凡非分之事唯恐浼焉避之甚速。故曰介于石不終日貞吉然自二爻進之四爻氣運一變三年後必可陞進。

後至明治二十四年。此人果陞高等官。

六三。盱豫。悔遲有悔。

象傳曰。盱豫有悔。位不當也。

盱者。爲張目企望之象。譬如見鳥之飛。仰瞻太空。見魚之泳俯盱深淵不勝眷

戀。故曰盱豫。六三陰居陽位。不中不正。其所盱者。蓋上視九四之權勢。而欲趨
附之也。九四爲一卦之主。居大臣之位。獨擅威福。衆陰皆歸附之。六三是以盱
盱瞻視。欲冀攀援以固豫悅。謂之盱豫。九四以其窺探窃視。不得中正爲所鄙
棄。是以有悔也。既知其悔當翻然立改。效初二之介决意遠避。不俟終日悔復
何有。若一念以爲悔。一念以爲豫遲疑不决。流連不反。悔必難免矣。故曰悔遲
有悔。遲之一字。可謂當頭一棒。提醒昏昏教其及早審悟也。最當玩味。象傳曰。
位不當也。謂其柔居陽位。優柔不决。不當其位也。此爻變則爲巽。巽爲不果。故
知悔而猶不改。有遲疑不决之象。

（占）問時運。目下運非不佳。在自己作爲不正。是以有悔。〇問商業。能窺探商情。
爲商家之能事。然一得消息。賣買宜决。若一遲疑。便落人後。〇問家宅。須防窃
盗宜速緊備。〇問失物。速尋則得。遲則無矣。〇問訟事。宜速了結。

（占例）某縣官吏。携友人介書來訪。請占運氣。筮得豫之小過。

爻辭曰。六三。盱豫悔。遲有悔。

斷曰。此卦九四一陽得時。上下五陰皆歸應之。足下占得三爻。與四爻陰陽親

比。可知長官意氣相投。然在他人見之。或未免有阿諛長官假弄威福之嫌。今

後宜注意。毋貽後日之悔。

後聞長官轉任他縣。此人請附驥尾。其事不成。遂辭其職。

九四。由豫。大有得。勿疑朋盍簪。

象傳曰。由豫。大有得。志大行也。

九四以一剛統率衆陰。爲一卦之主。凡衆陰之所豫。皆由九四之豫而爲豫。故

曰由豫。四近五居大臣之位。承柔弱之君。貧天下之重。包有諸柔獨得倚任任

大責。故曰大有得也。但當此信任過重。易致招疑。惟能開誠布公。自然勿復

疑慮矣。勿疑。乃能率衆柔以奉上猶如簪之貫衆髮而不亂也。盍合也。夫衆

柔也。四剛而位居陰。猶得與諸柔相類爲朋。故曰勿疑朋盍簪。夫疑則生隙隙

則生忌。忌則衆情離散。百事叢脞。雖有安豫之鴻業。必不能得其終也。故戒以

勿疑斯猜疑悉絕。上下同心。秉至誠以圖事合羣力以從公衆賢彙萃德澤宏

施足以成天下之豫者。斯之謂與。象傳曰志大行也。即所謂得志則澤加於民。

功施於後。大道之行可由豫而致也。庶乎交泰之道矣。此卦自初爻觀之爲櫃

臣。其豫者逸豫也。自四爻觀之爲任政之賢臣。其豫者和豫也。易道之變動不

居如此。

(占)問時運。目下正大運方通。○問商業。會萃衆貨大得利也。○問家宅門庭豫

順得財得福大有之家。○問功名即卜彈冠之慶。○問訟事。由此罷訟兩造豫

悅。○問行人必主滿載歸來。○問出行。由此前行。一路順風大得喜悅可勿疑

也。○問六甲。生男易長易成且主貴。○問失物即得。

(占例)一日縉紳某某來請占某貴顯運氣筮得豫之坤。

爻辭曰九四。由豫大有得。勿疑朋盍簪。

斷曰此卦春雷得氣奮出地上有掃除積陰啓發陽和之象。擬之國家必是祜

讒進賢。能致太平之碩輔也。此爻九四一陽居執政之大位。貞國之重任。上承

君德。下集群材。斯得大行其志。以啓豫順之休也。今占某貴顯氣運得此爻。在

某貴顯。剛毅有爲。德望夙著。固不待言。唯爻辭勿疑二字。最當審愼。蓋一有疑

心。則上下猜忌。庶政叢脞。必不能奏太平之治。故曰勿疑朋盍簪。是某貴顯所

宜注意也。

縉紳聞之。甚感易理精切。曰吾他日當轉語諸某貴顯。

○明治二十八年四月九日占我國與清國和議之談判筮得豫之坤。

爻辭曰。九四由豫。大有得。勿疑朋盍簪。

此卦雷出地奮。有威武遠行之象。今占得四爻。爻辭曰由豫。大有得。蓋謂兩國

和議成後大得有爲。豫順之休。由此來也。又曰勿疑朋盍簪。謂從此兩無猜疑。

如唇依齒。幷將合宇內友邦而同歡猶簪之貫萬縷之髮而爲一也。和議之成。

可豫決也。

四月十七日果媾和約成。

今囘討清之役。奏此大捷。實千載一時之盛也。雖出於 天皇陛下之神威。與

我臣民之忠勇。莫不由

祖宗在天之威靈呵護而成也。故此卦大象曰。先王以作樂崇德。殷薦之上帝。

以配祖考曰上帝曰祖考者。即伊勢大廟以下歷代之皇靈也。凱旋之後。象功

作樂。薦之上帝。以配祖考其禮甚盛。其曲甚重。上以感格天地祖考。下以和合

億兆。洵足啓萬民豫樂之休也。

六五。貞疾。恒不死。

象傳曰六五貞疾。乘剛也。恒不死。中未亡也。

貞疾者。痼疾。謂不可愈之疾也。上下耽逸樂。即貞疾之症。此爻柔中而居尊位。

信任九四。九四陽剛得權。衆皆歸之。六五柔弱之君。受制於專權之臣。欲豫而

不能自由戰兢恐懼中心凛凛。常如痼疾之在身。故曰貞疾。疾者豫之反也。書

金縢曰王有疾不豫是也。顧六五雖陰柔其得君位者。貞也。其受制於下者。疾

也。雖失權其位未亡。故曰恒不死。孝經曰天子有爭臣七人雖無道不失其天

下。此之謂也。夫昇平之久。人主恆耽逸豫。非以剛暴失勢。必以柔懦失權。勢孤

于上。權移于下。雖未遽亡。而國事日非。爲人君者安可不戒哉。象傳曰中未亡

也。蓋爲四所逼。心恆有疾。幸而得中。故未亡。然曰未亡。亦幾幾乎將至於亡矣。

危矣哉。

按六二與六五竝貞者也。貞者不志于利。故不言豫。然其所以貞不同。故六

二得吉。六五得疾。六二本不屑從四。可則進否則退。故吉。六五以陰居陽。力

不能以制四。而心甚疑忌之。故其貞適足爲疾而已。貞雖爲疾。其中之所守

未亡。故恆不死。可知居貞之可恃也。

(占)問時運。知其人本尊貴。因素性柔弱。不能自振。○問商業。其基業甚好。因用

人不當。錢財落他人之手。幾致虧耗。○問家宅。恐被借居者侵占業主及不得

自主。○問戰征。以偏將擅權。主帥失威。雖未喪師。亦倖免也。○問疾病。是帶病

延年之症。○問六甲。生男必有癈病。○問失物可得。

(占例)相識之富豪某。請占其運氣。筮得豫之萃。

爻辭曰六五貞疾恒不死。

斷曰。此卦就一家而論有家產殷富之象。九四一陽擅權上下五陰皆應之。如

一家之中舊管家統轄家政。主人居虛位而已。今足下為海內屈指富豪。承累

世之舊業。專任一能事管家。統轄事務主人不得自主。而反受其所制。欲豫樂

而不能自由。其狀恰如宿疾在身心甚快快。幸守此祖宗遺規不致隕墜。謂之

貞疾恒不死。

○明治二十八年十月以來。余橫濱本宅侍女。年四十五。罹疾幾至危篤。醫師

多言不治。筮得豫之萃。

爻辭曰六五貞疾恒不死。

斷曰。豫者雷出地奮之象。在人為得春陽之氣。精神尚能透發。未至衰亡。此疾

雖危重尚不至死。但快愈之後不能強健如故。猶可延其餘喘也。謂之貞疾恒

不死。中未亡也。

後果得快復。今(三十)尚存也。

上六。冥豫成。有渝。无咎。

象傳曰。冥豫在上。何可長也。

冥豫者。昏冥於豫。而不知反者也。此爻以陰柔之性。居豫樂之極。縱欲而不顧。

極樂而無厭。故謂之冥豫。上六居豫之終。在卦之上。縱情逸欲。不覺其非。如入

幽冥之室。下卦坤坤爲冥。是過順之咎也。上卦震。震則動。動則變。變則渝者是以

有渝无咎。凡人之溺情私欲者。亦苦於不知改變耳。此爻有雷屬之性。雖昏迷

既成。一旦陽剛發動。便能改志變行。復歸正道。求德翻然。象傳曰。冥豫在上。何

可長也。示逸豫之不可長也。故爻辭不責其冥之凶。而反

稱其渝之无咎。意深哉此爻變則爲晉則無冥暗之咎。凡易曰渝者。當以變卦

觀之也。

（占）問時運。目下之運已極。好運將來。翻然振作。大有可爲。○問商業。宜作變計。

改舊從新。必得利益。○問家宅老宅不利。或遷居或改造舊。◎

主帥改旗易轍。乃可得勝。或更就別路進兵。○問訟事宜罷訟和好无咎。○閏

六甲踰月可產。得女。

(占例)友人某來謂曰現今商事繁忙之時。別有見機着手一事請占其成不。筮

得豫之晉。

爻辭曰上六冥豫成有渝。无咎。

斷曰冥豫者。昏冥於豫。是所謂沈溺而不悟者也。在商業上是妄想圖利。而不

知其害也。急宜變志。斯可免咎爻象如是。當知所戒。

某聞此言。大有所感反守舊業免致破產。